社会資本の政治学
ソーシャル・キャピタル

民主主義を編む

河田潤一 Junichi Kawata

Politics of
Social Capital

法律文化社

はじめに

　ドナルド・トランプ大統領誕生の決定因は、「鉄冷え」で孤立する白人労働者の民主党離反であった。彼の「米国第一」的ポピュリズムは、ヒラリー・クリントンやバラク・オバマを中心とするアメリカ的草の根民主主義の理解者・体現者の継承線から離れた特異な位置にある。生業基盤を下支えする社会的信頼の意義を説くトランプ以前の伝統を、今一度参照する必要がある。

　2016年11月のアメリカ大統領選挙でトランプに破れたヒラリーは、保守的な父親の影響もあって10代の頃は共和党支持者であった。だが、進学したウェルズリー大学時代の教学（特に政治学に関心をもつ）や公民権運動、ベトナム戦争、拡大する女性運動への関心が深まるなか、政治的見解はリベラルへと転じていった。彼女は卒業論文で、草の根民主主義を具現したコミュニティ組織・産業地域事業団（IAF）の創設者ソール・アリンスキーの組織戦略を扱っている。

　オバマ前大統領も、シカゴの黒人貧民街でコミュニティ・オーガナイザーとして活動したことがある。彼は、貧困地域の住民が求めるニーズを聞き取り、地元行政や企業のサービスに訴える社会運動に取り組んでいた。こうした働きは、人々のつながりを生み出し、社会への信頼感を高め、自発的な協働活動を促す、本書でいうところの社会資本（ソーシャル・キャピタル）（social capital）の醸成につながるものである。ちなみに彼は、社会資本の概念を政治学的な文脈で再定義して世に広めた――『哲学する民主主義』および『孤独なボウリング』の著者である――ハーバード大学教授ロバート・パットナムが率いる政治セミナー（サワーロ・セミナー）の創立メンバー33名のひとりでもあった。

　社会資本のアイディアはビル・クリントンの一般教書演説やジョージ・W.ブッシュの保守的な「光の点」作戦でも援用されるなど、現代アメリカの政治家や政策担当者に強く意識されている。かつてフランスのトクヴィルは自由と平等を追い求めて政治的実践を行うアメリカの人々に民主主義の原像をみたが、それは社会資本の概念によって自覚され、現在にも脈々と受け継がれてい

るといえる。

　また、この概念はイギリスではトニー・ブレアの労働党マニフェストで、イタリアでは「オリーブの木」構想でも用いられるなど、特定の地域に限定されない一般理論といえる広がりをもつものである。その理論射程は日本を含み込み、とりわけ日本には歴史的経緯からアメリカの政治動向に直接的な影響を受けざるをえない環境がある。民主主義を機能させるためには権力や権力エリートの民主的統制、権力の分権化のほかに、積極的な市民参加を下支えする単なる「社会関係」の資本ではない社会的な資本、すなわち社会資本が必要な要素と考えられ、アメリカを中心とする欧米諸国の政治的・民主主義的実践に学ぶことは今なお多いであろう。

　本書は主にアメリカのコミュニティと社会資本の具体的な関係の検討を通して、民主主義を賦活（ふかつ）するための条件を探るものである。

　第Ⅰ部「市民教育論」（第1章・第2章）では、アメリカにおける公立学校の漸進的改革をめぐる政治過程を分析する。人種や階級がもたらす社会的・経済的不平等は、アメリカでは常に公教育のあり方との関連で議論されてきた。資本主義と民主主義という価値を前提に、個人主義とビジネスに主導されるアメリカ文化にあっては、教育は豊かさと民主主義の原動力であり、個人を社会的上昇へといざなうシステムとして位置づけられてきたからである。公立学校の改革という地域社会にとって公共的なアジェンダに集合的に取り組み、設定された課題を実現させる政治こそが問われていたことを示す。

　第Ⅱ部「政治的エンパワーメント論」（第3章・第4章・第5章）では、アメリカにおける黒人行動主義の変容やアドボカシー（政策実現のために行う社会的な働きかけ）活動の実態、IAFによる草の根民主主義の実践例などを概観する。とりわけIAFは現在、主に貧困・低所得層のコミュニティに幅広い基盤をもつ多民族主義的で異宗派混交的な全国規模のネットワークに成長し、その目的は、一般市民が権力と政治の関係を再編成しうる能力と自信をエンパワーすることに置かれている。筆者自身による近年の現地調査の成果もふまえ、こうした草の根の政治についての紹介と考察を行う。

　第Ⅲ部「市民社会論」（第6章・第7章・第8章）では、民主主義の賦活条件

についての一般理論を示す。階級・階層やその他の諸要因を交差する人々のつながりは、互酬性の規範や他者への信頼感を高め、ローカルなコミュニティを越えて国家や市場にも影響を与え、民主主義の効率性を高める可能性をもつ。また、これは災害時にも強みを発揮する。グローバル化した国家と市場との揺らぎのなかで、人々の対立を協調へ、社会的パワーを政治的パワーへとたぐり上げる市民社会の拡充に活路があることを示す。

本書は民主主義を主題として、筆者の政治学的研究論文を加筆・修正して再構成したものである。各章のベースとなる論文の初出は下記のとおりである。

第1章 「アメリカ都市部における学校改革の政治学——『市民能力と都市教育プロジェクト』の紹介を中心として」『阪大法学』52巻3・4号（2002年）、607-624頁。

第2章 「コミュニティ関与と学校改革の政治学——戦後アメリカにおける2つの事例紹介を中心として」『甲南法学』50巻4号（2010年）、173-214頁。

第3章 「〈ブラック・エンパワーメント〉小論」『阪大法学』55巻3・4号（2005年）、695-715頁。

第4章 「アドボカシー——アメリカ政治の一断面」『現代の図書館』51巻3号（2013年）、167-171頁。

第5章 「産業地域事業団（IAF）のプログレッシブ・ポリティックス——アメリカにおける草の根民主主義の実践に向けて」『阪大法学』61巻3・4号（2011年）、649-670頁。

第6章 「社会資本、信頼と民主主義」『阪大法学』59巻3・4号（2009年）、529-567頁。

第7章 「震災復興・減災の政治社会学——『社会資本（social capital）』論から考える」『阪大法学』62巻3・4号（2012年）、543-564頁。

第8章 「グローバリゼーションの影響下で市民社会を賦活する」仁科一彦研究代表『高等研報告書1001 グローバリゼーションと市民社会』財

団法人国際高等研究所、2011年、53-72頁。

　ところで、「身体が資本だ」とはよくいわれるが、本書の主題でもある「社会資本」は、比喩的にいえば、身体の筋肉を支える骨、その骨密度に当たるといえる。社会資本論の理論的な系譜は、おおよそ社会学（ネットワーク論を含む）と政治学に大別できる。前者のそれは、行為者間の関係、個人と集団間の関係、ネットワークの個人的便益への効果、人的資本の外部性といった社会構造に焦点を当てる。他方、政治学は、社会資本を集合的資源とみようとする。

　したがって、「社会資本の政治学」とは、自発的な社会組織やネットワークの政治体への「外部」効果に対する一般化された信頼の拡散に関心を寄せ、また国や地域といった政治的共同体における市民性（civicness）、市民文化に注目しようとする。社会資本は、市民の政治への積極的な関与、政治的な平等や連帯、信頼・寛容、創造的妥協や協働を通して市民的共同体の創出に寄与する、と考えられるのである。

　そして、「民主主義を編む」とは、社会になんらかのパワー・ポジションを有する個々人が、グローバル化した国家と市場の揺らぎのなかで、対立・矛盾し合う「価値を権威的に配分」する政治の営みを自尊と自決の名において批判的に考え、多層に広がり多様である市民を幅広く基盤としたリーダーシップ構造を備えた市民的媒介制度（civic intermediary）に「埋め込む」ことを厭わない市民性の蓄積活動であるといえる。

　なお、本書は、神戸学院大学法学会からの出版助成を受けて刊行された。また、本書刊行に当たっては、前著『政治学基本講義』（2015年）に引き続き、企画段階から校正時の的確な指示にいたるまで、法律文化社編集部のセンスあふれる編集者上田哲平氏にたいへんお世話になった。心より感謝したい。

2017年1月

河 田 潤 一

目　次

はじめに

第Ⅰ部　市民教育論

第1章　アメリカにおける学校改革 ――――― 3

   1　進歩あるいは退歩――アメリカ都市部における学校改革の展開　3
   2　市民能力と学校改革　5
   3　学校改革の政治学　11

第2章　アメリカにおけるコミュニティ関与と学校改革 ――― 17

   1　戦後アメリカにおける公教育の展開・揺らぎ・改革　17
   2　コミュニティ関与と学校改革の2つの事例　21
     （1）新社会科運動から「コミュニティ参加カリキュラム」へ
     （2）2つの事例
   3　コミュニティ重視の学校改革　40

第Ⅱ部　政治的エンパワーメント論

第3章　アメリカにおける黒人行動主義の変容 ――――― 53

   1　〈ブラック・エンパワーメント〉をめぐる2つの書　53
   2　「ブラック・エンパワーメント」をめぐる2つの書　55

（1）『ブラック・エンパワーメントの政治』
　　　（2）『従属かエンパワーメントか』
　　3　ハリケーン・カトリーナと大災害の肌の色　　61
　　4　〈ブラック・エンパワーメントの政治〉の限界と展望　　64

第4章　アメリカにおけるアドボカシー ——— 75

　　1　アドボカシーの展開　　75
　　　（1）「長い1960年代」
　　　（2）「自由主義の終焉」
　　　（3）アドボケートからアドボカシー組織へ
　　2　アドボカシーの現在　　77
　　　（1）ワシントン「動物園」
　　　（2）「動物園」化の要因
　　3　アドボカシー組織の問題と課題　　80
　　　（1）「胴体のない頭」
　　　（2）アドボカシーを機能させる

第5章　アメリカにおける草の根民主主義の実践 ——— 84

　　1　コミュニティ組織化と市民運動組織　　84
　　2　産業地域事業団の展開　　85
　　　（1）アリンスキーの時代
　　　（2）コルテスと西部・南西部ネットワーク
　　3　産業地域事業団の組織構造と活動　　92
　　　（1）組織構造
　　　（2）活　動
　　4　「良き草の根団体」を越えて　　95

目　次

第Ⅲ部　市民社会論

第6章　社会資本と信頼の比較政治学 ―――――― 103

1　民主化と市民社会の変質　104
2　社会的交換と社会＝政治関係　106
　（1）社会的交換とクライエンテリズム
　（2）「道徳以前の家族主義」
　（3）市民共同体
　（4）有徳なクライエンテリズム
3　社会資本　112
　（1）パットナムの「社会資本」
　（2）パットナム周辺――コールマンとブルデュー
　（3）社会的ネットワークとしての「社会資本」
4　信　頼　119
　（1）「接合」型支配関係と信頼
　（2）信頼の「脱連結的組織」論
　（3）「信頼の論理」と「作用的諸理想」
　（4）多元化のなかの「信頼」
5　社会資本と信頼の論理　126

第7章　震災復興・減災の政治社会学 ―――――― 136

1　東日本大震災と人間と故郷の復興　136
2　震災復興・減災と社会資本　139
3　「市民的パワーデッキ」の創出　143
4　「百年未来機構」の創設　145

第8章 民主主義の賦活にむけて ── 156

　　1　グローバリゼーションと政治経済システムの変容　156
　　2　民主主義を賦活する　158

参考文献一覧
索　　引

第 I 部

市民教育論

第1章 アメリカにおける学校改革

1 進歩あるいは退歩――アメリカ都市部における学校改革の展開

　グンナー・ミュルダールは、1944年に出版された古典的大作『アメリカのジレンマ』(*An American Dilemma: The Negro Problem and American Democracy*)において、アメリカ合衆国の長きにわたる黒人に対する徹底した差別的処遇は、人間の自由と平等についてのアメリカ的な信条告白の全面的な否定であり、アメリカ最大の恥である、とその人種差別の実態を告発した。またこの時期、カーネギー財団の後援のもと、当時の指導的な人文社会科学の研究者と数多くのスタッフの手によって黒人に関する包括的な研究が行われ、『アメリカのジレンマ』に比する大作が *The Negro in American Life Series* として複数公刊された。そのなかの1冊、リチャード・スターナーの『黒人の分け前』(*The Negro's Share: A Study of Income, Consumption, Housing and Public Assistance*, 1943)は、1940年の国勢調査をベースに所得、消費、住宅、公的扶助等、社会生活全般における黒人の不利な立場を余すところなく描き出した。

　『アメリカのジレンマ』の出版から45年後、『黒人の分け前』に相当する、浩瀚な黒人研究といえる『共通の運命』(Gerald David Jaynes and Robin M. Williams Jr. eds., *A Common Destiny: Blacks and American Society*, 1989)が出版された。この間、黒人をめぐる政治は、1954年のブラウン判決、公民権運動、連邦公民権法、投票権法の成立、アファーマティブ・アクション（積極的差別是正措置）、黒人選出公職者の増加を通して着実にその地歩を上昇してきたかにみえる。

　しかし、『共通の運命』が現状を診断したように、「個々の諸問題には確かに進歩の跡を見出すことができたかもしれないが、依然としてアメリカ人は、大

半の黒人が大きな格差のもと不利な市民生活に追いやられている、という未完の国民的な課題に直面²⁾」しており、アメリカのジレンマはいまだに解決されてはいないのである。

特に大都市中心部では、家族の解体、職なし状態、ドラッグの蔓延、暴力等、出口のない事態が続いている。アルフォンソ・ピンクニーの著作のタイトルを借りれば、『黒人進歩の神話³⁾』は現実のものである。人種間の貧富の格差はますます拡大し、都市中心部には最貧困階級（アンダークラス）⁴⁾が放置され、他方、白人の郊外脱出は常態化し、その結果として、大都市中心部から郊外へ放射的に広がる空間が「政治化」されることとなった⁵⁾。

ところで、アメリカ合衆国では、人種あるいは階級がもたらす社会経済的格差は、常に公教育のあり方と関連づけられて議論されてきた。資本主義と民主主義という価値を前提に、個人主義とビジネスが主導する社会風土にあっては、教育は豊かさと民主主義の原動力であり、個人を社会的上昇に導く「偉大な平等推進マシーン（great equalizer）」と位置づけられてきたのである。豊かさと民主主義の果実を多く享受してきた白人にとっては、そうした教育あるいは学校がもつ理念や意味は、ある意味では自明のものであったかもしれないが、黒人をはじめとするマイノリティにとっては、その理念と実態の乖離はあまりにもかけ離れたものであり、問われるべき問題であった⁶⁾。

1960年代、大都市のなかで声をあげた急進的な教育改革家は、黒人の自尊心の強化、自己決定権の拡充を、学校のコミュニティ統制、親による教育過程への参加、バス通学などを通じて進めようとした。こうした運動を推進しようとする黒人の教師・教育関係者の多くが都心中心部に進出した。しかし、こうした動きに反発する白人は郊外に移り住み、また都心部に残った白人も私立学校に転校した。結果として都市中心部には、教育に手を焼き、質の悪い学校、黒人学区が残されることとなったのである。

こうして生徒と教育関係者の両レベルで「黒人」機関化を強めた都市中心部の公立学校⁷⁾は、教育パフォーマンスを回復することなく、劣悪な施設、三流教師、低い学業成績、高い中退率、学校暴力などに苦しめられるようになった。親が子どもに期待する基礎的な職業技能、仕事への準備態度、社会的規律の習

得でさえ、効率性を重視する連邦政府の前では、その最低水準を充たすのも覚束なかった。

こうした状況のなかで実施された学校改革の多くは、黒人・マイノリティ学校区にある公立学校のパフォーマンスをむしろ悪化させた。その原因には、下手な学校経営、カリキュラムの不適切性、改革を阻む頑迷な教育専門職主義、あるいは学校活動への保護者の無関心などが指摘されるであろう。

では、こうした現状の打開は、学校内ミクロ政治の民主化や学校関係者・父兄の意識改革によって実現できるであろうか。筆者は、それのみでは不十分だと考える。統合教育、多文化主義教育、教育の市場化の果てに惨憺たる光景に襲われた都市中心部の公立学校は、地域社会全体、都市経済の傷み具合に大きく規定されるがゆえに、公立学校改革は、地域社会全体に関わる公共的問題で、多くの人々が集合的に取り組み、また問題解決を主導する「政治」作用が重要となってこよう。ジャン・アニヨンがいうように、「都市の経済・政治システムが、都市住民にとってより民主的で生産的なものに変わらない限り、教育改革家が都市部の学校のなかに長続きする教育上の変化を有効につむぎ出す機会はほとんどない」と考えるべきなのである。

本章は、こうした認識を下敷きとして、全米11都市の学校改革の実態を比較することによって、実効的な学校改革を模索してきたクラレンス・ストーンを代表とするCCUEP（市民能力と都市教育プロジェクト）の紹介を中心に、アメリカ都市部の学校改革をめぐる「政治」の作用を検討し、学校改革の方法の課題と可能性を探ろうとするものである。

2 市民能力と学校改革

実際にアメリカの都市中心部では、さまざまなレベルの学校改革が継続的に進められてきた。しかしながら、再分配的性格を有する学校改革は、市街地開発やインフラ整備に比べて、実効性ある実施は著しく困難であった。教育の効用に特徴的な一般的（diffuse）性格は、特に大都市にあっては容易に人種・階級問題に結びつき、その分、学校改革は強い紛争性を帯びてきた。学校改革の

成功の条件を探るためにも、その困難さの原因を認識しておくことは重要である。

　その原因の1つは、ストーンらの言い方を使えば、学校政治に特徴的な高反響性（high-reverberation）である。ストーンらがいう高反響的なシステムは、「動員される利害関係者の頻繁な入れ替え、多様なレベルで感情的に強く競合する価値観・信念体系、教育関係者と親の間に横たわる抜き差しならない利害関係」を特徴とし、他の諸改革と比べて均衡解を見出しにくい構造にある。

　ストーンらは、この高反響性が惹き起こされる要因として、次の4点を挙げている。①教育・学校・社会科は、価値の「文化戦争」・対立をまともに受ける。②教育関係者は、地域社会に大きな利害と政治的・社会的・経済的パワーを有する。③教育への親の関わりは強い情緒性を帯びる。④学校に対する評判は居住地の選択や都市イメージに大きな影響を与え、ビジネスの投資先としての地域の価値にも影響を及ぼす。

　2つ目の要因としては、教育政策アリーナの超多元主義（hyper-pluralism）的性格が指摘される。再選を狙う選出公選職者は、目立つ短期的な成果を追及しようとする。教育専門職は、自分たちの利害を脅かすような改革に抵抗する。学校関係者（管理職、一般の教師、教員組合加入者、学校活動家）は、それぞれの所属集団の構成員に所得や地位・役職をもってこようと学校改革に割り込む。経済界や企業リーダーは、教育を主に経済効率から捉え、労働力の供給源、職業準備の場、あるいは犯罪抑止の訓練場といった視点から学校改革をみようとする。ジェフリー・ヘニグらは、こうした超多元主義的性格が、学校改革に不可欠な幅広い住民連合を生み出しにくくしている、と指摘する。

　高反響性と多元主義が結合した「断片化した超多元主義」の性格を強く帯びる都市部の学校改革は、改革理念の高邁さや有能な改革リーダー、あるいは世論の後押しによってだけでは容易に前に進むことはない。分極的な性格を緩め、広範かつ安定的な支持連合を基底的な諸グループを越えて築き、政治的・社会的な多様な資源をコミュニティ大に動員できる「政治」「政治的リーダーシップ」を必要とするのである。

　ヘニグらは、1990年までに黒人が地方権力を握った経験を有する、黒人の人

口割合が高い4つの都市、具体的にはアトランタ（ジョージア州北西部の州都）、ボルティモア（ジョージア州北部の港湾都市）、デトロイト（ミシガン州南東部の大都市）、ワシントン特別区における学校改革を比較検討した。調査を分析した結果、ヘニグらは、①地方権力構造を掌握しているのは依然として白人経営者・資本家であり、②黒人公職者の多数輩出や黒人への権力移行によってだけでは、実効性ある学校改革は見込めないことを見出した。[16]

黒人都市（black metropolis）の「黒人性（blackness）」が、白人の郊外脱出、白人の都市残留組の私学への転出を加速させ、都市中心部には、問題山積の貧しい黒人・マイノリティ学校区が取り残されることはすでに述べたところである。都市部の学校改革を成功させるには、基底的な諸集団の対立し合う利害や要求を調整し、諸グループを粘り強く束ねる政治的指導力が必要であり、黒人による公的権力の形式的奪取だけでは不十分である、との見解が再確認されるのである。

1970年代、80年代に都市政治研究は、1950年代のCPS（地域権力構造）論争を批判的に継承し、都市の権力構造分析から経済開発に取り組む諸勢力の連合の研究へと移った。都市は、ポール・ピーターソンの古典的著作の表題を使えば、「都市の制約[17]」のなかで「成長マシーン」と化する以外に生き残る道はなく、そうした考えを共有する政治家・官僚・大規模な都市開発業者・不動産業者・投資家と彼らに対抗する勢力の対立の場として理解されるようになった。

都市部の学校改革も、政治経済学的にみればこうした「都市の制約」のなかにあって、前述の「断片化した超多元主義」に楔を打ち込み、基底的な諸集団間の連携に関心を移さざるをえなくなった。CCUEPは、このような連携の立ち上げの磁場を「レジーム」と呼んだ。彼らがいうレジームとは、「政府当局の公式の作用を取り巻き、補完する非公式のアレンジメント[18]」である。学校改革が掲げる目標、目標達成のために動員しうる資源の量と質は、公式・非公式の権力編成、すなわちレジームに左右され、それに縛られざるをえない、というのである。

「重大な決定作成に絶えず寄り集まる中核集団——典型的には一群のインサイダー——によって束ねられる[19]」レジームにとっての中心的な要素は、共有目

標を達成する能力である。この能力は、「レジームの構成員にとっては、統制よりは生産モデルとなりうる。資源を単に統制するのではなく、それを使って結果を生むことが重要となる[20]」。レジーム構成員にとって重要なのは、資源を使って結果を生む「行動する能力を獲得し、その能力にヒューズを取り付けることとなる[21]」。

CCUEPは、こうした力を市民能力（civic capacity）と呼ぶ。「市民能力」は、目標を集合的に設定し、そうした目標を効率的に追及し、実現するための政治的指導力と政治的技能の習得を促す。「市民能力」は、学校改革をデザインし、実行に移す集合的能力を潜在的に秘めている地域社会の諸アクターを覚醒させ、結集する能力を意味する。

ストーンらは、学校改革をデザインし、実行に移す潜在能力を秘めるコミュニティの基底諸集団を結集する「市民能力」の政治を、「学校を包含する政治生活を再構築する包括的アプローチ[22]」とみて、強い期待を寄せる。「市民能力」は、諸制度・諸社会経済部門を交差する市民的な連合と、政策・プログラムを実施する制度的な能力からなる。市民的な連合は、コミュニティのさまざまなセクター（政府、ビジネス、教育等）の主要アクターをお互いに結びつけ、統治水準で動こうとする。また制度的な力は、これらの目標を達成するために必要な権限や資源を獲得するためにプログラム水準で働く[23]。

だが、ジョン・ポーツらによれば、再開発政策の領域では「市民能力」の構築はうまくいくが、学校改革の場合は、改革がもたらす効用が関係する諸集団によって大きく違うために難しいと指摘される[24]。人間的な開発・発達をめざす教育は、集合的福祉や長期的な効用にコミットしており、その促進には、物質的な選択的刺激よりも市民性（civic-mindedness）が必要となる。

この「市民性」は、コミュニティ内の諸個人を集合目的に向けて協働させようとする重要な要素であり、学校改革の支柱の鍵となる制度の創出に大きな影響を与える。たとえば、マシーン政治の伝統と人種隔離・分裂の強い伝統を有するボルティモアでは学校改革といった脱物質的で、幅広い合意を前提とする改革は、たとえ黒人ミドルクラスが経済的・職業的に進出していてもほとんどうまくいかなかった。このように、CCUEPのマリオン・オアーは報告してい

る。[25]「市民性」は、有力勢力者間の「頂上会談」的なもので形成されるわけではない。オープンな協力と積極的な集合的参加が、民主的な学校改革の制度化に役立つ「市民性」を涵養するのである。

「黒人性」は、「市民能力」の発展を阻害する相互不信を政治アリーナに持ち込みやすい。[26]しかしながら、こうした人種的要素も、「制度とリーダーシップのプリズムを通して」[27]軽減されうる。ポーツらのセントルイス、ピッツバーグ、ボストンの比較研究によれば、ミズーリ州東部の大都市セントルイスは、長期間の強制バス通学制度によって政治空間が人種化され、「市民能力」は希薄となり、広範な支持基盤にもとづく学校改革は困難であった。

これに対してペンシルヴェニア州南西部の大都市ピッツバーグは、強い市長の指導力のもと、教育専門職主義の伝統と人種対立を凌いで生まれた市民組織を基盤に改革が進んだ。ボストンではトーマス・メニノ市長が、教育委員会委員を任命する権限を市長自らに付与する制度改革を行った。その結果、市長が公立学校に関する財政・政治面での説明責任を引き受け、それを契機に「市民能力」は高まり、黒人・マイノリティ子弟が公立学校生の80％を占める1990年代にあって、一定の成果を学校改革においてあげた、とポーツらは報告している。

これら3つの都市の比較研究は、「市民能力」の創出・維持・強化にとって、「制度とリーダーシップ」がいかに重要であるかを物語っている。公式・非公式の制度・レジームが、学校改革への参加者を（脱）エンパワーする都市の制度的文脈を形づくるのである。

制度は、改革をめぐる自発的結社、基底的諸集団を交差するネットワークがとりうる集合的活動の経験の内容を規定する。また、リーダーシップは、学校改革の抱える課題、達成すべき目標、挑戦のスタイルを明確にし、定式化し、利害関心を異にする諸アクターに訴求し、幅広い改革連合を構築するという重要な役割をもつ。「市民能力」をバネにしたレジーム形成の行方は、制度とリーダーシップのこうした相互作用のあり方に大きく規定される、と理解されよう。

では、リーダーシップとは具体的には何か。ポーツらによれば、教育部門と

第Ⅰ部　市民教育論

都市部門のリーダーシップこそが都市部の学校改革にとって重要である、という。前者では、教育長の指導性が注目される。教育長は、改革の推進者と同時に抵抗者でもある教員組合、学校区への政治的・財政的支援を行う地方政府、また選出公選職者を含む教育委員会を敵／味方にしつつ、学校管理（人事・財政・組織）を行い、学外アクター（企業リーダー、コミュニティ活動家、PTA 等）と「政治」を行う地位にある。後者の都市指導者は、コミュニティ大のビジョンやアジェンダを探り、定式化し、その実現をはかるために広範な連合を構築・発展・維持する必要がある。彼らは、政治を刷新する「都市における建築家であると同時に、市の主要な制度を創出・再創出するための触媒」と位置づけられるのである。

　彼ら両部門の指導者が「市民能力」の向上をはかるうえでの最大の課題は、ビジネスとの連合をいかに構築し、その安定的な関係の維持をはかるか、ということに尽きる。

　学校改革における官民協力の相手としてのビジネスに対する期待は、1983年の『危機に立つ国家』の出版を契機にして一挙に膨れ上がり、協力企業の数は同年の4万から5年後の1988年には14万に急増したという報告がある。本音では経済負担をしたくない企業が、公教育に対しての財政的支援を厭わない理由は、企業活動の地に荒れた学校が存在する、という都市イメージを払拭し、企業らしい企業が来なくなることを避けたいという合理的な計算があった。

　では、黒人指導者は官民協力をどうみるのであろうか。「黒人」都市においても、ビジネスの主要ポストを牛耳っているのは白人である。しかし、教育は人口的に多数を占める黒人が主導する。一見すれば、教育官僚制、教育公職者の充員・補充に白人層の協力はそれほど重要でない可能性もある。しかし、ヘニグらがいうように教育をめぐる統治連合の構築には、白人・ビジネス階級・企業の協力が不可欠であるのも事実である。黒人指導者は、官民協力の道に踏み出すことで草の根活動家からエリート主義者といった烙印を押されるのを恐れると同時に、彼ら自身も、ビジネス・企業階級の経済的保守主義に対しても根強い不信感をもっている。しかしながら、統治連合の構築・発展・維持といった観点からすれば、ビジネス・企業階級を、予算や現物支援の主たる源泉

とみる以上に、統治連合の重要なパートナーとみざるをえないのである。

結果として、白人ビジネス階級と黒人指導者は「都市の制約」のなかで、人種的亀裂を越えて「成長マシーン」を共有しなければならない利害状況が、「官と民に現実的で重要な接点を与えるのである」[34]。

3 学校改革の政治学

ミュルダールによれば、「黒人結社は、黒人がより広いアメリカで成功するには役立たなかった」[35]。であるとしても、黒人は白人以上に結社参加者（joiners）であったという主張もある。彼らの多くは、黒人教会、近隣集団などさまざまな自発的結社の一員であった。黒人への歴史的差別への反発から、「黒人社会資本（black social capital）」には強いものが蓄積されている[36]。

では、強い「黒人社会資本」は、学校改革を推進するコミュニティの大連合を結集することに成功できたのであろうか。答えは、否である。両者の間に自動的なリンクは容易に見出すことはできない。黒人公職者・活動家が改革を進めようとすれば、そこに発生するコストを直接に感じる教師・保護者・近隣住民といった利害関係者の抵抗に遭遇する。黒人指導者は、社会資本を前述の「市民能力」へと容易には転換できない。彼らは、幅広く地域社会に根差した保護者を基盤とした運動をなかなか構築できないできたのである。

学校改革へのコミュニティ動員は、「散発的、狭い範囲、予測不可能、短命」[37]であるとヘニグらはいう。その要因は、ヘニグらによれば、教育の階級・階層分化性にあり、具体的には次のような現象となって現れる、とされる。①黒人の教育関係者と一般生徒の保護者との対立──黒人コミュニティ内部の階級的亀裂。社会経済的地位が低い保護者が、逆の地位にある教育関係者に抱く不信感。前者のエンパワー的参加への後者の反発。②退出オプションとしての郊外化──黒人中産層の郊外への退出が政治的告発（ヴォイス）の機会と可能性を殺ぐ。③黒人にとっての体制内退出オプション──白人中産層を中心とする学校の個別的改善が、白人・黒人中産層による学校の構造的改革を阻害し、個別的改善済みの学校に校区外からお調子者の黒人中産層の生徒が入学する[38]。

1970年代後半以降、多くの大都市で黒人指導者は学校政策を策定する権力をもつに至った。だが、先にみたように、学校改革においては、人種は学校改革のコミュナール（共同体的）な基盤にはうまくなりにくい。黒人と白人の人種的改革連合に反対する黒人は、闘争線を「人種」ではなく「階級」に置こうとしたことも一因である。

強い社会資本の存在が学校改革にプラスに働くという研究は、シカゴ大学の社会学者ジェームズ・コールマン、イェール大学児童研究センターのジェームズ・コマーの研究など数多くある。[39] 小集団、ネットワーク、親密圏の互酬性規範・信頼が、特定の学校の制度パフォーマンスには良好な影響を及ぼすというわけである。

たしかに社会資本は、学校改革にとっての学校内要素とコミュニティからの支持の調達を説明することはできよう。しかしながら、学校改革という都市全体の集合問題の解決への諸集団の行動化と認知動員は射程の外となる。強い社会資本が、公的アリーナの活動、ガバナンスの制度に自動的に結合するわけでもないし、諸集団間の連合構築活動に直結する「市民能力」を生み出すわけでもない。社会資本と違って CCUEP のいう「市民能力」は、「公共政策を変えるべく集合的な試みを活性化したり、公的なセクターのパワーアップのために協働して集合活動を行う」[40] 能力に関わるものである。

都市中心部の学校問題に対応する場合、社会資本の組織的表現である「近隣集団、自発的結社、宗教組織、労働組合、ビジネスグループ、その他の非公式な団体も重要ではあるが、それにもまして政府の制度やアクターは重要となる」[41] と『黒人社会資本』の著者オアーはいう。繰り返しになるが、社会資本を公式の政治制度につなぎ、それを通じて学校改革の力をつむぎ出すことが重要となるのである。社会資本を政治過程において、権力とガバナンスの公式制度にいかに結合するのか。言い換えれば、行動に向けてのネットワークの意識的な立ち上げと、諸利害関係者が直面する複雑な問題を実効的に解決するための統治水準での実行可能な合意形成が、学校改革では重要となるのである。

現代アメリカの都市部における教育統治は断片化され、公立学校には黒人、少数派民族集団、貧困層の生徒が集中する傾向は今も変わっていない。教師

第 1 章　アメリカにおける学校改革

は、彼ら子どもたちの背景にある家族や地域社会が有する文化資本を容易に生かすことができない。また、学校が「地域社会の就職機関」となり、教育従事者・関係者のカルテル化が学校改革を阻害してる点も、すでに指摘しておいたとおりである。

　再度、確認しておこう。都市部、特に都市中心部における学校改革で問われるのは、閉じた「黒人性」を内破し、対立を厭わず、改革をめざすさまざまなアクターと連合し続けていく能力、CCUEP の用語を使えば「市民能力」を都市に広く根づかせることである。「市民能力」の増進によって、学校改革の集合的解決への行動化（activation）と協力・連合の制度化を深める必要がある。内向化しやすい社会資本と白人・企業権力に擦り寄る黒人〈政治〉に堕しやすい政治的エンパワーメントを、緊張感をもって架橋するのが「市民能力」に期待される効用といえよう。[42]

注
1) 1970年代半ば以後の黒人公職者の進出には目を見張るものがあった。市長に限っていえば、メイナード・ジャクソン（アトランタ市）、コールマン・ヤング（デトロイト市）、ウィルソン・グッド（フィラデルフィア市）、トム・ブラッドレー（ロサンゼルス市）、ハロルド・ワシントン（シカゴ市）、マイケル・ホワイト（クリーブランド市）らの名が挙がる。また、行政・統治機構への進出も著しい。**本書第 3 章の表 3 - 1** も参照されたい。
2) Gerald David Jaynes and Robin M. Williams Jr. eds. (1989), *A Common Destiny: Blacks and American Society*, Washington, DC: National Academy Press, p. 4.
3) Alphonso Pinkney (1984), *The Myth of Black Progress*, New York: Cambridge University Press.
4) アンダークラスに関して最も重要な文献には幸いなことに邦訳がある。以下を参照。
William Julius Wilson (1987), *The Truly Disadvantaged: The Inner City, the Underclass, and Public Policy*, Chicago: University of Chicago Press［青木秀男監訳『アメリカのアンダークラス——本当に不利な立場に置かれた人々』明石書店、1999年］；William Julius Wilson (1996), *When Work Disappears: The World of the New Urban Poor*, New York: Alfred A. Knopf［川島正樹・竹本友子訳『アメリカ大都市の貧困と差別——仕事がなくなるとき』明石書店、1999年］；Thomas J. Sugrue (1996), *The Origins of the Urban Crisis: Race and Inequality in Postwar Detroit*, Princeton, NJ: Princeton University Press［川島正樹訳『アメリカの都市危機と「アンダークラス」——自動車都市デトロイトの戦後史』明石書店、2002年］．また、以下の文献も有益。
Douglas S. Massey and Nancy A. Denton (1993), *American Apartheid: Segregation and the Making of the Underclass*, Cambridge, MA: Harvard University Press; Herbert J. Gans (1995), *The War against*

第 I 部　市民教育論

the Poor: The Underclass and Antipoverty Policy, New York: Basic Books; Michael B. Katz（2001）, The Price of Citizenship: Redefining the American Welfare State, New York: Henry Holt and Company.

5)　Susan Bickford（2000）, "Constructing Ineqaulity: City Spaces and the Architecture of Citizenship," Political Theory, Vol. 28, No. 3, June, pp. 355-376 ［池田和央訳「不平等の建設——都市空間と市民の構築」『思想』931号、2001年11月、4-31頁］.

6)　Robert A. Dentler（1991）, "School Desegregation since Gunnar Myrdal's American Dilemma," in Charles V. Willie, Antoine M. Garibaldi and Wornie L. Reed eds., The Education of African-Americans, New York: Auburn House, pp. 27-50.

7)　ウィルバー・リッチがいう「公立学校のカルテル化」を形成する。デトロイト、ゲイリー（インディアナ州北西部の都市）、ニューアーク（ニュージャージー州北東部の州最大の都市）の学校政治を検討したリッチは、「学校パイが多くの家族を扶養している。そしてそのパイを薄切りにして食べることが、地方経済においては一大事である」（Wilbur C. Rich（1996）, Black Mayors and School Politics: The Failure of Reform in Detroit, Gary, and Newark, New York: Garland Publishing Inc., p. 5）と適切にも表現している。

8)　Mark Schneider et al.（1997）, "Shopping for School in the Land of the Blind: The One-Eyed Parent May be Enough," paper presented at the annual meeting of the Midwest Political Science Association, Chicago, April 10-12.

9)　学内ミクロ政治の権力関係の次元を知るには、Betty Male（1995）, "The Micropolitics of Education: Mapping the Multiple Dimensions of Power Relations in School Politics," in Jay D. Scribner and Donald H. Layton eds., The Study of Educational Politics, London: The Falmer Press, pp. 147-167 は簡要。筆者は、このレベルの改革の重要性を否定するわけではまったくない。学内、あるいは学校関係者内での改革については、Joseph Blase and Gary Anderson（1995）, The Micropolitics of Educational Leadership: From Control to Empowerment, New York: Teachers College Press が情報豊かである。

10)　Jean Anyon（1997）, Ghetto Schooling: A Political Economy of Urban Educational Reform, New York: Teachers College Press, p. 13.

11)　11都市とは、アトランタ、ボルティモア、ボストン、デンバー、デトロイト、ヒューストン、ロサンゼルス、ピッツバーグ、セントルイス、サンフランシスコ、ワシントン特別区である。CCUEP 関連の著作は、これまでに以下の5冊が公刊されている。Clarence N. Stone ed.（1998）, Changing Urban Education, Lawrence, KS: University Press of Kansas; Jeffrey R. Henig, Richard C. Hula, Marion Orr and Desiree S. Pedescleaux（1999）, The Color of School Reform: Race, Politics, and the Challenge of Urban Education, Princeton, NJ: Princeton University Press; Marion Orr（1999）, Black Social Capital: The Politics of School Reform in Baltimore, 1987-1998, Lawrence, KS: University Press of Kansas; John Portz, Lana Stein and Robin R. Jones（1999）, City Schools and City Politics: Institutions and Leadership in Pittsburgh, Boston, and St. Louis, Lawrence, KS: University Press of Kansas; Clarence N. Stone, Jeffrey R. Henig, Bryan D. Jones and Carol Pierannunzi（2001）, Building Civic Capacity: The Politics of Reforming Urban Schools, Lawrence, KS: University Press of Kansas.

12)　Stone et al., Building Civic Capacity, op.cit., p. 50.

13) *Ibid.*, pp. 50-51.
14) Henig et al., *The Color of School Reform, op.cit.*, pp. 275-276.
15) ジェフリー・ワッツは、連合を、各基礎集団の特殊利益達成の手段としての諸集団間の連合である分節的連合（disjointed coalition）と、諸集団が共通の争点アジェンダを支持するがゆえに結集する核共有連合（shared core coalition）とに分ける。ここでの連合は、後者の意味で使用。CCUEP の使用法も同じである。Jerry Gafio Watts (1996), "Blacks and Coalition Politics: A Theoretical Reconceptualization," in Wilbur C. Rich ed., *The Politics of Minority Coalitions: Race, Ethnicity, and Shared Uncertainties*, Westport, CT: Praeger, pp. 41-45 を参照。
16) Henig et al., *The Color of School Reform, op.cit.*, p. 56.
17) Paul E. Peterson (1981), *City Limits*, Chicago: University of Chicago Press.
18) Clarence N. Stone (1989), *Regime Politics: Governing Atlanta, 1946-1988*, Lawrence, KS: University Press of Kansas, p. 3.
19) *Ibid.*, p. 5.
20) Portz et al., *City Schools and City Politics, op.cit.*, p. 9.
21) Stone, *Regime Politics, op.cit.*, p. 229.
22) Stone et al., *Building Civic Capacity, op.cit.*, p. 52.
23) Portz et al., *City Schools and City Politics, op.cit.*, p. 19.
24) Portz et al., *ibid.*, p. 22. バーバラ・ファーマンは、特有の制度枠組みと根底に流れる政治文化によって区別される活動の諸領域を「アリーナ」と呼び、教育アリーナは、開発アリーナと違って、効用が間接的、集合的だという（Barbara Ferman (1996), *Challenging the Growth Machine: Neighborhood Politics in Chicago and Pittsburgh*, Lawrence, KS: University Press of Kansas, pp. 4-5ff）。
25) Orr, *Black Social Capital, op. cit.*, pp. 190-192.
26) Stone et al., *Building Civic Capacity, op.cit.*, p. 154.
27) Portz et al., *City Schools and City Politics, op.cit.*, p. 137.
28) *Ibid.*, pp. 33-37.
29) *Ibid.*, p. 37.
30) Henig et al., *The Color of School Reform, op. cit.*, p. 213. また、Marsha Levine and Roberta Trachtman eds. (1988), *American Business and the Public School: Case Studies of Corporate Involvement in Public Education*, New York; Teachers College には、米多国籍企業ハネウェル、バーガーキング等の具体的な官民協力が描かれていて興味深い。
31) 参照、Carol Axtell Ray and Rosalyn Arlin Mickelson (1990), "Business Leaders and the Politics of School Reform," in Douglas E. Mitchell and Margaret E. Goertz eds., *Education Politics for the New Century*, Basingstoke, Hampshire: The Falmer Press, pp. 119-135.
32) Henig et al., *The Color of School Reform, op.cit.*, p. 243. こうした黒人都市レジームの特質の理解については、アドルフ・リードの次の文献は欠かせない。Adolph Reed Jr. (1988), "The Black Urban Regime: Structural Origins and Constraints," in Michael Peter Smith ed., *Power, Community and the City*, New Brunswick, NJ: Transaction Books, pp. 138-189.
33) Henig et al., *The Color of School Reform, ibid.*, pp. 245-246.

34) *Ibid.*, p. 212.
35) Gunnar Myrdal (1944), *An American Dilemma: The Negro Problem and American Democracy*, New York: Harper and Brothers, p. 952.
36) Orr, *Black Social Capital, op.cit.*; Robert D. Putnam (1993), "The Prosperous Community: Social Capital and Public Life," *The American Prospect*, No. 13, Spring, p. 40［河田潤一訳「社会資本と公的生活」河田潤一・荒木義修編『ハンドブック政治心理学』北樹出版、2003年、196-197頁］.
37) Henig et al., *The Color of School Reform, op.cit.*, p. 207.
38) *Ibid.*, pp. 189-207.
39) コールマンの大規模な調査は、私立学校の成功の要因は学校活動への保護者やコミュニティの積極的な参加に求めうることを明らかにした（James S. Coleman and Thomas Hoffer (1987), *Public and Private High Schools: The Impact of Communities*, New York: Basic Books）。またコマーは、教育プロセスに保護者やそれ以外の人々を意識的に巻き込むことによって学校教育を改善しようとしている（James P. Comer (1975), *Black Child Care: How to Bring Up a Healthy Black Child in America*, New York: Simon and Schuster; James P. Comer (1980), *School Power: Implications of an Intervention Project*, New York: The Free Press; James P. Comer (1997), *Waiting for a Miracle: Why Schools Can't Solve Our Problems and How We Can*, New York: Plume）。社会資本概念を使った研究としては、Buruce Fuller and Emily Hannum eds. (2002), *Schooling and Social Capital in Diverse Cultures*, Oxford: Elsevier Science Ltd. などがある。
40) Stone et al., *Building Civic Capacity, op.cit.*, p. 5.
41) Orr, *Black Social Capital, op.cit.*, pp. 187-188.
42) 参照、James Jennings (1992), *The Politics of Black Empowerment: The Transformation of Black Activism in Urban America*, Detroit, MI: Wayne State University Press［河田潤一訳『ブラック・エンパワーメントの政治——アメリカ都市部における黒人行動主義の変容』ミネルヴァ書房、1998年］.

第2章　アメリカにおけるコミュニティ関与と学校改革

1 戦後アメリカにおける公教育の展開・揺らぎ・改革

　アメリカ合衆国における公教育改革の標語は、1954年のブラウン判決以降、約20年間は公平（equity）であった。その間、統合教育、補償教育（貧困生徒への教育の機会均等を促進する初期教育の大規模な努力であるヘッドスタート計画、無選抜入学制、クーポン制）など種々のアイディア、改革案が提起され、実施された。1970年代に始まった効果的（effective）学校研究は、貧しいマイノリティの生徒の成績向上、校長の強いリーダーシップ、基礎スキル向上への全学的な指導、生徒への教師の高い期待がもつ効用などを鍵要素として設定し、相互の関連を検討しようとするものであった。[1]

　1980年代、90年代になると、公教育をめぐる議論は、保守、リベラルあるいはラディカルを問わず、その現状認識は学校の機能不全であり、アメリカの公教育の現実は多くの批判にさらされた。批判は、体系的に整備されていないカリキュラム（unstructured curriculum）、進路別カリキュラムの無理な編成、生徒の高い中退率、教師の労働条件の劣悪さなどに向けられた。

　そうしたなか全国的なレベルでは、基礎学力重視プログラムが喧伝され、1981年には教育卓越ネットワークが設立された。それを受けて1983年には、レーガン大統領の「教育の卓越性に関する全国諮問委員会」の報告書として、学業の卓越性と国際経済競争力を主張する連邦教育省諮問委員会報告書『危機に立つ国家』[2]が出版され、卓越性（excellence）が教育改革の中心概念となった。学校は、統合教育をする場でもなければ多文化主義教育をする場でもなく、勉学をする場であり、公教育への投資には効率性（efficiency）が注入された。

第Ⅰ部　市民教育論

　「効率性の追求」（1983年開始の第1次改革）や、「効果的学校」（1986年開始の第2次改革）を学校改革の目玉とした民営化・選択制志向の1980年代以降の学校改革の特徴は、①プログラム改革――カリキュラム・教育方法改革、専門性向上、学校行事一覧等の刷新・改善、②制度改革――教育の市場化（バウチャー制度、チャータースクールなど）、公的セクターにおける意思決定責任の水平的移譲（教育委員会から市長へ等）、権限の分権化（学校単位の意思決定等）、説明責任と権限の集権化（成績不振校・校区に対する州の教育課程基準の押しつけ等）の2点に要約されよう。

　こうした傾向を、ボストン生まれの教育者で社会活動家のジョナサン・コゾルは、学校再編や効率性の過剰評価と批判したりしたが、米連邦教育省も1985年には「効果的学校」の効果の実態を検証する5年間の研究プロジェクトを立ち上げた。私立学校の組織変数との比較を取り込んだ公立学校の実態調査のうち、初等学校はジョンズ・ホプキンス大学、中等学校はウィスコンシン大学の研究グループが担当することとなった。

　ウィスコンシン大学では、教育リサーチセンターを中心に、効果的中等学校に関する全米センターが組織された。また同大学では1990年に米教育省の依頼を受けて、学校の組織と再編に関するセンターを拠点とした5年間プロジェクトも発足し、学校再編のプロセスと効果について大規模な調査が行われた。

　これら2つのプロジェクトを主催したのがフレッド・ニューマンであった。ニューマンらは、これらの調査を通じて1980年代の学校改革を引っ張った教育標準（教育内容や学力に関する基準）やテストを重視した学力評価、説明責任の議論が瑣末主義に流れ、本来の評価とはなっていない点を批判した。彼らは、点数主義を超えて、「生徒が暮らしていく上で価値ある知識」を育てる「規律ある事実・知識などの探究（disciplined inquiry）」に生徒を関わらせることを通じて「本物の学力達成（authentic academic achievement）」を評価しうる手法を開発しようとした。

　ニューマンらの研究の一部は、低所得者マイノリティの生徒の成績不振の原因の検証に向けられている。1960年代、都市中心部の急進的な教育活動家が、黒人の自尊心の強化、自己決定権の拡大をめざして、学校のコミュニティ統制、

保護者の教育過程への参加運動に取り組んだ。その結果、教師、教育関係者に黒人が多く進出したが、それによって白人の郊外脱出、都市残留組白人の私立学校への転出が進み、都市中心部には、教育に手を焼き、経費だけがかさむと批判される黒人・マイノリティ学区が取り残されることとなった。

結局、「黒人」機関化の色合いを強めた都市中心部の学校は、パフォーマンスを回復させることもなく、黒人の保護者が子どもに期待する基礎的な職業技能、労働への基礎的準備、基本的な規律の修得でさえ、経済的効率を重視する政府の前では、最低水準を満足することも覚束ない状況が続くこととなった。

アメリカの公教育システムは、1950年代、60年代の公立学校の人種差別撤廃への取り組み、70年代の学校改善資金の増量、80年代の効率性重視、90年代の教育スタンダードやテスト、説明責任に焦点を当てた教育評価にもかかわらず、黒人／マイノリティ・コミュニティの期待にはいまだに応えられていないのが現状である。

この点に関連して、シカゴの公立学校システムにおける教育標準／説明責任運動の効果を測ったジョン・ロングは、教科の構造化、保護者の参加プログラム、進級判断への標準テストの導入、関連予算の増額にもかかわらず、黒人生徒の成績にはほとんど向上がみられなかったと述べている。ロングは、こうした原因を、教育関係者が学校と生徒たちの多様な下位文化間の分裂状況、生徒を送り出すコミュニティの文化的価値や志向性、なまり言葉や世界観を理解し損ねていることに見出している。

ニューマンは、「本物の学力達成」は、ロングが指摘する負の要因を学校・保護者・生徒が相互に無関心な状態から抜け出すことに結びつけなければならない、と次のように主張する。「もし教育者や市民が、知識自体を知的なディスコースの行為としてよりも、主に単独の知識ビットの検索として考え続けるとすれば、大半の生徒は単元テストや最終試験で良い点をとったとしても、習ったことはすぐに忘れよう」と。

ニューマンらの調査は、クラスや学校に積極的に関わる生徒は、学習態度が良好で学習意欲も強く、テスト成績も良く、教材の内容をよく理解し、強い自尊心をもち、自分を取り巻く環境や生活に対して学習したことをうまく応用で

きる傾向が高いことを見出した。こうしたデータにもとづき、ニューマンは、「生徒の関わりは、教育の成功にとって決定的に重要である。学業の向上には、いかにして彼らを関与させるかを知ることが第一である」と結論づけた。

では、積極的な関与（engagement）はいかにしてはかられるのか。ニューマンらは、コミュニティの社会的支援の重要さに着目し、次のように述べる。「子どもらは、食べ物や衣服、住まいや医療、そしてこれが最も重要であるが、知的・社会的能力を発達させるのに必要とされる信頼・希望・自信を育ててくれる大人への情緒的な絆を提供する、学校を超えた社会的支援の安定したネットワークがなければ、学ぶことに一生懸命にはならない」と。

こうした社会的支援は、従来は家族や保護者の友人、近隣住区やコミュニティの社会的・宗教的・政治的組織によって提供されてきたが、今日ではミドルクラスの郊外脱出や経済基盤の瓦解、住宅事情の悪化によって、都市中心部ではその確保は特に難しくなっている。状況をこのように捉えるなかでニューマンらは、相当に早い時点でジェームズ・コールマンらの社会資本理論に注目していた。彼らは、「社会資本の創出において学校が果たす役割はいまだよくわからないが、長期的には多くの生徒にとっての教育は、彼らが住むコミュニティの社会資本の増進なしでは実質的には改善しないことはほとんど疑うことができない」と述べている。

学校とコミュニティへのニューマンのこうした視点は、ドナルド・オリヴァーを中心に、1950年代半ばから独自の方法意識で社会科カリキュラムの改革に取り組んでいたハーバード社会科プロジェクトへのニューマンの参加を通して養われたものと思われる。

ハーバード社会科プロジェクトは1960年代初めに、米国歴史学会「社会科委員会」と全米社会科評議会「概念・価値に関する委員会」が、社会科関係の教授内容を選択する際に依拠してきた方法論を検討し、その結果、従来の社会科は、教授目的に対して安易に単純化され、薄められた諸社会科学の集積でしかないことを批判した。

オリヴァーは、その後、規範的・倫理的分析の技能、公的問題への政策位置の明確化、一定の価値判断・決定のための基準の定式化能力の開発をめざす

「公的争点分析アプローチ」を開発していく。

　アメリカ社会の立憲的枠組みを底礎する基本的価値に磁場を形成する法律的／倫理的根本的原理を分析する「公的争点分析アプローチ」は、1970年代以降もオリヴァーの高弟であったジェームズ・シェイヴァー[15]やニューマンらがそれぞれ独自色を加えながら発展的に継承していった。ニューマンらウィスコンシン・グループの取り組みは、「コミュニティ参加カリキュラム」として一般に知られるものである[16]。

　本章は、アメリカ合衆国における「学校とコミュニティ」という古くて新しい問いに、学校をめぐるコミュニティ「参加／関与」のアイディアと実際を政治学的に検討することで迫ろうとするものである。

　社会科の主要な目標群としては、「参加」は知識、技能、価値等と比較すると近年のものであるが、「参加」の主唱は、「市民性への伝統的関与が公共的な事柄に対する、よりいっそうリアルな知的準備と積極的な参加の実際によって強化されるべきだ、とする一部の指導的な研究者グループによって主導されたのである」[17]。

　本章は、こうした言説に導かれて、彼ら社会科・市民教育研究者の知的営為のなかに、「コミュニティ参加／関与」のアイディアの意義を歴史的に探り、他方でそうしたアイディアが、黒人／マイノリティをめぐる学校改革政治のなかでどのような形で力となり、あるいはならなかったのかを、大都市圏ボストンとテキサス州のそれぞれにユニークな実験的取り組みのなかに検討するものである。

2　コミュニティ関与と学校改革の2つの事例

（1）新社会科運動から「コミュニティ参加カリキュラム」へ

　米連邦教育省、全米科学基金は、1963年に、カーネギー工科大学（現・カーネギー・メロン大学）、ミネソタ大学、シラキュース大学、オハイオ州立大学、ノースウェスタン大学、イリノイ大学、ハーバード大学の7大学を社会科カリキュラム開発拠点に指定し、各4〜5年のプロジェクトがスタートした。

検討の対象となった従来の社会科カリキュラムは、「全米教育協会中等教育再編に関する委員会社会科部会」の1916年報告にもとづくものであり、教授内容は概ね、7年生＝地理、ヨーロッパの歴史、8年生＝米国史、「コミュニティと公民」、9年生＝「公民」と経済、10～12年生＝1700年以降の欧州史、米国史、「アメリカ民主主義の諸問題」と学年別に配列され、内容は物語的・解説的・非歴史的で、過度に愛国心を鼓舞するものであった。

　こうした内容を特徴とする従来の社会科を打破し、新社会科運動の理論的基盤を用意したのが、ハーバード大学認知研究センターの指導者であったジェローム・ブルーナーの「発見」学習アプローチであった[18]。ブルーナーは、教育の目標を、知的技能（処理、視覚、想像、象徴操作など）開発、分析能力（情報処理能力、推論能力、価値対立状況の社会的分析能力など）開発に置いた。彼が提唱する「発見」を通じての「認知」教授法は、諸事実の集積や教育技法よりも、主題あるいは学科の「構造」を教授・学習関係の中核に置こうとするものであった[19]。

　「構造」「認知」といった「新原理」にもとづくカリキュラム改革運動としての新社会科運動は、①社会科は独立した科目ではなく、歴史、地理、政治学、経済学等の寄せ集めで、今後「歴史および諸社会科学」に再編される必要があること、②教室で教えるべきは、各科目の学問内容であって市民的態度ではない。そういう意味で「良き市民」の育成は、せいぜい「学科中心カリキュラム」の副産物でしかない、ということを共通の認識とした[20]。

　この新カリキュラム改革の動きは、数年を経ずして2つの傾向を明確にした。その1つは、教育の認知側面を重視する「知識中心学科の構造」アプローチで、新社会科運動の方法を代表する。ここでの「構造」とは、特定教科における、①諸事実、記述的知識、②モデル・理論・概念のセット、③探究法の複合と一般に理解される。もう1つの流れは、社会的・政治的争点に関する批判的思考・反省的思考・問題解決的思考・政策的思考の開発を重視する、いわば「知性」アプローチとでも呼べるものであった。

　ドナルド・オリヴァーを中心に1956年から独自の方法意識で社会科カリキュラムの改革に取り組んでいた「ハーバード社会科プロジェクト」は後者の流れ

に属するものであった。ニューマンの「コミュニティ参加カリキュラム」もこの系譜に属する。

オリヴァーらの実験的プログラムは、民主主義は、種々の社会問題を合理的な方法で論理的に考える市民の能力に依存する。そうした市民的能力は、公的争点に関する情報を組織化し、解釈するために必要な「概念」知識、公的論争の分析に要する「概念」の理解・適用能力、自らの価値位置の確認と他の諸価値パターンとの比較・対照能力の開発を伴わなければならないことを強調するものであった。

「公的争点」の「規律ある討論 (disciplined discussion)」が、民主主義、市民・国家関係の教授・学習にとって有効との立場から、オリヴァーらは民主主義社会において市民が直面する「公的争点」の分析、規範的・倫理的分析の技能、公的問題への政策位置の明確化、政治的・倫理的な公的論争の要求に適切に応えうる一定の価値判断・決定のための基準の定式化能力を育む教授法、指導ガイドライン、教科書、補助教材の開発に取り組んだのである。[21]

新社会科運動は、伝統的な社会科の次のような点、すなわち現実の無視、理念の過度の理想化、諸事実の集積の記述的提示、民主主義の現実と理想の混同などを批判する形で出発した。だが、知識の「構造」アプローチによる新カリキュラム改革の大半は、立ち上げとほぼ同時に難局に直面することになった。ケネディ大統領暗殺、公民権運動、ベトナム反戦と激しい社会変動が、価値対立の問題を新社会科運動に突きつけたのである。1967年頃にはすでにそれらの多くの改革努力はピークを迎え、70年代には下火になっていった。

こうしたなかオリヴァーらは、「豊かな」「合意」の1950年代中葉、1956年にすでに1916年的社会科カリキュラムを、①価値対立についての体系的思考、省察的思考を要請しない内容、②デモクラシーの基礎（出版・言論・デモの自由、政治活動等）に関する意味ある討論の欠如といった視点から批判し、価値、それも価値対立の問題を社会科カリキュラム開発にいかに組み込むかといった問題に「公的争点」分析によって迫ろうとしていた。「ハーバード社会科プロジェクト」は、それゆえにこの危機の1960年代こそを自らの知的実験のさらなる鍛錬地と心得て、いっそうの発展を遂げていくことになったのである。

ところで、NCSS（全米社会科評議会）の1969年会長演説においてロナルド・スミスは、1960年代を「認知の10年間」と総括し、来る1970年代を「感情の10年」と予見したが[22]、第2期ハーバード・プロジェクトの立ち上げ時（1967年）にすでに価値対立を前提にしたカリキュラム開発を一定実現していたがゆえに、70年代以降も社会科カリキュラム改革の領域で、同プロジェクトは先導的役割を担うことができた[23]。オリヴァーの指導学生であったシェイヴァーやニューマンらによって独自色を加えられながら発展的に継承されていったことはすでに述べたところである。

 ニューマンらは、学校生活のいくつかの相での参加的決定作成の経験、地域活動への参加、政治集団で演じられる種々の役割の認識・評価・仮想体験を通して子どもたちの参加技能を開発しようとした。その種の技能によって、コミュニティのニーズや問題を調査、発見し、種々の社会機関でボランティア活動を行い、新しい若者主導の組織を創出し、選挙過程やコミュニティ組織に参加することが、彼らに奨励されたのである[24]。

 ニューマンの「コミュニティ参加カリキュラム」は、従来の知識偏重型のカリキュラムを、それが学校における抽象的・言語的コミュニケーションにもとづく学習スタイルを要求し、そのことが生徒を「現実世界」から遊離させる傾向にあったことを厳しく批判し、また学校や現場の教師が道徳や市民性を第一の優先事項としていないことを批判したのである。

 「コミュニティ参加カリキュラム」は、多様なイデオロギーを反映しうる。たとえば、社会機関におけるボランティアは、他愛的行動を確立する企図として、また自尊心を高めたりする、あるいは社会における矛盾や不正についての生徒の意識を高めるための手法として想定される。どのようなイデオロギーも、現実は「行動を通じて学習され」、そうした学習は、「具体的」で「今この場における」現実を対象とすべきだ、との認識を共有すると考えるニューマンは、そうした「生きた」カリキュラムこそが、「アメリカ合衆国の恐ろしいまでの多文化性にパワーと意味を与え、また国の内外を問わないグローバルな生活の変容しつつある諸条件に応答」することができると主張する[25]。

 総じていえば、「コミュニティ参加アプローチ」は、「現実」世界についての

言葉上の議論は強調するが、それは現実とは遊離したなかで行われる学校実践への批判に一部応答する形で生まれてきた[26]。その主張の前提には、概ね次のような認識があった。市民性についての旧来の狭い見方は、「家庭、学校、クラブといった環境での日常生活で生じる政治的相互作用を見落としている。……〈中略〉……（そうした）教育プログラムは、生徒にとって個人的に意味がないように思える。生徒は、統治過程においていまだ参加者でない受動的学習者として扱われがちなのである[27]」。

（2）2つの事例

(1) METCOの実験――「外の世界に共存すること」の可能性　　ボストン市の公教育制度は、南北戦争以降大恐慌までは全国でも模範的な水準を示してきた。小学校は高い水準の基礎学力（読み書き算盤）を生徒に教え、主として白人児童に対してではあるが、ハイスクール、ラテン学校は職業、あるいは有名大学進学に実績を示してきた。その間に、130ほどの学校関連の建物も新築された。

しかし、1929年の大恐慌はボストンにおける学校教育に質、量の両面において深刻な打撃を与えた。1934年から72年までに新しいハイスクールはつくられず、校舎はオンボロで、建物施設の3分の2は1913年以前に建てられたものであった。教師の給料も低く、教材が新たに補充されることはめったになく、小学校には体育館、遊び場、図書室はなく、図書館がないハイスクールまである始末であった[28]。また、教育行政官、教育関係者は、「トップから下まで保守的な考えや昔ながらの慣例に囚われ、口の利き方も尊大で、ねっちりした偏見に満ちていた。彼らは保護者気取り[29]」であった。

市の疲弊した経済基盤、古い公営住宅ストック、ガタガタの公共施設は1960年代に入って少しずつ改善されるようになるが、1972年の連邦裁判所の介入までは、「ボストンの公立学校では校舎が荒れ、学校システムが政治家の賄賂の虜となり、今度はその類の政治家が任命した教育関係者が学校を管理・運営するため、公立学校はまさに巨大な失敗見本市となってしまった[30]」。

ところで、黒人の公教育における人種差別は、1855年にマサチューセッツ州議会によって禁止されている。こうした措置は、ボストンにおける黒人コミュ

ニティと奴隷解放論者の4分の1世紀にわたる闘争の結果もたらされたものであった。

しかし、それからおよそ1世紀後の1961年には、ボストンのNAACP（全国黒人地位向上協会）が同市内には少なくとも6つの公立学校で事実上の人種差別的な教育が行われていることを告発した。そうしたなか、ジョン・ヴォルペ新知事のもと、人種差別教育を不当とする立法的措置が勧告され、1965年にはマサチューセッツ州人種不均衡法（RIA）が成立することになる[31]。

だが、同法に否定的なボストン教育委員会も、また同法では黒人の権利が十分に保障されないと考える黒人コミュニティも、「ボストンの公立学校をめぐる闘争の最終帰結として同法を受け入れようとはしなかった。……〈中略〉……1965年から1974年にかけて、人種差別撤廃を実現しようとする抗議は、バス通学計画、学校のコミュニティ統制、黒人学生ユニオンの結成、連邦裁判所への訴訟」[32]を通じて行われ、そうした動きに対抗するルイーズ・ヒックスらを中心とした激しい反対派との間で紛争は泥沼化していくことになる。ボストンは他の都市と比べて、市民的組織、たとえば有力ビジネス団体のヴォールトなどが公教育にあまり関心を示さないことも特徴的であった[33]。

こうした状況のなか、マイノリティ住民からの学校の人種隔離制度廃止の要求に対して市教育委員会も州政府も拒否的な態度を示し、市内は一触即発の緊張状態が続いた。紛争的状況が続くなか、ブラウン判決からおよそ20年後の1974年6月にようやく連邦裁判所は、ボストン教育委員会が公立学校を意図的に人種差別してきたことを訴えるモーガン対ヘニガン事件において違憲判断を下し[34]、人種隔離学校廃止命令を出すことになった。隔離制度の廃止プランを実行に移す目的で、その後10年にわたって学校システムを統制することになる。

1965年秋には、黒人の母親のひとりであるエレン・ジャクソンの指導のもと、オペレーション・エクソダス（Operation EXODUS）が結成された。運動の目的は、学校における人種差別の撤廃、少なくとも黒人多数派学校の深刻なすし詰め状態の緩和であった。自由入学制を利用してエクソダスを支持する保護者や支援者は、1日に400人にものぼる子どもを手狭な教室、人種隔離下の酷い状態の学校から近隣のコミュニティの学校にバス通学をさせ始めた。彼らは、

第2章　アメリカにおけるコミュニティ関与と学校改革

日々のバス輸送費を捻出するために手作りケーキを売ったり、小ビジネスからの寄付を求めたり、自分たちの小金を献金したりした。

多くの嫌がらせがあったにもかかわらず、オペレーションは成功した。最高時には、1100人ほどの生徒がバス通学をした。「個別指導、ガイダンス計画が、超混雑を軽減する努力に結びつけられた。エクソダスの子どもたちは、黒人地区の統合学校では経験できなかった教育を受けることができるようになった。オペレーションの成功は、ボストンにおけるその後の学校での人種差別撤廃の闘争の歴史にとって決定的に重要なものとなった。このオペレーションは、人種差別撤廃と教育という分野で重要な達成成果を獲得することができた保護者たちによる黒人コミュニティにおける、最初の幅広い草の根組織となったのである[35]」。

エクソダス計画はほどなく、小規模であるが黒人の子どもに別の選択肢を与えるバス通学の計画と合流し、1968年には終了する。もう1つの選択肢こそ、1966年に発足したMETCO（教育機会のための大都市圏協議会）である。

METCOは、RIA（人種不均衡法）のもとで運営されるコミュニティを基盤とした非営利の学区間生徒移送組織[36]として、その後、大都市圏におけるバス通学制度の1つのあり方として注目を浴びるようになる。

オペレーション・エクソダスとMETCOは、コミュニティ統制を受けた学校教育に向けての大きな推進力となった。ボストンでは、保護者やコミュニティ・グループが学校のコミュニティ統制を阻害している障壁を打破するために次々と組織を立ち上げた。1967年にはボストン新都市連盟が結成された。新連盟は、保護者や子どもへの直接サービス（通学の付き添え、校長やカウンセラーとのもめごと解決の援助など）を通して学校「統制」をめざした。

1967年12月、この新都市同盟はオペレーション・エクソダスと協働して、黒人コミュニティの学校教育に関係する全組織・団体に対して教育集会の開催を呼びかけた。100もの組織代表が参加し、子どもの教育機会の拡大を推し進める戦略が語られた。最初の彼らの圧力ターゲットは、ボストンの貧困地区ロクスベリー・フンボルト通での学校の新設であった。

新設学校は、学校名をめぐる激しい論争の結果、ウィリアム・モンロー・ト

ロッター学校と決まった。ボストン生まれでナイアガラ運動の呼びかけ人のひとりでもあり、『ボストン・ガーディアン』紙の急進的な編集長であった活動家トロッターの名前を冠した自発的統合を促進するマグネット・スクールがここに誕生した。

　黒人コミュニティの学校名に著名な黒人指導者の名前を冠することは、学校に対するコミュニティ統制の１つの手法である。ニューヨークなどでは一般的であった学校のコミュニティ統制の試みはボストンでは少なく、以下の３校にとどまった。ギブソン・スクールから子どもを引き上げてホーソンハウスにギブソン解放学校を立ち上げた保護者のグループが、1963～64年のステイアウト・デイ・キャンペーンの指導者のひとりジム・ブリーデンらと合流し、1968年９月にロクスベリーのハイランドパーク地区にハイランドパーク・フリースクールを開校した。同校は、1967年開校の２つの学校、子どもたちのためのニュー・スクール、ロクスベリー・コミュニティスクールと同様に機能麻痺に陥った学校システムをコミュニティ統制によって改善、運営しようとした。

　コミュニティ統制運動に参加した黒人の保護者や子どもは少なかったが、以上の「３校とも、創意に富んだ、創造的なプログラムを発展させた。保護者たちは運営のあらゆる面に幅広く関与した。優秀さ（卓越性）というアジェンダが生徒のために準備された。……〈中略〉……これまでとの決定的な差異は、保護者の関与とコミュニティによる学校統制であり、それらが子どもの多様な能力への揺るぎなき信頼と結びついている点であった。保護者はそうしたことをきちんと理解していた[37]」。

　METCO は、RIA を求めるロビー活動の最中に浮上し、ブルックライン公民権委員会からボストン市教育委員会に対して同区の公立学校に何人かの黒人生徒を受け入れてもよいという1964年11月の受け入れ承認の申し出を契機として誕生した。しかし、先述したルイーズ・ヒックスが圧勝した1965年の教育委員選挙は、こうした動向に冷や水を浴びせかけた。

　新しい教育委員会には人種隔離学校制度への善処の意思がないことが、黒人地区や郊外のコミュニティ・リーダーにすぐ知られるところとなった。そうしたなかマサチューセッツ州公正住宅および平等権連合や RIA の法案通過に力

があった郊外のいくつかの人権擁護委員会が、ボストン市内から郊外の学校に黒人の生徒をバスで移送する自発的計画の組織化を始めたのである。

　METCO法案は、1年にも及ぶ交渉やエクソダスをはじめとした諸団体の集中的なロビー活動の結果、市教育委員会において3対2の僅差で法律として成立した。反対は、ヒックスとウイリアム・オコンナーの2人であった。ボストン市の財政支出はないことが、法案成立の条件であったが、カーネギー財団やマサチューセッツ州、米連邦教育省からの資金提供を受け、METCOプログラムはようやくスタートすることができた。

　初年度には、7つの学校に220名の生徒が、また2年目には425名の生徒がボストン郊外にある16の学校に通学することになった。ボストン市の財政を子ども1人当たり500ドル程度節減することになったが、ボストン市はパートナーとなった郊外の学校には一銭も支払うものではなかった。

　METCOは、資金面ではボストン郊外の学校システムに支えられた。METCOによる生徒の自発的移送は、学校における人種差別の解決責任を差別の犠牲者である黒人の保護者と子どもに負わせるものでもあった。こうした問題を抱えつつスタートしたMETCOではあるが、それでもなお一部の郊外コミュニティが自発的にボストンの学校における人種不均衡問題の解決に寄与しようとした点、また参加コミュニティがこの種のバス通学プログラムをボストン市とマサチューセッツ州が支援しようとしたことに協力した点は重要である。

　METCOが掲げた目標は、①公立学校の人種統合を自発的に促進させること、②生徒に新しい学習経験をさせること、③大都市圏ボストンと郊外の保護者の相互理解と協力を深めることの3点に要約できる。

　METCOのような選択自由な (optional) 移送プログラムは、その後、他の都市でも実施されたが、多かれ少なかれ同様の目標を掲げるものであった。

　こうした自発的移送の試みへの批判は、主に上述の目標①に関わるものであった。この点について、たとえばハーヴィー・ウィルキンソンは、「人種統合を再び黒人のイニシアティブに依存させることになる可能性がある。また都心には、バス通学を思いつかなかった黒人の親子が放置されるだろう。郊外に通学するといっても、その数は名ばかりで、黒人コミュニティの実態をおよそ

反映するものではない」と METCO に批判的である。実際、ボストンの METCO は、1969年時点の話ではあるが、移送される黒人生徒が受け入れ学校で占める割合は、4％を超えることはほとんどなかった。さらにウィルキンソンは、「このプログラムに参加した黒人は、不釣り合いなまでにミドルクラス的であった」と述べることも忘れない。

同じような趣旨でジュディス・ベントレーも、「大半の生徒が人種隔離された学校に残される一方で、ごく僅かの生徒だけが校外へ移送される。……〈中略〉……ごく僅かの『一部の選ばれた』黒人だけが『白人』の思いどおりに白人の学校に招待されるのだ」と主張している。自発的移送プログラムは、「学校選択が保護者や教師に過大な負担をかけ、学務委員会、立法者、知事、ひいては連邦政府の責任を免除させる」との批判も同系といえよう。

これに対して METCO 支持派は、目標の②と③の効用を強調する。曰く、人種的・経済的に同質性が高い地域において人種・文化交差的な理解が促進される。曰く、パートナーとなるホストファミリーや課外イベントを通じて送受両校の生徒や保護者が、かつて経験したことがないような関係性を形成し、人種差別主義の緩和に効果がある。

ところで、METCO 発行の『ホストファミリーの手引き』は、ホストファミリーの役割を次のように解説してある。ホストファミリーは、「METCO の生徒に対して『遠方にあるもう1つの家』を提供します。多くの場合、子どもたちは、通学のため何マイルも行き来するのです。緊急の場合（急な発病や移送手段の突発的トラブルの発生など）、子どもたちにはホストファミリー以外には身を寄せる場所がないのです」と説明した後に、ホストファミリーを引き受ける際の条件として、どのような生徒に対しても「ネガティブな感情を排してコミュニケーションできる能力、リラックスした家庭的雰囲気、引き受けに対する家族全員の同意」を挙げている。

1990年6月9日に、ボストンと METCO 協力校を擁するニュートン（ボストン近郊）の住民、METCO 関係者・保護者、地元オーガナイザーら約260人が METCO の台所事情、失敗談、将来像を語り合うため一堂に会した。裕福な白人が多いリンカーンの住民からは、「METCO 生は全生徒の20％に過ぎないの

に指導特別費の47％をつぎ込んでいる。成績のほうも地元リンカーンの生徒より上だ」との嫌みが出た。

その一方で、多くのリンカーン住民は、「人種的に多様な背景をもつ子どもたちとの交流は無形のベネフィットをコミュニティにもたらし、お金より重要だ」と発言し、「METCO を支持する」と主張した。この集会に立ち会った『ボストン・グローブ』紙記者ピーター・ハウは、このフォーラムを「多くの参加者がこうした意見の不一致に建設的に取り組み始める成功したやり方だ」と評価している。学校は、保護者を含めた「コミュニティのメンバーに対して、健康・教育・社会サービスを提供でき、コミュニティの民主的な潜在的パワーを培い、また社会変化の担い手として活動することができる」との認識である。

先述したように、METCO プログラムは、ボストンにおける学校教育と人種をめぐる諸問題への包括的な解決方法から、その焦点を拡散させ、注意とエネルギーを殺ぐ危険性を秘めていた。「白人の大半は、黒人生徒数の規模が小さく、人種統合プログラムが計画的ではなく、自発的な場合に限って学校の人種差別制度廃止に好意的である」との白人側の都合を前提に、白人学校のみが「良い学校」だという感覚を、METCO が強化してしまう可能性があるのである。

ハーバード大学の著名な教育学者サラ・ローレンス・ライトフットが「良い学校」の１つとして、その重要な著書『良いハイスクール』(*The Good High School: Portraits of Character and Culture*, 1983) で紹介したブルックライン・ハイスクールの生徒の場合、その約12％が黒人生徒であり、その内の半分が METCO 生である、と報告している。METCO 生は主に労働者階級家庭の子どもであるが、ブルックラインの黒人生徒の保護者は専門職・上流ミドルクラスが多い。両者の間には大きなギャップがある。

同校は、40以上のエスニック集団、25 にものぼる言葉が行き交う「リトル国連」と称される。文化的に多様な背景をもつ生徒であふれる、白人や現地の黒人にとっては「良い学校」も、METCO 生には厳しい現実を突きつける。彼らは、「METCO のガキ」であり、「別の」「疎外された」「犠牲になった」「違う」連中として一括りされるのである。彼らは、いつまでたっても「近くて遠い他

者（close strangers)〔48〕」なのである。

　しかし、そうしたなかでも、「リトル国連」としての多様性が「近くて遠い他者」としてのMETCO生にもスーザン・ビックフォードがいう「外の世界に共存すること（outside togetherness）」の積極的な意味を見出す可能性が開かれていることは重要となろう。ビックフォードは次のようにいう。「日常的にさまざまな集団に関わらざるをえない状況にいれば、わたしたちの政治的センスにも違いがでてくる——意見の内容が変わるというよりは意見形成の際に考慮しなければならないさまざまなパースペクティブに対する意識が変わるという意味で——ということだった。実際にはどのような変化がどのくらいの影響力を伴って起こるのか、わたしにも予想がつかない。ただ、こうして『外の世界に共存すること』で、すくなくとも政治体に他者が存在することくらいは目に入るようになるだろう。……〈中略〉……憎しみや嫌悪感は危険だ。しかし同じくらい危険なのは、他者が生活していることや他者の生活に自分が影響を与えていることを見て見ぬ振りをする能力や、異質な人やメディアのステレオタイプと一致しない人を『視界に入れない（ゾーン・アウト）』能力だ」〔49〕。

　ところで、METCOが結成された1966年は、教育の機会に関する大規模な社会調査（4000校、60万人の生徒を対象）に関する連邦政府の調査レポート、いわゆる「コールマン第１報告書」（James S. Coleman and Others, *Equality of Educational Opportunities*, Washington DC: U.S. Government Printing Office, 1966）が公表された年でもあった。

　コールマンらが公民権法402条にもとづいて行った調査は、生徒間の学業成績を規定する要因として、彼らが通学する学校の物的資源（「クラスの規模」「生徒１人当たりの教育費の支出額」「教師と生徒の比率」「教師の賃金」等）やカリキュラムの内容よりも、生徒の家庭や友人といった家族的背景が重要である、とした。すなわち、社会資本の蓄積量、社会システムにおいて任意の時点で引き出すことができる未決済の入金伝票の量が重要だという指摘である〔50〕。

　次節で取り上げるTIAF（テキサス産業地域事業団）の創設者のひとりであるエルネスト・コルテスは、コールマンの社会資本をめぐる議論について比較的早い時期に期待を寄せている。コルテスは、次のように述べている。「社会資

本は現在の議論では聞き慣れた用語ではないが、危機の解決や貧困の軽減に我々がすでに理解している他の資本と同様に重要である。……〈中略〉……広い支持基盤をもつ我々の組織は、人間関係のネットワークに埋め込まれた社会資本を建設し、拡大し、かき混ぜる努力をしているのだ」[51]と。

コールマンは、社会資本の集合財的な側面、個人が利用できる未決済のネットワークという過去の資本蓄積の量に注目するが、コルテスは社会資本を関係的パワーの組織化と認識しようとし、ナン・リンの定義に近づく。リンは、社会資本を「個人のネットワークあるいは交友関係のなかに埋め込まれた資源」[52]と定義し、個々人の社会的つながりを通じてアクセスできる関係的資本が個人に対してもつ潜在的な有効性に着目する。以下に紹介するTIAFの学校改革は、主体的な関係的パワーの創出、組織化というリン的な社会資本の機能と効用を展望する作業でもある。

(2) TIAFの取り組み——「関係的パワー」としての社会資本の可能性　テキサス産業地域事業団（TIAF）は、ソール・アリンスキーが1940年にシカゴで設立し、その後30年にわたって全米で最強のコミュニティ組織グループとなるIAF（産業地域事業団）を母体とする。IAFについては第5章で詳しく取り上げるが、戦後のアメリカ北部において、また時代的には1960年代に草の根政治組織として国際的な存在感を示すものであった。アリンスキーは、貧困地域の怒りの組織化、家賃ストライキ、ピケ、シット・インを通じての貧困・労働者階級の自己利益の表出をコミュニティ活動家の使命と考えた。シカゴから他の大都市周辺部の貧困層の下からの抗議の組織化がアリンスキーの実践哲学であった[53]。

北部に比べると西部・南西部におけるIAFは、組織性の点では貧弱な状態が長く続いた。それを克服したのが、現在、IAFの西部・南西部ネットワークの共同議長兼事務局長を務めるコルテスである。

コルテスは、テキサスA&M大学、テキサス大学大学院（中退）を経て、いくつかの社会活動運動に従事した。そのなかには、リオ・グランデ渓谷に散在するUFW（統一農場労働者組合）の組織化や、テキサス州南東部の都市ボーモントでの黒人教会を基盤とした草の根の公民権運動の支援、同州南部のサンア

ントニオにおける少数民族の人々が経営するビジネスを支援する MAUC（メキシコ系アメリカ人統一会議）の指導などが含まれる。

　コルテスは、リオ・グランデ渓谷の UFW の組織化活動を通じて、IAF や1947年に南カリフォルニアで設立された CSO（コミュニティ・サービス団体）のリーダーと知己を得るなかで、1971年からの２年間、シカゴ、イーストシカゴ、ミルウォーキー、サンアントニオを中心にコミュニティ・オーガナイザーとしてのさまざまなスキルを積み、TIAF 立ち上げの準備に当たった。

　コルテスは、1974年１月に活動拠点を米国北部から南部テキサス州のサンアントニオに移し、低所得者の年来の要望を集約することに全力をあげ始めた。サンアントニオは、長年にわたって白人政治家や実業家による良いガバナンス同盟が都市再生プロジェクトを主導し、近隣住民の意見を無視してきたところである。権力エリートへの対抗組織の拡大運動のツボとして、コルテスは、①教区ごとの動員、②身近な問題（下水道や悪臭問題）への取り組みを最優先した。この種の問題は、コミュニティ全域に関係する争点であり、また教区を重視することは、権力エリートを含むパワー・アクターとの協力関係を構築するうえで不可欠な基礎共同体と認識されたのであった。[54]

　1974年11月24日、TIAF の最初の組織である COPS（公共サービス推進コミュニティ協会）の設立大会が、サンアントニオのウェストサイド地区にあるジェファーソン・ハイスクールで開かれた。この大会には、2000人以上の市民、27の教会の代表（主婦、看護師ら）が駆けつけた。COPS は、市の予算に口を出し、また種々の不買運動などを通じて市当局に圧力をかけた。その結果、COPS は、市長や市会議員、ビジネス・リーダーを向こうに回して同地区向けの１億ドルを超える公共投資事業費を勝ち取ることができた。

　〈サンアントニオ COPS 対低賃金労働〉をテーマに開かれた1977年に開催された COPS 大会には、6000人以上の市民がつめかけた。労働組合や労働者の活動主義が強い北部ではよくみる光景であるが、宗教組織は強くても組織化された労働者・組合が弱い南部において、こうした集会が成功したことは IAF にとって大きな励みとなった。

　IAF は、すでにロサンゼルス、ボルティモア、ニューヨークなどにおいて宗

教組織と連携することによって全国化をはかっていた。宗教組織に投錨するIAFのこうした戦略の成果として、1978年3月にOFC（家族と会衆のための組織化）が誕生した。

　COPS大会で提示された新しい報告文書にはまだアリンスキー的なトーンは残るものの、1970年代にまで生き残った古いタイプのラディカリズムとは一線を画そうとする内容であった。デニス・シャーリーは、次の3点をその特徴であるとしている。①人種、階級、ジェンダーなどの違いを強調するアイデンティティ・ポリティクスとは異なり、家族を尊重し、危機にある若者に光を当て、市民生活を活気あるものとするさまざまな自発的組織を重視する点、②社会問題の是正の担い手として大きな政府を頼るリベラルやラディカルとは違って、普通の人々の生活に多大な影響を与える巨大企業・マスメディア、さらには恩着せがましい政府のあり方に批判的な視点をもっている点、③1960年代社会運動のロマンチシズム、言い換えれば集合的リーダーシップの欠如、カリスマ的リーダーへの依存、会費ベースの組織の欠落、説明責任を無視した行動傾向などを批判する点[55]。

　新たなIAFは、眠るパワー貯水池を教区と会衆に見出し、コミュニティの伝統と様式を尊重する一方で、旧来のマルクス主義とは違って、ピッツバーグの鉄鋼労働者、シカゴの主婦、子どもの学費の支払いに苦労しているロングアイランドの大学生を抱える企業幹部までさまざまなセクターを包含することをめざした。IAFはこのように、「貧困・労働者階級の利益をまずは増進することを目的とする第二次結社としての自らの伝統的な役割を保持しつつ、組織の革新、支持層の拡大のために、その戦術に融通をもたせ、だが焦点は絞った戦術」[56]をとったのである。

　コルテスらは、1978年に32の教会を糾合してTMO（大都市圏組織）を結成した。その地理的範囲は、信仰心が篤い黒人・白人・ヒスパニック系会衆が多いヒューストン、オースティン、フォートワース、ダラス、裕福な監督教会派、ルター派、ユダヤ会衆が多いヒューストン南西のフォートベンド郡に及んだ。また、1982年には最貧困地域でカトリックやメキシコ系アメリカ人が多い低地リオ・グランデ渓谷にテキサスで3番目のIAF組織に当たるVI（ヴァレイ・イ

ンターフェイス)を設立した。

　活動地域を広げた TIAF は、伝統的な政治的提携を避け、多様な基礎的支持層群を貧困・労働者階級の実際的で即時的な問題の是正に結集するプラグマティズムに焦点を絞ろうと努力した。

　その結果、具体的な活動も多様なものとなった。以下はその一例である。①大都市圏(サンアントニオやオースティン)の給水源となる帯水層を保全する裕福な郊外住民との連携、②特権層地区、貧困層地区にある公立学校への一括的な財政支出を可能とする教育改革法案の提唱、③地域経済の均衡した発展を促す都市開発の包括的プログラムの開発における企業幹部や政治エリートとの協力、④低地リオ・グランデ渓谷の未統合コミュニティへの上下水道の敷設要求、⑤労働者階級住区にある学力最下位校の教育改革、⑥新しいグローバル化経済に対応する未熟練労働者のための職業訓練プログラム。[57]

　これらの課題に対する取り組みを通じて、貧しく不利な立場に置かれた住民同士の絆を失くすことなく、同時にコミュニティの幅広い利害関係者との間に新しい、緩やかな関係を TIAF は構築しようとしたのである。

　TIAF の重要活動の1つが、上記の⑤を中心とした学校改革への取り組みであった。第二次世界大戦後のテキサス州における公教育は、1950年代までの極右勢力による公教育支配(対教育委員会・教科書内容)、60年代の大都市の人口増と人種構成の多様化、市民・女性参加の進出による公教育の変化を経て、ようやく70年代初頭に IAF がコミュニティに進出することでコミュニティを基盤とした学校改革が実際のものとなっていったのである。[58]

　テキサスにおいてコミュニティを基盤とした学校支援・改革が遅れた理由としてシャーリーは、①階統組織の伝統、教師の構造的孤立、官僚制の不浸透性の悪循環がもたらす利害関係者間の相互不信と非協力、②学校に協力的ではない無関心な外部の組織(宗教会衆、ビジネス界、公職者(警察組織、教育委員、市会議員))を指摘している。[59]その結果、近隣住民の多くが学校を中心とした公共的であるべき空間から排除され、私的なままに人種的・民族的隔離のなかに押し込まれてきたのである。

　TIAF は、こうした事態の解決をアリンスキーのシカゴ・スタイルの反省の

上に立って実現しようとした。1930年代からバックオブザヤード協議会を中心に活動してきたアリンスキーは、IAFの最も有名な組織であるTWO（ウッドランド・オーガニゼーション）を動かすことによりシカゴ都心部の学校改革に着手した。

1966年に創始されたウッドローン地区実験学校プロジェクトは、シカゴ大学、地元教育委員会、米連邦教育省と連携をはかり、人種差別学校、高い中退率、ひどい学業成績、若者ギャングの増加の問題に対処しようとした。しかし、大した効果もあがらずこの計画は2年で失敗してしまった。その原因は、①TWOが教師の評価・配属に関する重大決定権をもつ市教育当局の学校統制を突破できなかった点、②学校のカリキュラムや教育方法、生徒の評価形式に正面から取り組むものではなかった点、③一部の教師が保護者のエンパワーメントを恐れた点にあった。[60]

TIAFのオーガナイザーやリーダーは、シカゴ・スタイルの反省から、①ラディカルな改革派が多い地区に実験プロジェクトを押しつけるよりも、権力保持者（校長や理事）との協力関係を組織化の早い段階で作り上げておくこと、②教師がもつパワーを認識し、教師1人ひとりに会い、彼らの不満を聞き出し、信頼と互酬性を構築することの重要性を認識し、低所得者層の子ども・若者の低い学力に漠然とした不安を感じている多くの住民に組織の正当性を認識させようとした。[61]

テキサスにおける教育政治の転換は1980年初めにやってきた。1983年、州議会は、教師の給料引き上げ法案の成立に失敗した。これに対して知事は、SCOPE（公教育選抜委員会）を組織し、委員長に後に2度にわたって大統領選（1992、96年）に立候補することになる実業家ロス・ペローを任命した。委員会に託された検討事項は、教師の給与の引き上げの他、貧困学区生徒1人当たり支出の増額、学業成績の向上など多岐にわたる問題であった。

SCOPEは、1983～84年に多くの利害関係者を巻き込んで州下院法案72を成立させた。低所得者学区への財政支援を強化する内容であった。この顛末をシャーリーは次のように説明している。「TIAFのリーダーやオーガナイザーは、低所得者層の保護者たちが彼らの子どもの学校に無関心な状態を打ち破

り、教育委員会、市会議員、市長、州教育委員会、知事から変化を引き出す粘り強い、的を絞ったやり方で動き、公教育をめぐる諸問題にその活動の熱を注ぎ込んだ。その過程で TIAF は、変化を動員する外部者の役割から教育を改革するための現実主義的で、勝利を見込める戦略を打ち出す、学区やビジネス・リーダー、財団との内部交渉者に成長できたのである」[62]。

次に、具体的な地域で展開される TIAF の実践とその意義を検討しよう。ここでもシャーリーの研究が豊かな情報を提供してくれる。彼は、10 を超えるTIAF 傘下の学校[63]での改革を検討することを通じて、学校が冷笑主義と無関心の悪循環から信頼・連帯・互酬性の好循環へと変化するプロセス、および低所得者が多く住む都市近隣住区（および大都市のエッジ地域）で普通の保護者や子どもが学業成績の向上に意識を向け出す心理的・制度的手順を知ろうとした。

シャーリーが調査した学校のほとんどは、黒人あるいはヒスパニック系が支配的な低所得者地域にあった。黒人は白人と同様にメキシコ系アメリカ人に強い偏見を抱いていた。幸いなことに TIAF ネットワークはそうした状況のなか、「分裂的なイデオロギー的立場を回避し、また目にみえる具体的な活動（雨水用下水管、信号、クラック密売所の一時閉鎖、警察抑止力の向上）に焦点を当てることで学校改革に取り組むことができる政治的パワーをすでに発展させていた」[64]。

TIAF は20年以上にわたってテキサス政治に関わり、争点志向型政治を通じて多くの市民の支持を取りつけていたのである。そうした経験を背景に、多様な人種、エスニック集団の住民構成幅を念頭に置きつつ、労働者、低所得者、最貧困層のみならずブルーカラー、ホワイトカラーの利益にも対応できたのであった。

1990年6月に、150人以上の TIAF のリーダーやオーガナイザーが、学校文化の変革の目的と方法のガイドブック『TIAF の公立学校ビジョン[65]』を公表した。シャーリーによれば、その要点は以下の5点にある。①TIAF の政治的達成と理念が根差す根拠地としての聖書的価値と共和主義の伝統の尊重、②聖書から来る哀れみ、連帯、教えの場としての民主主義の持続的発展、③初期デモクラットの民主主義的教育と多元主義へのコミットメントへの言及、④若者の

現状（家族の解体、暴力、マリファナ濫用など）の訴え、⑤教育の危機からの脱却。[66]

　TIAF は、1992年6月にテキサス教育庁と協力して、低所得者地区の全21校を対象とした同盟学校（Alliance Schools, AS）構想を発表した。

　シャーリーは3つの同盟学校（パーマー、アラモ、サム・ヒューストン）の検討から、AS イニチアティブの画期性を次の点に見出している。①スクーリング文化の変容、②市民的関与のモデルの提供、③テキサス州議会による50万ドル以上の財源確保（1995～99年）、④社会資本の創出への寄与。

　これらのうち、特に④に関してシャーリーは、教会の役割に注目している。たとえば、サム・ヒューストン小学校では一部の牧師や修道女らが設立した聖ヨセフ労働者カトリック教会が、基礎共同体（comunidades de base）、ハウス・ミーティングなどを基盤に架橋型社会資本を増進することができた、と報告されている。[67] VI は、州の最も絶望的な地域において宗教ベースの媒介組織を通じて積極的な市民的関与の増進に継続的な役割を果たそうとしていることが見出されたのである。

　サンアントニオにおける学校改革は、互いに連鎖し、相互に連動しながら進んだ。学校は多目的センターの側面を強め、近隣住区の安定にとって重要なことが認識され出した。プロジェクト QUEST、地域の警察的活動、放課後プログラム、学際的カリキュラム、アクセス可能な大学教育、低所得者用住居は、サンアントニオにおける学校改革と近隣住区発展に対する COPS と大都市圏同盟（Metro-Alliance）の統合された体系的な戦略の産物であるとシャーリーはいう。[68]「学校とコミュニティの境界は非常に多孔的になり、両者はほとんど融合したのである」。[69]

　TIAF の設立時の政治的雰囲気には相当に難しいものがあった。政治家、役人、はたまたラジオ・トークショーは、低所得層者とその子どもへの憎悪の政治を繰り返していた。その背後には、1890年代の南部でのジムクロー法の押しつけ以来の貧困層への金持ち階級の優越という事実が存続し、そうした「分断された政治的雰囲気」はいくぶん緩和されたとはいえ、今日も依然として続いている。[70] そうした政治風土のなか TIAF はテキサス州大へと活動の場を広げ、2000年までに12の地域に組織をもつに至っている。さらに現在、アリゾナ州

南部都市ツゥーソンや中部の都市フェニックスの IAF 組織は、20 の AS を組織している。

3 コミュニティ重視の学校改革

　TIAF の学校改革戦略の中心をなすのは、学校のコミュニティ関与に向けた組織化という戦略であった。この戦略は、学校の意思決定過程、ガバナンスへの旧来の保護者の参加が、「コミュニティの争点を学校に関連する争点から切り離しており、また宗教組織のようなコミュニティを基盤とした立ち位置を欠くがゆえに」、学校改革に概念的・制度的な制約をかけているとの認識に裏づけられたものであった。TIAF のコミュニティ関与は、「低所得者層コミュニティにおける政治的リーダーシップの耕しを促進するより大きなアジェンダに深く絡まる」ことが展望され、それは従来の「保護者の関与／参加」パラダイムに大きな転換をもたらすものであった。

　デニス・シャーリーは「保護者の関与」を調停型と変革型に大別している。前者の調停型は、大半の学校がこれまで重用してきたモデルであり、「パワーをめぐる争点」を避け、保護者に学校文化の維持への受動的役割をあてがおうとする。それに対して変革型は、保護者を十全な意味での市民、学校を通じて近隣住区も変えることができる変革の担い手であると考える。TIAF の指導者エルネスト・コルテスも、IAF を変革型の媒介的組織と位置づけ、パワーを一方的（unilateral）なものではなく関係的（relational）なものとして捉えようとすることは、すでにみてきたとおりである。

　「TIAF は、会話の文化、ハウス・ミーティング、教区ミーティングを重視し、個人的関係と信頼の構築に膨大な時間をかけようとする。この試みは、ポピュリストの癖ではなく、政策決定によって影響を受けるコミュニティに深く関与することなしには、社会資本が形成されもしないし、有効でもないとの深淵な理解からくる」。コルテスはこう理解している。

　コルテスら TIAF の指導者は、こうした変革型の「保護者の関与」の力を借りて、「コミュニティを学校の中心部に引き込み、学校をコミュニティの政治

的活性化のための基地として利用することで、学校＝コミュニティ関係への調停型アプローチを越え[75]」ようとしたのであった。そこでは、学校の日々の試行錯誤は、教育行政官の指図にもとづくのではなく、多数の保護者や教師、コミュニティ・リーダーの熟慮にもとづくのである。学校はそうした意味での熟慮をもとに展開する「コミュニティのセンター（the center of the community）[76]」としての色彩を強く帯びるのである。

そこでは、学業の「成功」評価の基準・原則も社会化されよう。1980年代に主流となった教育スタンダードやテスト・ベースの学力評価は、「低所得者地区内、あるいはその周辺で TIAF が取り組んできたテストの得点に直接には翻訳できない広範囲にわたる健康・安全・住居・雇用問題を忘れ去っているのである[77]」。批判的市民性のスキル（問題の発見、解決への批判的思考、小集団の熟慮、スピーチ、妥協）を重視する TIAF の実践は、こうしてフレッド・ニューマンの「コミュニティ参加カリキュラム」やドナルド・オリヴァーらの「公的争点分析アプローチ」と時空を超えて結びつくのである[78]。

AS をはじめ他の TIAF 学校は、オーガナイザー、リーダーの活動はじめ、市民活動主義のネットワークによって巨大なテキサス州教育システムに一定の影響を与えつつあるとしても、州内の大半の学校は、TIAF、同盟学校イニシアティブの活動エリア外にある[79]。TIAF はこれまで同質性の高い低所得者層の都市コミュニティを基盤に展開してきた。こうした地域は、すでに指摘しておいたように、緊要性が高いコミュニティ・ニーズでまとまりやすく、また階級的・民族的背景で分断されそうな対立的争点をうまく回避でき、相互排除的な要求も少ないという特徴があった[80]。

逆に、そうした特徴を持ち合わせていない地域に AS の組織化の原則や方法を移植するのはそれほど容易なことではなさそうである。シャーリーも次のように指摘している。「AS が採用するコミュニティ関与、政治的エンパワーメント戦略を、周りの住民のコミュニティ意識・組織が強くないマグネット・スクールで実施することは（不可能でないかもしれないが）非常に難しい可能性がある[81]」と。

コミュニティを基盤とした学区間生徒移送組織 METCO は一種のマグネッ

第Ⅰ部　市民教育論

ト・スクールとして、今日でも毎日、3300人ほどの子どもを33の近郊のコミュニティに移送している。彼らが主に住む、黒人・ヒスパニック系・アジア系の多いロクスベリーやドチェスターあるいはマタパンは、長年にわたって各級政府によって無視され、強大な企業の無責任な活動に苦しんできた低所得者が暮らす都市近隣住区である。「物質的な条件（テクノロジー、コミュニケーションなど）や社会的歴史的に確立した慣行が、（外から押しつけられたものであれ心理的に内面化されたものであれ）擬似強制的な形で、主体が機動的に行動できる機会に強い制限を課す」[82] 地域では、非政治的な、あるいはパワー論と接合しないような社会資本論は無効であろう。[83]

コルテスがTIAFの学校改革から引き出した教訓は、「学校は、政治レベルでコミュニティを学校改革に巻き込む方法を樹立する」[84] ことであった。果たしてMETCOは、子どもを送り出す地域と受け入れる学校、地理的に外接する近隣コミュニティ校間に学校変革に向けた互酬性のネットワークを構築し、関係的なパワーとしての架橋型社会資本を主体的に構築しうるであろうか。それとも、TIAFのような制度的革新主体を欠くMETCOは、送受の学校・コミュニティを架橋するフリーウェーの上で立ち往生することになるのか。[85] 人種を学校への生徒の割り当ての主要要素としてはならないとする2007年の連邦最高裁判所の判決の影響とともに、今後大いに注目されてよい視点を提供する実験ではある。

注
1) W. B. Brookover, C. Beady, P. Flood, J. Schweitzer and J. Wisenbaker (1979), *School Social Systems and Student Achievement: Schools Can Make a Difference*, New York: Praeger.
2) National Commission on Excellence in Education (1983), *A Nation at Risk: The Imperative for Educational Reform*, Washington, DC: GPO ［橋爪貞雄訳「危機に立つ国家」橋爪貞雄『危機に立つ国家──日本教育への挑戦』黎明書房、1984年、21-183頁］．本書出版直後の州の取り組みについての概要は、National Commission on Excellence in Education (1984), *Meeting the Challenge of A Nation at Risk*, Cambridge, MA: USA Research から得られる。また、『危機に立つ国家』の政策的含意を広範囲な視座から分析した論文集としては、Philip G. Altbach, Gail P. Kelly and Lois Weis eds. (1985), *Excellence in Education: Perspectives on Policy and Practice*, Buffalo, NY: Prometheus Books がある。同書は、今日からしてもなお重要な示唆に富む論文を数多く含んでいる。

3）1980年代以降の改革の流れを CCUEP（市民能力と都市教育プロジェクト）のひとりジョン・ポーツらによって概観しておこう。第1波（1980年代初期）は、知事主導の州レベルの改革である。教育課程基準、他の学業要件の向上をめざし、具体的には、教師の給料アップ、教員資格の厳格化、統一テストの増加、卒業要件の厳格化、小規模学級等を取り入れた。しかし、学習内容、教授方法、学校統治は従前のままであった。第2波（1980年代中期～後期）は、地域主導による教室内改革で、重点が基礎技能の学習から高度思考技能へと移行。意思決定権をもつ教育専門職集団としての教師が期待される。第3波（1990年代以降）は、学校の意思決定機構を変え、学校区の諸アクターをエンパワーする再構築（restructuring）モデル。中央集権的学校区の分権化を進め、保護者を生徒の学習協力者、教師を学習指導者、校長を学習促進者、教育長を権限付与者と位置づけた。第4波は、バウチャー制度等の民営化の波である（John Portz, Lana Stein and Robin R. Jones（1999）, *City Schools and City Politics: Institutions and Leadership in Pittsburgh, Boston, and St.Louis*, Lawrence, KS: University Press of Kansas, p. 13）。この辺りの事情については、周到なフィールド調査をベースに1980年代以降の分権化政策と教育自治を鋭く分析した、坪井由美（1998）『アメリカ都市教育委員会制度の改革』によって多くを知ることができる。

4）Clarence N. Stone, Jeffrey R. Henig, Bryan D. Jones and Carol Pierannunzi（2001）, *Building Civic Capacity: The Politics of Reforming Urban Schools*, Lawrence, KS: University Press of Kansas, pp. 141-143. 市場モデルへの批判として、CCUEP のジェフリー・ヘニグの著作、Jeffrey R. Henig（1994）, *Rethinking School Choice: Limits of the Market Metaphor*, Princeton, NJ: Princeton University Press はパワフルである。

5）Doug A. Archbald and Fred M. Newmann（1988）, *Assessing Authentic Academic Achievement in the Secondary School*, Reston, VA: National Association of Secondary School Principals; Fred M. Newmann（1991）, "Linking Restructuring to Authentic Student Achievement," *Phi Delta Kappan*, Vol. 72, pp. 458-463; Fred M. Newmann and Doug A. Archbald（1992）, "The Nature of Authentic Academic Achievment," in Harold Berlak et al. eds., *Toward a New Science of Educational Testing and Assessment*, Albany, NY: State University of New York Press, pp. 71-83; Fred M. Newmann and Associates（1996）, *Authentic Achievement: Restructuring Schools for Intellectual Quality*, San Francisco: Jossey-Bass Publishers などを参照。

6）数多くある文献のなかでも、Henry M. Levin ed.（1970）, *Community Control of Schools*, Washington, DC: The Brookings Institution は、コミュニティ統制の多様な側面へのクリティカルな観察に満ちあふれていて重要である。

7）リッチのいう「公立学校のカルテル化」（Wilbur Rich（1996）, *Black Mayors and School Politics: The Failure of Reform in Detroit, Gary, and Newark*, New York: Garland Publishing, Inc., p. 5.）。

8）Mark Schneider et al.（1997）, "Shopping for School in the Land of the Blind: The One-Eyed Parent May be Enough," paper presented at the annual meeting of the Midwest Political Science Association, Chicago, April 10-12.

9）John W. Long（2009）, "Race Matters: Devaluation and the Achievement Gap Between African American and White Students," in M. Christopher Brown II and RoSusan D. Bartee eds., *The Broken Cisterns of African American Education: Academic Performance and Achievement in the Post-Brown Era*,

第Ⅰ部　市民教育論

Charlotte, NC: Information Age Publishing, p. 118. また、Jacqueline Jordan Irving（1990）, *Black Students and School Failure: Policies, Practices, and Prescriptions*, New York: Praeger Publishers も参照されたい。

10) Fred M. Newmann, "The Assessment of Discourse in Social Studies," in Berlak et al. eds., *Toward a New Science, op.cit.*, p. 60.

11) Fred M. Newmann（1992）, "Introduction," in Newmann ed., *Student Engagement and Achievement in American Secondary Schools*, New York: Teachers College Press, p. 3.

12) Newmann, "Conclusion," in Newmann, *Student Engagement, ibid.*, p. 212.

13) コールマンは、公立校や他の私学と比較してカトリック系学校の学生が良好な学業成績をあげている点に注目し、その理由として、学生1人当たりへの投入費用は安いが、社会資本が強いことを指摘し、人的資本の形成の理解を促進し、助長する手段として社会資本概念の重要性を指摘した。コールマンの社会資本の定義は以下のとおりである。「行為者が自己の利益を達成するために利用することができる社会構造の資源としての価値」（James S. Coleman（1990）, *Foundations of Social Theory*, Cambridge, MA: Harvard University Press, p. 307［久慈利武訳『社会理論の基礎（上）』青木書店、2004年、479頁］）。社会資本をめぐるコールマンの議論については、本書第6章を参照。

14) Newmann, "Conclusion," *op.cit.*, p. 213.

15) シェイヴァーは、「聡明な参加型市民（intelligent participant citizens）」の育成を目標に掲げるユタ州立大学「公的争点に関する批判的思考開発カリキュラム」を主宰した。反省的・批判的思考の開発をめざすシェイヴァーらの「デモクラシーにおける政策決定」プロジェクト（9～12学年用）は、参加型市民に必要な合理的知識に裏打ちされた決定を行うのに必要な分析的技能を生徒に具備させるべく、公的争点の性格とそれが随伴する価値位置を明確化することをめざした。生徒には、「概念の略図」を通じて、公的争点に関する決定の性質、信念間の矛盾、言語や意味論的な問題、事実主張、価値対立の処理方法を分析することが期待された。「概念の地図」とは、公的争点の参照枠組み、用語、事実・価値における意見対立の3つの束からなる。各「束」は、それが統合する諸概念、目的の記述、必読教材・必置器具リスト、教師用教材、授業計画、想定問答、宿題等を列挙している（参照、James P. Shaver and A. Guy Larkins（1973）, *Decision-Making in a Democracy*, Boston: Houghton Mifflin）。シェイヴァーが重視する「価値教育」の立場については、James P. Shaver and William Strong（［1976］1982）, *Facing Value Decisions: Rationale-Building for Teachers*, New York: Teachers College, Colombia University を参照。

16) Fred M. Newmann and Donald W. Oliver（1967）, "Education and Community," *Harvard Educational Review*, Vol. 37, pp. 61-106; George Richmond（1973）, *The Micro-Society School: A Real World in Miniature*, New York: Harper & Row, pp. 265-267.

17) Irving Morrissett and John D. Haas（1982）, "Rationales, Goals, and Objectives," in Irving Morrissett ed., *Social Studies in the 1980s: A Report of Project SPAN*, Alexandria, VA: ASCD, p. 25.

18) この発見の場は、1959年9月のウッズホール会議にあった。「カリキュラム開発の新原理」に関する会議が、米連邦教育省、全米科学アカデミー、ランド・コーポレーション、カーネギー財団、全米科学基金等、有力な協会、財団の支援を得てケープコッド（マサ

チューセッツ州)のウッズホールで開催された。自然教育科学の改善を検討する会議には、35名の著名な学者が招待され、わけても会議の議長であったハーバード大学の認知心理学者ブルーナーは、会議の主題、「新原理」の開発に巨大な知的影響力を発揮した。ブルーナーにとっての教育の第一の目標は民主主義のためのよく調和のとれた市民を形成し、生徒各自が自身の潜在能力を最大限引き出すのを手助けすることにあった。会議の成果は、Jerome S. Bruner (1960), *The Process of Education*, Cambridge: Harvard University Press [鈴木祥蔵・佐藤三郎訳『教育の過程』岩波書店、1963年] としてまとめられ、上述のような所見が述べられている。ロバート・マックルアーは、ウッズホール会議の意義を、それが「新しい知識を生み出したからではなく、1950年代の(またそれ以前の)カリキュラムを批判的に検討する作業を正当な前提とし、60年代の批判的作業に対する理論的基盤とそれへの移行を可能とした点にある」と述べている (Robert M. McClure (1971), "The Reforms of the Fifties and Sixties: A Historical Look at the Near Past," in R. M. McClure ed., *The Curriculum: Retrospect and Prospect*, Chicago: National Society for the Study of Education, pp. 54-55)。

19) Jerome S. Bruner (1963), "Needed: A Theory of Instruction," *Educational Leadership*, Vol. 20, pp. 523-532; Jerome S. Bruner (1965), *Toward a Theory of Instruction*, Cambridge, MA: Harvard University Press, pp. 27-29.

20) Charles R. Keller (1961), "Needed: Revolution in the Social Studies," *Saturday Review*, September 16, pp. 60-62.

21) Donald W. Oliver and James P. Shaver (1966), *Teaching Public Issues in the High School*, Boston: Houghton Mifflin を参照。同書は、生徒が「公的争点」の背後に潜む法律的／倫理的な根本的原理を批判的、反省的に学習することをめざす7～12学年対象（初期プロジェクト（1956～61年）では、8～10学年対象）の実験的プログラムの理論と教育成果を詳細なデータとともに報告している。同プログラムは、「公的争点」の「規律ある討論」を通じて、①具体的状況から一般的諸価値を抽象する能力、②一般的価値の諸概念を次元的構成物として使用する能力、③価値構成物間の対立の確認能力、④価値の対立状況の部類の確認能力、⑤考察問題に類似した価値の対立状況の発見能力、⑥限定された価値位置の背後にある事実仮定の検証能力、⑦陳述の有意な関連性の検証能力の複合体としての市民的能力を開発することをめざそうとした。詳しくは、河田潤一（1993）「『公的争点分析アプローチ』と市民教育——ハーバード社会科プロジェクトをめぐって」『姫路法学』第25・26合併号、29-48頁を参照。また、本節は一部、同稿に負っている。

22) Ronald O. Smith (1970), "Though Time Be Fleet," *Social Education*, Vol. 34, p. 194.

23) 1970年代に入ると、社会科カリキュラムは感情的側面を重視するようになる。ルイス・ラスらの先駆的著作『価値と教育』に依拠する「価値の明確化 (value clarification)」アプローチや、ローレンス・コールバーグらの「道徳的発達」カリキュラムなどが有力となる。その意味でも、全米社会科評議会の1971年度年報の特集が、「価値教育——根本的原理・戦略・手続き」であったことは象徴的である。それ以降、社会科カリキュラムは、新たに価値の明確化、価値づけ過程、社会意識の創育、行動志向カリキュラムを模索することになっていく。Louis E. Raths, Merrill Harmin and Sidney B. Simon (1966),

Values and Teaching: Working with Values in the Classroom, Columbus: Charles E. Merrill (second edition, 1978) ［遠藤昭彦監訳『道徳教育の革新』ぎょうせい、1991年］; Leland W. Howe and Mary Martha Howe (1975), *Personalizing Education: Value Clarification and Beyond*, New York: A & W Publishers; Lawrence Kohlberg (1973), "Moral Development and the New Social Studies," *Social Education*, Vol. 37, pp. 369-375 を参照。当初、コールバーグは、価値を注入する試みはいかなるものであれ哲学的、心理学的に不健全であるばかりではなく、本来的に非民主的であると考えており、道徳の内容ではなく道徳の推論構造を重視していたが、後に道徳的推論の認知構造に対する関心だけでは不十分だと考えるようになったことは注目されてよい。彼の言はこうである。民主的過程の基礎となり、コミュニティに安定をもたらす価値に関与することは、その社会が存続しようとするならば決定的に重要であり、道徳的争点への関心はカリキュラム（公式、「隠れた」を問わず）を通じて統合されなければならない（Lawrence Kohlberg (1978), "Revisions in the Theory and Practice of Moral Development," in W. Damon ed., *New Directions for Child Development: Moral Development*, San Francisco: Jossey-Bass, pp. 84-85)。

24) Fred M. Newmann (1977), "Alternative Approaches to Citizenship Education: A Search for Authenticity," in Frank Brown (director), *Education for Responsible Citizenship*, McGraw-Hill, pp. 183-184. また、以下も参照。Fred M. Newmann (1975), *Education for Citizen Action: Challenge for Secondary Schools*, Berkeley, CA: McCutchan Publishing Corp.; Fred M. Newmann et al. (1977), *Skills in Citizen Action: An English-Social Studies Program for Secondary Schools*, Madison, WI: Citizen Participation Curriculum Project, University of Wisconsin; Fred M. Newmann (1981), "Political Participation: An Analytic Review and Proposal," in Derek Heater and Judith A. Gillespie eds., *Political Education in Flux*, London: Sage Publications, pp. 149-180; Fred M. Newmann (1981), "Reducing Student Alienation," *Harvard Educational Review*, Vol. 51, pp. 546-564; Fred M. Newmann (1986), "Priorities for the Future: Toward a Common Agenda," *Social Education*, Vol. 50, pp. 240-250; George Richmond (1973), *The Micro-Society School: A Real World in Miniature*, New York: Harper & Row, pp. 265-267.

25) Newmann, "The Assessment of Discourse in Social Studies," in Berlak et al. eds., *Toward a New Science, op.cit.*, p. 54.

26) Mary Jane Turner, "Civic Education in the United States," in Heater and Gillespie eds., *Political Education, op.cit.*, p. 70.

27) Richard C. Remy (no date given), *Handbook of Basic Citizenship Competences*, Alexandria, VA: Association for Supervision and Curriculum Development, p. 62. なお、現在の問題状況を知るには、以下は簡便である。Rahima C. Wade and David Warren Saxe (1966), "Community Service-Learning in the Social Studies: Historical Roots, Empirical Evidence, Critical Issues," *Theory and Research in Social Education*, Vol. 24, pp. 331-359.

28) 歴史的経緯を含め、ボストン市の学校システム全般を知るには、Joseph M. Cronin and Richard M. Hailer (1973), *Organizing an Urban School System for Diversity: A Study of the Boston School Department*, Lexington, MA: Lexington Books; James Fraser et al. eds. (1979), *From Common School to Magnet School: Selected Essays in the History of Boston's Schools*, Boston: Trustees of the Public Li-

brary of the City of Boston などが有益である。世界大恐慌が公立校に与えた影響一般については、David Tyack, Robert Lowe and Elisabeth Hansot (1984), *Public Schools in Hard Times: The Great Depression and Recent Years*, Cambridge, MA: Harvard University Press がきわめて重要な文献であるのは言を俟たない。

29) Peter Schrag (1967), *Village School Downtown: Boston Schools, Boston Politics,* Boston: Beacon Press, p. 72.

30) Robert A. Dentler and Marvin B. Scott (1981), *Schools on Trial: An Inside Account of the Boston Desegregation Case,* Cambridge, MA: Abt Books, p. 16.

31) 人種均衡法をめぐる政治に関しては、Frank Levy (1971), *Northern Schools and Civil Rights: The Racial Imbalance Act of Massachusetts*, Chicago: Markham Publishing Company を参照。

32) Henry L. Allen, "Segregation and Desegregation in Boston's Schools, 1961-1974," in Fraser et al. eds., *From Common School to Magnet School, op.cit.,* p. 116.

33) John Portz, Lana Stein and Robin R. Jones (1999), *City Schools and City Politics: Institutions and Leadership in Pittsburgh, Boston, and St. Louis*, Lawrence, KS: University Press of Kansas, pp. 134-135.

34) このいわゆるギャリティ (W. Arthur Garrity) 判決全文については、*The Boston Decision*, Boston: Community Action Committee of Paperback Booksmith (1974) を参照。また、Roger I. Abrams (1975), "Not One Judge's Opinion: Morgan v. Hennigan and the Boston Schools," *Harvard Educational Review*, Vol. 45, pp. 5-16 も興味深い。教育委員会への家族・コミュニティ参加が本格的に始まるのは、このギャリティ判決の後のことである (Abby R. Weiss and Helen Westmoreland (2007), "Family and Community Engagement in the Boston Public Schools: 1995-2006," in S. Paul Reville with Celine Coggins ed., *A Decade of Urban School Reform: Persistence and Progress in the Boston Public Schools*, Cambridge, MA: Harvard Education Press, p. 221)。また、Jon Hillson (1977), *The Battle of Boston: Busing and the Struggle for School Desegregation*, New York: Pathfinder Press は、紛争の泥沼状況をビビッドに活写している第一級のドキュメンタリーである。

35) Henry L. Allen, "Segregation and Desegregation in Boston's Schools, 1961-1974," in Fraser et al. eds., *From Common School to Magnet School, op.cit.*, p. 118.

36) Alvin F. Poussaint and Toye Brown Lewis (1976), "School Desegregation: A Synonym for Racial Equality," in Florence H. Levinson and Benjamin D. Wright eds., *School Desegregation: Shadow and Substance*, Chicago: The University of Chicago Press, p. 21.

37) Allen, "Segregation and Desegregation," *op.cit.*, p. 119. また、Mario Fantini and Gerald Weinstein (1968), *Making Urban Schools Work: Social Realities and the Urban School*, New York: Holt, Rinehart and Winston も参照。黒人・マイノリティ地区における学校のコミュニティ統制については、Henry M. Levin ed. (1970), *Community Control of Schools*, Washington, DC: The Brookings Institution が優れた論文を多く収載している。黒人ゲットーの保護者たちが開設しようとした新しい種類の学校は、いずれも厳しい苦難に耐える粘り強い能力を示した。それぞれは、コミュニティ参加、コミュニティ学校教育といった漠然とした定義であっても、そのような概念で検討しうる実験であったことは確かである (Joseph Featherstone

第Ⅰ部　市民教育論

(1971), *Schools Where Children Learn*, New York: Liveright, p. 133)。
38) ルイーズ・ヒックスは、自発的、強制を問わず「バス通学の害悪」を主張した。その後の、彼女が主導したバス通学賛成派に対する激しい心理的暴力は、黒人生徒に大きな心理的ストレスを与えた (Irving M. Allen, Janet L. Brown, Joyce Jackson and Ray Lewis (1977), "Psychological Stress of Young Black Children as a Result of School Desegregation," *Journal of the American Academy of Child Psychiatry*, Vol. 16, pp. 739-747; Robert A. Dentler (1986), "Boston School Desegregation: The Followness of Common Ground," *New England Journal of Public Policy*, Vol. 2, pp. 81-102)。1967年に出版された、Robert Coles (1967), *Children of Crisis*, Boston: Little, Brown および Jonathan Kozol (1967), *Death at an Early Age: The Destruction of the Hearts and Minds of Negro Children in the Boston Public Schools*, Boston: Houghton Mifflin は、この問題を知るうえで欠かせない。また、バス通学の当事者である生徒の肉声については、Thomas J. Cottle (1976), *Busing*, Boston, MA: Beacon Press; Robert Rosenthal et al. (1976), *Different Strokes: Pathways to Maturity in the Boston Ghetto*, Boulder, CO: Westview Press が、その内容を生々しく伝えてくれる。
39) Levy, *Northern Schools and Civil Rights, op.cit.*, pp. 138-139.
40) METCO (1987), *METCO Parent Handbook 1987-1988*, Needham, MA: METCO, INC., p. 1.
41) J. Harvie Wilkinson III (1979), *From Brown to Bakke: The Supreme Court and School Integration: 1945-1978*, New York: Oxford University Press, pp. 234-235.
42) Judith Bentley (1982), *Busing: The Continuing Controversy*, New York: Franklin Watts, p. 69.
43) Phyllis McClure (1991), "The School Choice Issue," *Trotter Institute Review*, Vol. 5, No. 1, Winter/Spring, p. 11.
44) METCO (no date), *Host Family Guideline*, Roxbury, MA: Metropolitan Council for Educational Opportunity.
45) Peter J. Howe (1990), "Lincoln, Boston residents discuss future of Metco: Costs, purposes, benefits are at issue," *The Boston Sunday Globe*, June 10, p. 30.
46) Abby R. Weiss and Helen Westmoreland, "Family and Community Engagement in the Boston Public Schools: 1995-2006," in Reville with Coggins ed., *A Decade of Urban School Reform, op.cit.*, p. 293. METCO の保護者訓練プログラムには、大学進学のためのカリキュラム計画、ドラッグ監視、家計支援などがあり、これらをテーマとするワークショップに参加することにより子どもの教育面での進歩について、保護者が十分な情報にもとづいて判断する力を高めることがめざされている (METCO, *METCO Parent Handbook, op.cit.*, p. 9)。保護者－コミュニティ参加 (parent-community involvement) 論一般については、Seymour B. Sarason (1995), *Parental Involvement and the Political Principle: Why the Existing Governance Structure of Schools Should Be Abolished*, San Francisco: Jossey-Bass Publishers が良い。
47) D. Garth Taylor (1986), *Public Opinion & Collective Action: The Boston School Desegregation Conflict*, Chicago: The University of Chicago Press, p. 203.
48) Sara Lawrence Lightfoot (1983), *The Good High School: Portraits of Character and Culture*, New York: Basic Books, p. 190.
49) Susan Bickford (2000), "Constructing Inequality: City Spaces and the Architecture of Citizen-

ship," *Political Theory*, Vol. 28, p. 370 ［池田和央訳「不平等の建設——都市空間の市民の構築」『思想』2001年11月号、22-23頁］.
50) Coleman, *Foundations of Social Theory, op.cit.*, p. 307 ［前掲訳書、481頁］.
51) Ernesto Cortes (1993), "Reweaving the Fabric: The Iron Rule and the IAF Strategy for Power and Politics," in Henry G. Cisneros ed., *Interwoven Destinies: Cities and the Nation*, New York: W. W. Norton, pp. 305-307.
52) Nan Lin (2001), *Social Capital: A Theory of Social Structure and Action,* Cambridge: Cambridge University Press, p. 56 ［筒井淳也ほか訳『ソーシャル・キャピタル——社会構造と行為の理論』ミネルヴァ書房、2008年、72頁］.
53) デニス・シャーリーは、アリンスキーを「気難しい」プラグマティックなラディカルとして形容し、その哲学的・政治的な源泉（旧約聖書、独立宣言、現代の労働組合の組織化）の寄せ集めから原理と方法を紡ぎ出すアメリカ・ラディカリズムの勇猛な独立型の変種であり、1930年代から60年代にかけての左翼の混迷に対するうんざり感からくる反党党・反党派主義者だとしている（Dennis Shirely (1997), *Community Organizing for Urban School Reform*, Austin, TX: University of Texas Press, p. 35）。
54) Shirely, *Community Organizing, ibid.*, pp. 36-39.
55) *Ibid.*, p. 43.
56) *Ibid.*, pp. 43-44.
57) *Ibid.*, pp. 45-46.
58) *Ibid.*, pp. 7-8.
59) *Ibid.*, p. 9.
60) *Ibid.*, p. 52. IAF はこの失敗から、①教育官僚制（教師の配属、昇進等の決定権を握る）がコミュニティ重視のプロジェクトを阻害すること、②大規模なコミュニティ関与（PTA への出席、教育委員会の会合への出席、学校をベースにした一連の催し）よりも、より戦略的に練り上げられた学校改革アプローチが重要であること、③TWO（ウッドランド・オーガニゼーション）には、官僚制の内部文化や市全域にわたる支持の形をとったパワー、また融通のきかない学区指針をすり抜ける柔軟性の欠如、資金運営面での知識不足がもつ運動としての弱さを学んだのである（*ibid.*, pp. 52-53）。
61) *Ibid.*, p. 53.
62) *Ibid.*, p. 56.
63) 以下がそれである。ダラスフォートワスのモーニングサイド・ミドルスクール、ヒューストンのジェファーソン・デーヴィス・ハイスクール、エルパソのイスレタ小学校、オースティン外縁のザヴァラ小学校、サンアントニオ都心のスミス、ハーフ、アルヴァラド、フランダースの各小学校、低地リオ・グランデ渓谷のパーマー小学校、アラモ・ミドルスクール、サム・ヒューストン小学校、そして、テキサス全域の低所得者地区全21校を対象とした同盟学校（Alliance Schools）。リオ・グランデ地域については、Dennis Shirley (2002), *Valley Interfaith and School Reform: Organizing for Power in South Texas*, Austin, TX: University of Texas Press において、それ以外は、Dennis Shirley (1977), *Community Organizing for Urban School Reform*, Austin, TX: University of Texas Press において分析されている。

64) Shirley, *Community Organizing, ibid.*, p. 59.
65) *Ibid.*, pp. 71-72.
66) *Ibid.*, p. 71.
67) *Ibid.*, p. 88.
68) *Ibid.*, p. 198.
69) *Ibid.*, p. 164.
70) *Ibid.*, pp. 290-291.
71) *Ibid.*, p. 73.
72) *Ibid.*
73) *Ibid.*
74) *Ibid.*, p. 260.
75) *Ibid.*, p. 76.
76) *Ibid.*, p. 9.
77) *Ibid.*, p. 220.
78) TIAF は、主流の学校改革の市場化モデルに抗して公教育を再概念化することに大きな役割を果たした。具体的には、①近隣住区学校の支援（周りのコミュニティとの絆の形成）、②近隣住区の改善と学校の再活性化のドッキング、③学校の文化の世論への訴えと変容への保護者の関与化、④闘争中の都市の学校や近隣住区を強化するためのスキルやコミットメントを有する市民の育成（もう顧客ではない）である（Shirley, *ibid.*, pp. 291-294）。本書第1章も参照されたい。
79) Shirley, *ibid.*, p. 280.
80) *Ibid.*, p. 277.
81) *Ibid.*, p. 277.
82) Philip G. Cerney (2000), "Political Agency in a Globalizing World: Toward a Structurational Approach," *European Journal of International Relations*, Vol. 6, p. 437 ［遠藤誠治訳「グローバル化する世界における政治的な主体行為――構造化のアプローチに向けて」『思想』2002年6月号、120頁］.
83) James Jennings (2004), "Social Capital, Race, and the Future," paper presented at the meeting of the 2004-2006 Social Research Fund of Japan Society for the Promotion of Science in Kobe, Japan, October 9.
84) Shirely, *op.cit.*, p. 288.
85) この表現はあくまで1つの修辞である。脱工業化に歯止めがかからないアメリカの一工業都市、*City of Freeway* の民族誌的都市研究おいて、著名な教育社会学者ロイス・ワイスは、生徒や教師が人種差別的ディスコースの囚われから容易に抜け出すことを妨げる白人側の学校教育への期待と不安の矛盾的結合の動態を、Lois Weis（1990）, *Working Class Without Work: High School Students in a De-industrializing Economy*, New York: Routlegde において活写している。白人労働者階級の若者にとって黒人は「他者」であり、脅威である。そうした集合意識は、黒人の対白人意識と相補的に形成されるのである。

第Ⅱ部

政治的エンパワーメント論

第3章　アメリカにおける黒人行動主義の変容

■1 〈ブラック・エンパワーメント〉をめぐる2つの書

　投票権法成立の1965年、公民権運動の今は亡き活動家ベイヤード・ラスティンは、その重要な論文において、公民権運動以降の政治が、「抗議から政治へ」[1]と変化、すなわち街頭の抗議活動や市民的不服従という抵抗の政治から、市庁舎、州議会、連邦上院など制度的「政治」をアリーナとする競争へと変化すると予言した。

　その予言どおり、黒人政治は、1960年代の人種統合、公民権・投票権を求める抗議運動、人種問題に対する黒人の主導権を求める分離主義的なブラック・パワー運動を経て、70年代、80年代には、黒人の政治家、選出公職者の政治の世界への進出が顕著となった。

　黒人の有権者登録の大幅な増加（表3-1）を背景に、表3-2に明らかなように、黒人選出公職者は、たとえば1965年から20年のうちに優に20倍を超え、2000年には9040名を数えるまでになった。[2]

　しかし、こうした黒人の目覚ましい政界・公職への進出にもかかわらず、インナーシティ問題（失業、荒れた住居、劣悪な教育、暴力、ギャング等）は相変わらず深刻なままである。たしかに1960年代、70年代には、拡大する政府機構の官僚的牢固さの批判、貧困との戦い、公民権運動、反ベトナム運動に揺籃されたラディカリズムなどの影響を受けて、教育優先地域、都市プログラム、コミュニティ開発プロジェクトなどが地域社会に向けて計画・実施された。

　しかしながら、地域社会の衰退・解体を当該住民の病理現象とみる、こうしたリベラルな「合意」モデルは、都市中心部の黒人、貧困層を中心に構造的に

表3-1　人種別登録有権者比率（1964-1982年）

	1964		1966		1976		1982	
	黒人	白人	黒人	白人	黒人	白人	黒人	白人
アラバマ	22.8	68.4	51.2	88.1	58.1	75.4	57.7	79.4
ジョージア	44.1	65.8	47.2	76.7	56.3	73.2	51.9	66.8
ルイジアナ	31.7	79.7	47.1	83.1	63.9	78.8	68.5	71.9
ミシシッピー	6.7	70.2	32.9	62.7	67.4	77.7	75.8	90.6
ノースカロライナ	46.8	92.5	51.0	82.4	48.2	63.1	43.6	65.5
サウスカロライナ	38.8	78.5	51.4	80.2	60.6	64.1	53.3	55.5
ヴァージニア	29.1	50.1	46.9	61.8	60.7	67.0	53.6	58.3
計	31.4	72.1	46.8	76.4	59.3	71.3	57.7	69.6

出典：Steven F. Lawson (1985), *In Pursuit of Power*, New York: Columbia University Press, p.297.

表3-2　公職別黒人公選公職者数（1941-1985年）

	連邦		州			市			計
年	上院議員	下院議員	行政官	上院議員	下院議員	市長	市会議員	教育委員	
1941	0	1	0	3	23	0	4	2	33
1947	0	2	0	5	33	0	18	8	66
1951	0	2	0	1	39	0	25	15	82
1965	0	4	1	18	84	3	74	68	280
1970	1	9	1	31	137	48	552	362	1,469
1975	1	17	5	53	223	135	1,237	894	3,503
1980	0	17	6	70	247	182	1,809	1,149	4,890
1985	0	20	4	90	302	286	2,189	1,363	6,016

注：1965-1985年の計は、本表記載の公職数を含めた黒人公選公職者の全数である。
出典：Gerald David Jaynes and Robin Williams Jr. eds. (1980), *A Common Destiny: Blacks and American Society*, Washington, DC：Nationnal Academy Press, p.240.

長く打ち続く貧困・社会的排除など歴史的な抑圧性を突き崩せないばかりか、基本的アイディアは矮小化され、70年代後半からは、新自由主義、新保守主義の強まりのなか、計画の効率性（すなわち支援の縮小）を余儀なくされ、「自助努力」の掛け声のなかで骨抜きにされてしまった。

　黒人にとっては、政府の介入的支援を強調するリベラル派も、「自助努力」プログラムを金科玉条とする新保守主義と黒人の宥和（pacification）を押しつけ

る点では変わりがなかった。そうしたなか、こうした動きに対抗するかのように、都市部において、選挙を決定的アリーナとしつつ、他の少数派との連合を模索する黒人指導者が、草の根の黒人大衆を政治権力構造、ひいては経済構造の変革（transformation）に結びつけようとする参加政治を推し進めてきた。

　黒人が、他のパワーレスな人々、あるいは一部白人とも協働しながら、政策決定・権力に「アクセス」し、さらには既存の社会的・経済的構造をも問うことを通して、彼ら・彼女らの自尊心、自立心、自己実現、自己変革、個人的力能を高め、さらに進んでコミュニティ建設・再建、具体的な社会的・政治的変形をはかろうとする運動は、ブラック・エンパワーメント運動として注目を浴びてきた。[3]

　本章は、1990年代に公刊された、〈ブラック・エンパワーメント〉をめぐる２つの重要な著作を紹介・検討することによって、当該議論の位相を整理・確認し、今後の研究の一助にしようとするものである。

　紹介する著作とは、James Jennings, *The Politics of Black Empowerment: The Transformation of Black Activism in Urban America*（Detroit: Wayne State University Press, 1992）、および Richard A. Keiser, *Subordination or Empowerment?: African-American Leadership and the Struggle for Urban Political Power*（New York: Oxford University Press, 1997）である。

2 「ブラック・エンパワーメント」をめぐる２つの書

(1)『ブラック・エンパワーメントの政治』

　権力への「アクセス」を基盤とした政治的勝利は、たしかに人種関係における目を見張るべき前進、一部黒人の経済的地位の改善に資したが、人種的階層制度を根本的に変えるにはほど遠かった。1970年代後半から強まる新保守主義・新自由主義のうねりは、それまで危うくも保持されてきたリベラル派白人と黒人とのある種の宥和に軋みを生み出した。

　こうした状況に対して、黒人社会では、選挙アリーナへの編入をめざす黒人「政治家」と、社会的抗議行動を主眼に置く黒人ミリタントの分裂を、選挙アリーナにおいて結びつけようとする新たな挑戦が、多くの都市で目撃しうるよ

うになった。

　その背後には、悪化する経済状況に対して、人間が享受すべき権利を中心に経済・社会の民主化をめざす「経済民主主義」と、「声なき黒人多数派」、伝統的な統合主義、改良主義、革命主義、アナーキズムをブラックボディ・ポリティックスとして糾合しようとする「新しい黒人アジェンダ」の台頭があった。

　『ブラック・エンパワーメントの政治』は、マサチューセッツ大学ボストン校教授（現在は、タフツ大学名誉教授）で、自らボストンに拠点を置く活動家でもあるジェイムズ・ジェニングズが、全国に散らばる数多くの黒人活動家への面接を通して、1970年代中葉以降顕在化してきた黒人の草の根活動主義の実態を、上述の黒人をめぐる思想・運動状況の検討のなかで分析する野心的な試みである。

　同書が注目する草の根活動主義は、権力への「アクセス政治」を越え、権力それ自体の獲得を追求しようとする。社会関係を変容・支配・維持する集団の力能として権力を握ることは、権力に「アクセス」することとは違う。この区別は、ジェニングズによれば、1つには、富・情報、地位、投票での勝利を権力自体と誤解する人々が多い事実、2つには、権力への「アクセス」は黒人の利益の微増はもたらすが、人種的格差の根本的な解決には寄与しない、との認識からくるものである。

　ジェニングズによれば、こうした黒人行動主義運動＝草の根イニシアティブの新たな挑戦は、アメリカの一般的政策準拠枠がリベラル（「貧困との戦い」に代表される政府の再配分的プログラム）、あるいは新保守主義（法人税減税、公共サービスの民営化、民間部門の重視、貧困層への「自助」プログラムの強調）に回収されてきたがゆえに、従来無視されてきたという。

　「新しい黒人アジェンダ」に媒介される黒人の草の根動家は、「アクセス」型政治家、あるいは分離主義的ミリタントと違って、抗議政治と選挙政治を既存勢力・支配体制に対抗するという観点から区別せずに公共政策を追求し、黒人社会の生活の質の向上をめざそうとする。彼らは、選挙での勝利は抗議活動の重要な源泉であり、活動主義を立ち上げる揺藍であると考え、黒人の権力基盤の成熟が公共政策についてのアジェンダと一体化したとき、黒人社会の集団

第3章 アメリカにおける黒人行動主義の変容

的ニーズに応えて、より有効な公共政策を政府に提示、追求させるようになる。そのようにジェニングズは考える。

こうした視点からする、たとえば、コールマン・ヤング（デトロイト）、トム・ブラッドレー（ロサンゼルス）、ウィルソン・グッド（フィラデルフィア）、メイナード・ジャクソン（アトランタ）、デイヴィッド・ディンキンス（ニューヨーク）、シドニー・バトレミー（ニューオリンズ）ら黒人「市長」への評価は厳しい。

彼らが代表する黒人政治指導者は、富、権力の所有・組織形態を黒人大衆の生活の質の向上という観点から変革するのではなく、選挙での勝利、官職任用を優先し、地元の財界や開発業者に取り入ることに終始した。穏健な黒人「政治家」は、「脱人種」的アジェンダに固執し、「黒人性（blackness）」を回避し、労働者階級やマイノリティの要求を抑制し、既存の統治枠組みの安定的な維持を優先し、財政危機にも技術専門主義的に対応する。

こうした「都市管理主義」は、特にレーガン主義を前にその限界を露呈することとなる。多くの黒人は、彼ら黒人「政治家」の政治姿勢に幻滅し、疎外感に苛まれ、裏切り感を如何ともしがたくなった。黒人政治がリベラルの枠内にある限り、黒人社会の社会的・経済的ニーズは充足されないという認識を多くの黒人がもつようになり、従来とは別筋の〈政治〉を切り拓こうとした。「かつては選挙への取り組みを小馬鹿にしていた左翼活動家や民族主義的な黒人活動家」も、黒人コミュニティが重視すべきは有権者登録者や投票率の向上であり、また財政危機、経済格差を政治や政府の問題として考え出した。

ジェニングズは、伝統的な既存政治に依存する「プランテーション政治」と決別する、人種間に不平等な政治勢力の権力配置や社会的諸関係を草の根レベルから変革しようとする運動を〈ブラック・エンパワーメント行動主義〉と呼んだ。具体的には、全国黒人独立党（1980年結成）の実験やジェシー・ジャクソンの「虹の連合」、ハロルド・ワシントンのシカゴ市政、ボストンでのメル・キングの政治運動などに注目した。[4]

ジェニングズは、選出公職者の獲得は「エンパワーメント」過程の1つの重要な構成要素であるが、それのみでは富と権力の位階制に対する挑戦には不十分であると考えた。そして彼は、〈ブラック・エンパワーメント行動主義〉は、

権力の分有を目標とし、経済的・政治的なパイ総体のあり方を根底から変革する、政治的動員を中核とした「権力」志向運動であると定義する。

　黒人の「エンパワーメント」をこのように捉えようとするジェニングズは、都市社会運動論に格別の注目を寄せた。そこからジェニングズは、1960年代のコミュニティ活動主義の肝であった自己決定論・土地統制論・コミュニティ統制論などを批判的に再考し、さらに黒人運動、黒人政治を阻害してきた都市の権力政治構造の問題（法人自由主義、「野放しの多元主義」、都市管理主義）を批判的に検討することになった。そして、彼は〈ブラック・エンパワーメント行動主義〉の戦略として、独立系黒人政党の結成、土地開発や公益事業官僚制に対するコミュニティ統制、黒人経済（black economics）等の発展が、運動論上強調することになる。

　『ブラック・エンパワーメントの政治』は、黒人社会の苦境は、富と権力の不平等な配分を維持しようとするリベラルと新保守主義的な公共政策の直接的帰結であるという認識を示す。さらにジェニングズによれば、企業の経済的利潤ではなく人間的なニーズ（必要）を政策課題の中心に置くオルタナティブな価値の発展、黒人個人や家族ではなく黒人「地域社会」の再生・発展をめざす新たな公共政策のあり方を重視することを通じて、黒人大衆に新たなイデオロギー的展望を与えようとした点で重要である。

（２）『従属かエンパワーメントか』

　次に紹介する、『従属かエンパワーメントか』の著者リチャード・カイザーにとっても、〈ブラック・エンパワーメント〉は、政治的に従属的なマイノリティの地位を変容するために、黒人政治指導者とその支持者が彼らマイノリティ集団に権力を付与し、その支持基盤をマイノリティ集団のなかに確保する運動である。

　カイザーのいう「エンパワーメント」の程度は、①高位公職（任命、選出を問わず）の獲得、多数の公共部門の役職者・専門家・技術者の輩出、および②公共政策のアジェンダ設定・政策決定に対するマイノリティ・グループの影響力の２点から測られる。

第 3 章　アメリカにおける黒人行動主義の変容

　黒人指導者が既存の権力構造に「抱き込まれ」、それによって一握りの個人にだけ選出公選職やその他の便益が個別的に入手されたとしても、そのことは、黒人全体の政治的なパワー・ポジションの変更を生み出すとは限らない。政治決定の帰結が黒人社会に有利に影響を及ぼさない限りは、「従属」とみなされるのである。

　カイザーは具体的には、シカゴ、ゲイリー、フィラデルフィア、アトランタの4つの大都市を対象に、都市政治の変化、黒人政治指導者の出現とリーダーシップの変容の跡を分析した[5]。分析の結果、黒人人口の比率がほぼ同程度の都市でも、シカゴとゲイリーでは黒人は政治的な「従属」を強いられてきた。他方、アトランタやフィラデルフィアでは黒人が政治的支配連合に参画し、黒人にとって有利な政治的アジェンダをある程度実現してきたことを見出した。では、この違いはどこから出てきたのか。

　この問いに対してカイザーは、黒人の独立を求めるルイス・ファラカン師的な分離主義＝メシア主義に乗らない、草の根の民衆的オルタナティブを提示する黒人指導者の出現に注目する。黒人としての誇り・怒り、人種差別の問題をレトリックやシンボルを多用するファラカン的な分離主義を否定する。彼らメシア型リーダーは、人種的抑圧の記憶から「選民としての黒人」というメシア的認識を呼び起こし、他の集団との協力、体制内活動、支配的権力の漸進的変革を拒み、選挙や政党を中心とした政治過程を重視しないからである。

　他方、個別的・物質的な便益を「バラ売り」「バラ買い」する戦術を好む従属型リーダーは、白人の支配的な政治秩序への挑戦を避け、都市の支配連合の代弁者として振る舞おうとする。

　カイザーにとっては、どちらのタイプも、政治指導の代表性、支持者に対する応答性、さらには合意の政治といった自由民主主義の原理を否定するものである。メシア型リーダーシップは、狭い基底集団に根ざし、過度にメディア依存的であったりする。これに対して従属型リーダーシップは、支配連合を脅かすには至らない選挙時の黒人有権者の動員で満足し、これとは別に低得票率でも当選できるという意味では、政治的代表性は疑わしい。カイザーは、これら2つのタイプの黒人指導者の「否定的弁証法」が、「リーダーシップの真空状

態」を生み出している、と批判する。

　では、この「真空状態」を埋めるのは何か、あるいは誰か。カイザーによれば、それこそが、草の根民衆的なオルタナティブを提示しうる連合的＝漸進的な黒人指導者となる。黒人のみならず白人からも幅広い支持を受けることができるタイプの黒人指導者は、フィラデルフィアやアトランタで現れたが、シカゴではハロルド・ワシントン、ゲイリーではリチャード・ハッチャーを最後にそうした政治指導者は出現していないという。

　では、黒人コミュニティにとって有利な「政治的帰結に影響を及ぼすパワーを多く獲得する」〈ブラック・エンパワーメント〉に好都合な連合的＝漸進的リーダーシップ出現の政治的条件とは何なのか。

　カイザーによれば、連合的＝漸進的リーダーが、黒人にとって有利な方法で政治的パワー・ポジションの再編を実現するテコ力は、やはり選挙時の「票」である。選挙が競争的（市長選において、当選者と次点の差が18％以下で、2回の市長選が含む4つの予備選・本選挙中2つで、次点との差が18％以下で勝利する選挙）な場合、白人が支持する相手側は黒人のほうに顔を向けて連立を模索する傾向が高まる。その際、黒人票をテコ力にしうる黒人指導者は、統治連合の一角を占めようと、他集団と交渉・連合しつつ自分たちにとって応答的な黒人公職者を選出する可能性が高まる。選挙連合に加わるのは、当選後に政治任用の取り扱いに影響を及ぼすためでもあるが、最終的には基底集団として黒人層の利益を増進しようとし、政策課題・帰結に影響を与える可能性が出てくると期待するからでもある。

　他方、選挙が非競争的な政治空間においては、1つの大きな党派集団は連合相手を必要とせず、黒人や他の少数派集団が権力の再分配に動き出す誘因を奪ってしまう。黒人票はテコ力とはなりえず、黒人有権者の選挙過程からの退出は投票率の低下をもたらし、他方で分離主義のいっそうの遠心化に手を貸すことになりやすい。非競争的選挙は、黒人分離主義者と従属型指導者の「否定的弁証法」をもたらしやすく、連合的＝漸進的リーダーシップは生まれにくくなる。4つの都市の研究を通じてカイザーは、選挙をめぐる政治体の環境が、〈ブラック・エンパワーメント政治〉の可能性に決定的な影響を与える、と結

論づけた。

3 ハリケーン・カトリーナと大災害の肌の色

KAREN HOLMES WARD (Anchor): As the Katrina conversation turns toward reclaiming and restoring the city of New Orleans, officials are devising strategies to overcome environmentaland structural issues, like rebuilding levees and disposing of hazardous waste. But what about rebuilding the lives of the city's residents, mostly poor and black? What mistakes were made in the old New Orleans that can be avoided not just in this city but in others across the country? Joining us is Dr. James Jennings. He is a professor of urban and environmental policy and planning at Tufts University.

Welcome to CITYLINE. Dr. JAMES JENNINGS (Professor, Urban and Environmental Policy, Tufts University): Thank you very much.

WARD: Where do we go from here, Dr. Jennings?

JENNINGS: Well, I think we first have to take stock at the enormous tragedy that this is and the importance of the entire country pulling together. We're not going to ever rebuild New Orleans if we don't look at what is happening in other parts of the nation as well. I think for one we really have to put national health insurance back on the table. We have to put a full employment program back on the table, sending thousands of workers who have been displaced back into New Orleans in that region to build the physical infrastructure. We have to now reconsider these enormous tax breaks we've made to the wealthier classes in the United States of America. Unfortunately, some people in the United States Congress are still considering a repeal of the estate tax which will cost the country $750 billion over the next 10 years. We no longer can afford to give those kinds of tax breakaways. The country is really going to have to pull together and put anywhere between $150 billion, $200 billion…

WARD : Back into fixing this...

JENNINGS : Exactly.

WARD : ...or attempting to remedy it because it won't necessarily be fixed.

JENNINGS : Exactly.

WARD : And we've seen through some of the images of these people on television over the past weeks that many of these people fell through the cracks already, if you will.

JENNINGS : Right. They fell through the cracks because the safety net in this countryhas been destroyed over the last 10 to 20 years. They fell through the cracks because their needs were not prioritized. New Orleans was made into a beautiful city for tourists but that really did not strengthen in any way the social or economic infra-structure, fabric of that city. And we don't want to make the same mistake in other cities.

WARD : And certainly your point is that there's this urban underclass in many American cities.

JENNINGS : Exactly, exactly.

WARD : Not just specific to New Orleans.

JENNINGS : Yeah. We say urban underclass, but that might be a euphemism for poverty. We have persistent growing poverty in this nation that we have yet to address.

WARD : And while we saw this urban underclass in the city of New Orleans, there are certainly white Americans who live in the same kind of abject poverty that might notbe in the cities that face the same kinds of issues.

JENNINGS : Exactly. What...we see how something like this is already having enormous repercussions. The working class in the country, the middle class in this country, all of a sudden have to pay much higher gasoline prices. The economy is about to go into a spin because of this tragedy. And we cannot, again, isolate the responses to New Orleans or making the same mistakes we made in the past. We'll make the city beautiful for the tourists, for people to see the beauty

第 3 章　アメリカにおける黒人行動主義の変容

and the glitter, but when it comes to basic jobs for people, basic health services, quality public schools…

WARD： We have to build that--

JENNINGS： …we have to get back into business of providing those kinds of services.

WARD： It's like dropping a pebble in the pond and it will have the ripple effect throughout the country.

JENNINGS： Exactly, exactly.　Right.

……〈以下省略〉……

　2005年8月29日早朝、超大型ハリケーン・カトリーナが、アメリカ南部ルイジアナ州、ミシシッピ州を襲い、未曾有の被害をもたらした。市街地の大半が海抜以下のニューオリンズ（ルイジアナ州）では高潮で堤防が決壊し、壊滅的な被害を受けた。ルイジアナ州やミシシッピ州などで、計1800人以上が死亡した。

　人口の7割近くを黒人が占めるニューオリンズでは、黒人市長レイ・ネーギンがニューオリンズ史上初の強制避難命令を出した。車をもたない市民が11万人もおり、被害が集中した市中心部の人口の約7割が貧困層であった。その多くが黒人であったことから、被災地を中心に全米で黒人の不満が高まった。ブッシュ政権の初動対応について、被災者の大半が貧しい黒人であることと関係しているとの批判が出たのである。

　ジェニングズは、カトリーナ襲来後2週間も経たない9月11日、WCVB-TV（ABC）のトーク番組《City Line》に出演し、ニューオリンズ再建に向けての批判的提言を行った。[6]カトリーナによって露呈した都市政治が抱える貧困、階級格差、新保守主義と税金・福祉問題などの構造的変革に向けての議題設定が急務である、とジェニングズは訴えている。[7]

　そのカトリーナから約10年が経過した。州や市は、被災後、税優遇措置などによって企業を誘致し、ニューオリンズはハイテク産業の拠点となった。一方、黒人住民は人口の減少には歯止めがかかっていない。市人口約38万のう

ち、現在（2015年）黒人は約22万4000人であるが、災害前（2000年）より約10万人も減った。彼らは、近隣のテキサス州やジョージア州などに流出した。人権団体によると2013年、世帯別の標準的な所得（中央値）は白人の約6万ドルに対し黒人は約2万5000ドルと、2005年と比べ双方の差額は37％拡大したといわれている。ニューオリンズ大学の都市計画の専門家アナ・ブランドは、「復興の過程で、人種間格差が固定化した。恩恵を得ているのは富裕層だけ」であると憤慨する。[8]

4 〈ブラック・エンパワーメントの政治〉の限界と展望

ジェニングズは、すでに紹介したように、「エンパワーメント」をアメリカ社会における富と権力の関係への挑戦を目標にした政治的動員を意味するために使用してきた。彼にとっては、黒人や他のマイノリティ・グループによる選出公職の獲得はエンパワーメント過程の1つの決定的な構成要素であるとしても、それのみでは、既存の階統的な社会的・経済的関係を変革するには十分ではない。

では、黒人の政治的エンパワーメントは、いかなる社会的・経済的効果を黒人社会にもたらすことができるのであろうか。進歩的な南部諸都市でさえ、黒人が実際に見出したものは、いまだに存続する脱人種的プロジェクトであり、黒人ミドルクラスでさえ失業や雇用不安に容易に滑り落ちる現実であり、また構造的な貧困であった（表3-3）。その背後に、人口構成比のみならず、アファーマティブ・アクションに対する白人の巻き返しが指摘されることはいうまでもない。[9]

しかし、ジェニングズら〈ブラック・エンパワーメント〉の政治を重視する研究者たちは、こうした社会的・政治的問題を資本主義の構造的、すなわち現行の企業＝政府システムに原因をもつものと考え、「黒人社会の貧困にあえぐ諸部門の政治的動員こそが、アメリカ都市部における貧困問題の解決に決定的に重要である」との認識を繰り返し確認する。

『ブラック・エンパワーメントの政治』が出版された1992年に、マイノリティ

第3章 アメリカにおける黒人行動主義の変容

表3-3　黒人の政治・経済動向（1970-1992年）

	1970	1992	変化
黒人公選公職者数 （地方・州・連邦の全レベル）	1,469	7,517	+6,048
黒人失業率	4.7%	9.8%	+5.1%
黒人実質家計所得の中央値 （1992年）	$18,810	$18,660	-$150
黒人家計所得の対白人比率 （1人当たり）	56%	58%	+2%
年収1.5万ドル以下の 黒人家庭の比率	41.3%	42.7%	+1.4%
貧困線以下で暮らす 児童の比率	42%	46%	+4%

出典：Joint Center for Political and Economic Studies, *Black Elected Officals: A National Roster*, Washington, DC: U.S. Bureau of the Census; *Current Population Reports*, pp.60-184; *Statistical Abstract of the United States*, 1994 (Tony Affigne (1997), "Black Voters and Urban Regimes: The Case of Atlanta," in James Jennings ed., *Race and Politics*, London: Verso, p.68 から引用).

社会における政治と経済的発展の関連に関してジェニングズが編集した、『人種、政治と経済的発展』（*Race, Politics, and Economic Dvelopment: Community*）の主題も同様のものであった。

同書には、政治学者や経済学者だけではなく、コミュニティ活動家や政策アナリスト、政治指導者が論考を寄せている。彼らに共通した問題意識は、通念化したリベラル派、新保守主義者が繰り出す政策への批判、草の根民衆パワーの強調である。土地開発に対するコミュニティ統制、官僚制への市民的統制、独立系黒人政党の立ち上げ等の提案のなかに、そうした点が読み取れる。

『黒人経済――経済とコミュニティ・エンパワーメントに向けての解決策』(1991年)の著者ジャワンザ・カンジュフは、「経済発展をより高いレベルのアジェンダに引き上げるためには、黒人の社会的組織（教会、公民権団体等）の力が必要とされる。黒人は、自分たちの経済的基盤に優先して政治的基盤を発達してきた民族的・人種的集団である」と主張している。黒人を雇う人々には、軍関係者、ドラッグストアー、ディーラー、「マクドナルド」などと関係がある者が多い。カンジュフは、黒人コミュニティが、外部市場への依存、土地や

ビジネスに対する外部からの支配、僅かな土着企業といった内部「植民地」化、あるいは「経済的迂回」の従属的状況を克服するためにも、政治的〈エンパワーメント〉に期待をかけている[10]。

しかし実際には、20世紀半ばの資本主義に起きたより大きな構造的変容を受けて「黒人経済」はうまく回ってはおらず、力を得た新自由主義は、社会の中間にいた労働者階級を打ちのめし、お払い箱となった黒人やマイノリティがアンダークラスとして社会の最底辺に取り残されることとなった。こうした状況は「ブラック・エンパワーメントの政治」の完成形ともいえなくはない黒人大統領バラク・オバマが誕生したことによっても改善されていない。黒人の宗教・哲学者コーネル・ウェストは、むしろ悪化する「乳幼児死亡率、大量収監、大量失業、世帯の富の大幅な減少といった経験的な指標」をみよという[11]。

こうした「悲しい現実」(コーネル・ウェスト)は、アクセス型・従属型のブラック・エンパワーメントが「台頭しつつあった一握りの支配者の権力を固めようとして社会運動や預言者的な声を軽んじた結果」であると論じる。ウェストは、以前には黒人を導くのは社会運動に携わる者であったが、今では「選挙で選ばれて主流の政治制度に入った者に取って代わられ」、「この移行によって、国の政治制度に批判的な声が上がることがめったになくなった」ことの結果であると、黒人の「アクセス政治」化現象を批判する[12]。

ウェストは、さらに続けていう。「問題はオバマ大統領という１人の人物をはるかに超えたところにある。オバマにも責任があるとはいえ、かれは１つの症状であって、主たる原因ではない。オバマには、人種が障壁ではなくなるポストレイシャル状態やブラックの途方もない前進を体現している側面がないわけではない。しかし、オバマが大統領の座にあることで、貧しいブラックがアメリカ社会でますます窮乏している現実が隠されてしまう」と[13]。

シカゴ市長であったハロルド・ワシントンとともに、「人種超越的な預言者的指導者」のひとりになろうとしていたジェシー・ジャクソン[14]に対しても、「カメラがないと自分の存在意義を見出せない状態に陥って」[15]しまったとウェストの批判は厳しい。ジャクソンの失速の責任は彼の人格や選挙キャンペーンのあり方にあるにせよ、問題はウェスト的にいえばより構造的なものである。

「アクセス政治」の「悲しい現実」を構造的に変革するためにも、ジェニングズがいう〈エンパワーメント政治家〉、またカイザーが分離主義と「従属」の否定的弁証法を反転しうるとした連合的＝漸進的リーダーと、抑圧的な現状に立ち向かう社会の深部からの草の根的な「民主的エンパワーメント」の重要性が、オバマ以後の黒人政治を考える場合に改めて確認される必要があろう。

ジェニングズとカイザーはともに、ウェストなら「かつての」というであろうジェシー・ジャクソンの政治的変革力に大きな期待を寄せていた。そのジャクソンが好んだフレーズを使えば、人種的・階級的に〈out of focus〉化された主題を白日の下に引きずり出し、ジェニングズが《City Line》の対談で強調したように、そうした主題を〈on the table〉化する努力が、〈ブラック・エンパワーメント〉にとって、依然として重要性をもつ。

そして、若き日のバラク・オバマがシカゴの貧困地域で取り組んだコミュニティ・オーガナイザーの仕事は、支配階級が無視すると同時に地元住民のみではヴォイス化できない貧困・格差問題、失業問題、住居問題や医療保険改革といった「必要の政治」に関わる主題を〈on the table〉化し、集合的な政策目標へと争点化する政治力を地域社会に根づかすことをめざすものであったことの重要性を今一度確認しておくことが重要となろう[17]。都心部の人口減少、ラティーノ、アジア系の人口増、さらには黒人間の格差拡大が続くなか[18]、権力政治を変革する集合的能力をコミュニティのさまざまな担い手の間の批判的対話を通して「市民能力」を鍛錬し続けることは、黒人の選出公選者の数を増やすこと以上に、〈ブラック・エンパワーメントの政治〉にとって今後ますます重要となってくるのである。

注

1) Bayard Rustin (1965), "From Protest to Politics: The Future of the Civil Rights Movement," *Commentary*, Vol. 32, pp. 25-31.
2) David A. Bositis (2001), *Black Elected Officials*, Washington, DC: University Press of America.
3) 早い時期の研究として、Mack H. Jones (1978), "Black Political Empowerment in Atlanta: Myth and Reality," *The Annals of the American Academy of Political and Social Science*, No. 439, pp. 90-117; Lawrence J. Hanks (1987), *The Struggle for Black Political Empowerment in Three Georgia Counties*, Knoxville: University of Tennessee Press は重要である。前者は、黒人の選挙勝利の第1

第Ⅱ部　政治的エンパワーメント論

波の意義についてアトランタを対象に検討している。選挙における勝利のみでは黒人大衆の生活条件の改善には十分ではないとの指摘は、その後のこの議論の中心テーマでもある。また、後者は、ジョージア州の3郡（ハンコック、ピーチ、クレイ）を対象に、黒人の政治的動員様式、〈ブラック・エンパワーメント〉の対政策効果を分析していて興味深い。また、分析対象はラティーノであるが、Roberto E. Villareal, N. G. Hernandez and H. O. Neighbor（1988）, *Latino Empowerment*, Westport: Greenwood Press も、パワーレスな人々のエンパワーメントにとって個人・共同体双方での資源の集積と指導性の質がいかに重要であるかに注意を払っている点で示唆的である。同じく、James Jennings and Monte Rivera eds.（1984）, *Puerto Rican Politics in Urban America*, Westport: Greenwood Press; James Jennings ed.（1994）, *Blacks, Latinos, and Asians in Urban America: Status and Prospects for Politics and Activism*, Westport: Praeger も参照。

　ところで、「empowerment」という用語が、社会科学の領域でまとまった形で使用され出すのは比較的近年のことに属する。少規模・地域的・草の根的な活動家を中心とした「社会活動（social activity）」という用語が流行った1960年代では、まだ一部活動家の専売用語に止まっていた。しかしながら、「自助努力」が合い言葉となる70年代に同語は徐々に流布するようになり、1980年代になると政治学のみならず、教育学、経済開発論、フェミニズム運動、精神保健、コミュニティ心理学、ヒューマン・サービス、ニュー・エイジ運動等、さまざまな領域で頻繁に使用されるようになった。現在の議論の地平を知るには、Deepa Narayan ed.（2005）, *Measuring Empowerment: Cross-Disciplinary Perspectives*, Washingotn, DC: The World Bank が便利である。

4）　ジェニングズはメル・キングとともに、*From Access to Power: Black Politics in Boston*, Rochester, VT: Schenkman Books（1986）を編している。Melvin King（1981）, *Chain of Change: Struggles for Black Community Development*, Boston: South End Press は、〈ブラック・エンパワーメント〉の運動論的側面を考えるうえできわめて重要な一書である。キングの1979年、1983年のボストン市長選挙運動に関しては、類書がほとんどないなか、James Jennings, "Blacks and Progressive Politics," in Rod Bush ed.（1984）, *The New Black Vote: Politics and Power in Four American Cities*, San Francisco, CA: Synthesis Publications, pp. 199-313; Toni-Michelle C. Travis, "Symbolic Politics: The Mayoral Candidate in Boston," in Hanes Walton Jr. ed.（1994）, *Black Politics and Black Political Behavior: A Linkage Analysis*, Westport: Praeger, pp. 97-113 は貴重である。

5）　ここでは、*Subordination or Empowerment?* の第2〜5章を要約することで、4都市における黒人政治の歴史的展開、現状の説明に代えたい。

　①シカゴ市（イリノイ州）。20世紀前半のシカゴ市は、政治的エンパワーメントの実質化という点では最も先進的な都市であった。この時期、強い競争的選挙が黒人票にテコ力を与え、黒人が自分たちにとって有利な公職人事や教育政策、住宅政策を引き出すことが可能となった。しかしながら、1950年代から黒人市長ハロルド・ワシントンが誕生する1983年までは、黒人人口が倍増したにもかかわらず、黒人は政治的には従属を強いられた。特にリチャード・デイリー時代（1955〜76年）、黒人は民主党党機構に「抱き込まれ」、個別主義的便益（情実職、公営住宅への入居、微少の福祉等）に与り、住居の人種分離も進み、学校統合は停滞した。その政治的要因としてカイザーは、ボス・

第3章 アメリカにおける黒人行動主義の変容

マシーン型の非競争的選挙を指摘する。デイリー統治は、「黒人有権者に依存しないので、黒人の要求を無視できたのである」。こうしたなか、たとえばディック・グレゴリーやジェシー・ジャクソンらが、この手の「抱き込み」政治に対して抗議・コミュニティ統制を対峙させる運動を展開したが、個別主義的便益に与る低所得黒人層をパトロンである民主党党機構から引き離すことは難しく、また彼らの分離主義的＝メシア的運動スタイルは、ボス・マシーンに潜在的には反対の黒人中産階級の支持も得ることができなかった。このパターンは、デイリー死後もほとんど変わることはなかった。その意味で、1983年のハロルド・ワシントン市長の誕生は、「漸進的で発展的な〈ブラック・エンパワーメント〉の過程の蓄積」ではなく、デイリー死後の白人票の分裂と黒人リーダーシップの欠如のなかで起こった「長期にわたる黒人コミュニティの突然の火山噴火の産物であった」とカイザーは指摘している。そして、ワシントンの心臓麻痺による突然の死去（1987年）は、その後の長きにわたる「リーダーシップの真空状態」の始まりでもあった。

　②ゲイリー市（インディアナ州）。ゲイリーは US スチール社の企業城下町として1906年に誕生した。ゲイリーでは、同社と共和党地方幹部の支配連合が、政治、経済、一般住民、黒人地域社会にも多大な影響を及ぼしてきた。しかし、この支配連合は、社主エルバート・ゲイリーの死去（1927年）、世界大恐慌によって崩壊し、1930年の郡選挙以後、黒人指導層の一部、黒人有権者の多くは民主党に鞍替えした。党派的に二分した黒人リーダー、ブロック票化しえない黒人票は民主党にとって周辺化を余儀なくされた。共和党も野党力を取り戻しえず、そうしたなか、シカゴのボス、リチャード・デイリーに匹敵するジョージ・チャチャリス市長が1959年に誕生し、62年に脱税スキャンダルで失脚するまで市政を牛耳った。黒人有権者は政党機構の広範なパトロネージの餌食となった。非競争的選挙によって黒人票のテコ力を失った黒人リーダーは白人少数民族集団が牛耳る権力構造の従属的な媒介者に追いやられた。チャチャリスの後任マーティン・カッツを含めた1967年の民主党市長予備選ではマシーン批判派である黒人政治指導者ハッチャーが、初めての黒人ブロック票と白人リベラルの支持によって、38％の得票率で勝利した。本選挙でも、民主党マシーンは組織をあげて彼に反対したが、人口の約5％に当たる黒人有権者の96％の票を獲得し、彼は市長に当選した。ハッチャーは、郡はともかく市の民主党組織は統制し、市官僚制の重要ポストに黒人を任命したり、黒人ビジネスを優遇したりした。ゲイリーでは、強力な民主党組織と勝算のない共和党という非競争的選挙状況のもと、黒人票はテコ力を持ちえず、黒人市長の誕生にもかかわらず、〈ブラック・エンパワーメント〉を増進するために人種間連合の構築をめざす連合的＝漸進的な黒人リーダーは出現することはなかった。

　③フィラデルフィア市（ペンシルヴェニア州）。フィラデルフィアにおける68年間に及ぶ共和党マシーンは、1951年、「良き政府」をめざすジョセフ・クラーク民主党市長の誕生で終止符が打たれた。民主党党機構とリベラル＝市政改革派（ビジネス階級を含む）の対立は、黒人票の選挙テコ力を強め、改革派のリチャードソン・ディルウォース時代には政治的・経済的エンパワーメントを推し進めることができた。しかし、民主党機構の巻き返しは、1963年には白人カトリックで労働者階級のジェームズ・テイトを市長に押し上げた。2期8年の間にテイトは、「反貧困戦争」を推進する改革派＝ビジネス

連合を攻撃したり、選挙区変更により黒人多数選挙区を減らし（11から6に）、黒人を政治・行政の要職から外したりした。1971年の市長選では、警察本部長のフランク・リッゾが、ビジネス階級＝市民リーダーが支持するフィラデルフィア商工会議所副会長のサッチャー・ロングストレス（共和党）を破った。この選挙で黒人は、白人リベラル＝改良派と連携し、初めて民主党から大量離反した。デイリー・シカゴ市長が、黒人対立候補者を含む誰よりも黒人票を多く獲得したことに比べると、「民主党からの黒人の独立を示すこの現象は、特に意味があると思える」とカイザーは述べている。リッゾは金・人事の支配を通して民主党党機構を私物化し、1975年選挙でも勝利したが、2期目発足直後、深刻な財政赤字が露呈し大増税を実施するはめになった。これに対して、中間層納税者、白人改革派＝反リッゾの黒人グループは猛反発し、市長のリコール運動に打って出た。しかし、リコール運動は、ペンシルヴェニア最高裁による違憲判断によって頓挫し、逆にリッゾ市長は、市長3選禁止規定改正の挙に出た。上層WASP、リベラル、ユダヤ人（以前は、リッゾ支持）、黒人が反対に回り、さすがにこの暴挙は失敗に終わった。有権者の32％に当たる黒人の96％が反対した。

　1979年の市長選では、民主党党組織の白人改革派ビジネス界のウィリアム・グリーンが勝利した。彼は再選への出馬を辞退するが、そのときまでに市議会、市官僚機構に占める黒人の割合は30％前後に達していた。83年市長選では、元市長のリッゾを予備選で破ったウィルソン・グッドが市長の座を手にした。グリーンの右腕として評判が高かったグッドの選挙運動は、「脱人種的」なものであった。その背後に、1971年民主党予備選での黒人＝白人リベラルの選挙協力の失敗がリッゾ市政8年を許したことへの猛省があった。選挙運動責任者としての苦い経験によってグッドは、「黒人への過度に人種的なアピールを避け」、白人リベラル・財界との連携をはかる穏健な主張を押し出したのである。黒人市長グッドは、MOVE 爆弾事件（MOVEは、徹底した分離主義を主張する黒人民族グループの1つ。市長命令によりフィラデルフィア市警がアジトのヘリコプターからの爆破を実行し、子ども5名を含む11名が死亡した。また、周辺の黒人居住区の61家屋と2ブロックが破壊された）によって黒人社会での評判を大きく傷つけたが、重責が伴う公職を黒人に与えたり、3.7万人分の仕事を生み出したり、積極的差別是正政策を進めるなど、黒人の間では高い支持を維持し、1987年にも再選に成功した。フィラデルフィアでは、競争的な政治環境が政党支持と人種の交差を進めた。その結果、情実職、ビジネス契約の分配、公職の猟官などで保守派の白人〈政治家〉や民主党指導部（場合によっては共和党とも）と連合する黒人〈政治家〉のみならず、「良い政府」の実現をめざし、白人リベラル・ビジネス階級との提携をはかる連合的＝漸進的リーダーも出現したのであった。グッド型の政治家について、コーネル・ウェストは、ロサンゼルス市長であったブラッドレーを含めて「人種を消去する経営的指導者」と呼ぶ（Cornell West（[1993] 2001）, *Race Matters with a New Preface*, Boston, MA: Beacon Press, p. 59［山下慶親訳『人種の問題――アメリカ民主主義の危機と再生』新教出版社、2008年、70頁］）。このタイプの黒人政治指導者は、「多数の白人有権者を獲得しつつ、忠実な黒人有権者を確保しようとする多くの黒人指導者たちのための模範となってきた。この類型は、全く政治的な手腕で生き残り、個人的な外交術で成功する。この種の候補者は、選挙で他の

唯一の選択肢が保守的な（通常は白人の）政治家であるという政治的状況では、2つの悪のうちの小さな方の悪である。しかしこの類型の指導者は、現実の主流派であることが街で唯一勝算のある方法だと見せることによって、黒人共同体の中での進歩派の動きを妨げ、預言者的発言を沈黙させる傾向がある」（前掲訳書、70頁）。

　④アトランタ市（ジョージア州）、アトランタでは、競争的な選挙環境と公式の政党組織の不在によって、黒人が多元主義的な政治アリーナに進出し、政治討議でも有力な地位を要求でき、〈ブラック・エンパワーメント〉が進んだ。選挙は基本的には、経済成長志向の銀行、不動産、新聞など経済界、白人上層中産・上層階級の白人人口の半数に当たる勢力と、小企業、下層中産階級白人、白人貧困層の支持を受ける分離主義的赤っ首野郎（レッドネック）の間で繰り広げられてきた。こうした白人票の分裂が、黒人有権者のテコ力を高めたのである。また、アトランタには古くから、黒人票の動員に大きな役割を果たすアトランタ黒人有権者同盟、全市民有権者登録委員会が存在した。両組織は、黒人有権者登録を促進すると同時に、黒人最大の便益を約束する候補者の支持に黒人を結集させる点で重要であった。〈ブラック・エンパワーメント〉は、1949年のウィリアム・ハーツフィールド市政以降、徐々に進展をみた。分離主義者が立候補しなかった1965年の市長選以降、黒人にとってのアジェンダは、「黒人を市の各部局に選出し、人種間の権力分有装置を制度化させる」ことであった。この地平では、1971年に創設されたビジネス＝黒人連合のアトランタ・アクション・フォーラムは、財界指導層の間で人種間協議と権力分有を公式化・制度化する点で画期的なものとなった。1973年の市長選では、現職市長のサム・マッセルを民主党予備選で破った副市長メイナード・ジャクソンは、財界のみならず、無原則の成長を批判する近隣住区運動からも支持を受け、市長に当選した。ジャクソンは、積極的差別是正やマイノリティ企業の特別扱いを進め、黒人指導者・有権者もそれらのいっそうの進展を求めた。結果として、ジャクソン市長は、財界のみならず近隣住区集団との軋轢を生んだが、1977年の再選後も、警察職、市関係の雇用、建築・サービスの請負での黒人優遇を続けた。後継市長のアンドルー・ヤング市政の終盤（1989年）には、政治的エンパワーメントはさらに進み、市の主要職の59％を黒人が占めるまでになっていた。

　なお、David R. Colburn and Jeffrey S. Adler eds.（2001）, *African-American Mayors: Race, Politics, and the American City*, Urbana, IL: University of IllinoisPress も参照されたい。シカゴ、ゲイリー、アトランタに関する個別論文が収載されている。ゲイリーについては、William E. Nelson and Philip J. Meranto（1977）, *Electing Black Mayors: Poltical Action in the Black Community*, Columbus, OH: Ohio State University Press がより詳しい。

6）　David Dante Troutt ed.（2006）, *After the Storm: Black Intellectuals Explore the Meaning of Hurricane Katrina*, New York: The New Press 所収の論文も参照されたい。

7）　ジェニングズ『*Welfare Reform and the Revitalization of Inner City Neighborhoods*, East Lansing: Michigan State University Press（2003）も参照。また、以下の論文集も多くの点で示唆的である。Sanford F. Schram, Joe Soss and Richard C. Fording eds.（2003）, *Race and the Politics of Welfare Reform*, Ann Arbor, MI: The University of Michigan Press.

8）　加藤賢治「カトリーナ10年　広がる格差」読売新聞、2015年8月29日。Michael Eric

第Ⅱ部　政治的エンパワーメント論

Dyson (2005), *Come Hell or High Water: Hurricane Katrina and the Color of Disaster*, New York: Basic Civitas; Henry A. Giroux (2006), *Stormy Weather: Katrina and the Politics of Disposability*, Boulder, CO.: Paradign Publishers もカトリーナの襲来直後にこうした認識を鋭く提起していた。また、Beverly H. Wright and Robert D. Bullard (2007), "Black New Orleans: Beforeand After Hurricaine Katrina," in Robert D. Bullard ed., *The Black Metropolis in the Twentieth Century: Race, Power, and Politics of Place*, Lanham, MD: Rowman & Littlefield Publishers, pp. 173-197 は、カトリーナ襲来前後の「チョコレートシティ」ニューオリンズの政治を扱っており、重要である。

9) たとえば、主としてアトランタを扱った、Gary Orfield and Carole Ashkinaze (1991), *The Closing Door: Conservative Policy and Black Opportunity*, Chicago: The University of Chicago Press は、停滞する黒人社会の現状を生々しく描き、説得的である。

10) Jawanza Kunjufu (1991), *Black Economics: Solutions for Economics and Community Empowerment*, Chicago: African-American Images. ロナルド・シュミットらは、地域を基盤とした組織や活動の目的は、黒人の企業所有率の増加以外に、黒人の若者に対する公教育の質の改善、黒人近隣地区の質の向上（通りや歩道の改善、公園や余暇施設、図書館の増設など）等を挙げ、そのためにも黒人の投票率の向上と地方政府への黒人選出公職者の送り込みが重要であると指摘している（Ronald Schmidt Sr., Yvette M. Alex-Assensoh, Andrew L. Aoki and Rodney E. Hero (2009), *Newcomers, Outsiders, and Insiders: Immigrants and American Racial Politics in the Early Twenty-first Century*, Ann Arbor, MI: The University of Michigan Press, pp. 134-135）。

11) Cornell West and Christa Buschendorf (2014), *Black Prophetic Fire*, Boston, MA: Beacon Press, p. 161［秋元由紀訳『コーネル・ウェストが語るブラック・アメリカ』白水社、203-204頁］。

12) *Ibid.,* p. 161［前掲訳書、204頁］。

13) *Ibid.,* p. 161［前掲訳書、203頁］。

14) West, *Race Matters, op. cit.,* p. 61［前掲訳書、71頁］。

15) West and Buschendorf, *Black Prophetic Fire, op.cit.,* p. 94［前掲訳書、125頁］。この点についてウェストはさらに、ジャクソンの「テレビ映像的スタイルは、草の根の組織化と、そして最も重要なことは、民主主義的な説明責任を妨げていた。彼の知性、エネルギー、カリスマが、彼の社会的注目を支えていた――しかし、プログラムの遂行は犠牲にされていた。私たちはこのスタイルが進歩的可能性を消耗させてしまう時期に近づきつつある」（West, *Race Matters, ibid.,* p. 61［前掲訳書、78頁］）と述べている。著名な黒人政治学者アドルフ・リードも、ジャクソン現象はメディアを利用した象徴政治であり、その指導性は反民主主義的かつ有機的であると分析している（Adolph Reed Jr. (1986), *The Jesse Jackson Phenomenon: The Crisis of Purpose in Afro-American Politics*, New Haven: Yale University Press）。

　　暗殺されたキング牧師を抱きかかえ、予備選も含め自ら2度の大統領選（1984年、1988年）を闘ったジェシー・ジャクソンが、2008年11月4日にバラク・オバマの勝利演説をシカゴのグランドパークで聞きながら流した涙について、彼自身、次のように説明している。「自分の頭の中で、数々の葬式のことを思い出していた。……〈中略〉……ドクター・キングやマルコムXがあの場所にいられたらと思った。30秒でいいから、自ら

が殺された目的が達成されたのを見て欲しかった。その時に涙を流してしまったんだ。……〈中略〉……そこに至る旅路、そしてその瞬間の喜び、全てが私の意識の中で一緒になった。畏敬の念に打たれていた。セルマでドクター・キングが行進のために靴を履いているのを思い出していた。そしてジム・ファーマー、ジョン・ルイス、みんなだ。彼らがこの日が来るのを可能にしたのだ」（David Remnick (2010), *The Bridge: The Life and Rise of Barack Obama*, New York: Alfred A. Knopf, p. 558. ［石井栄治訳『架け橋——オバマとブラック・ポリティックス〈下〉』白水社、2014年、346頁］）。黒人政治学者のチャールズ・ヘンリーは、ジャクソンの指導性は反民主主義的というよりはカリスマ的で、人種主義が抑圧してきた黒人の尊厳と利己心を教会救済型スタイルと世俗的価値のプラグマティックな結合を通して前に押し出した点を評価している。参照、Charles P. Henry (1990), *Culture and African American Politics*, Bloomington: Indiana University Press［河田潤一訳『アメリカ黒人の文化と政治』明石書店、1993年］; Charles P. Henry (1991), *Jesse Jackson: The Search for Common Ground*, Oakland, CA: The Black Scholar Press。ジャクソンの「虹の連合」の運動の書 *Straight from the Heart*, Philadelphia: Fortress (1987) とともに一読されたい。

16) *Ibid.*, p. 202［前掲訳書、255頁］.「民主的エンパワーメント」に関して、アーチョン・ファンの仕事は大いに注目される。Archon Fung (2004), *Empowered Participation: Reinventing Urban Democracy, Reinventing Urban Democracy*, Princeton: Princeton University Press; Archon Fung and Erik Olin Wright eds. (2003), *Deepening Democracy: Institutional Innovations in Empowered Participatory Governance*, London: Verso などを参照。

17) Barack Obama (1988), "Why organize? Problems and promise in the inner city," *Illinois Issues*, August & September, pp. 40-42. ここでも、ウェストはオバマに手厳しい。彼は次のようにいう。「オバマは主としてウォール街の大統領であり、ドローンの大統領であり、監視社会の大統領であり、ニュー・ジムクロウや大量失業など貧しいブラックを追い詰める社会的困窮のことは具体的な課題としないのである。オバマが貧しいブラックの男性のために行った取り組みは慈善事業や社会奉仕活動が中心で、司法や公共政策の改革ではなかった」（West and Buschendorf, *Black Prophetic Fire*, *op.cit.*, p. 163［前掲訳書、205頁］）。ニュー・ジムクロウについては、すでに古典ともいえる Michelle Alexander (2010), *The New Jim Crow: Mass Incarceration in the Age of Colorblindness*, New York: The New Press を参照。

オバマ大統領の「統治」の限界を指摘するあまり、彼の「慈善事業や社会奉仕活動」への取り組みを過小評価すべきではない。オバマの社会・政治思想については、自伝『マイ・ドリーム——バラク・オバマ自伝』（*A Story of Race and Inherence*）、『合衆国再生——大いなる希望を抱いて』（*The Audacity of Hope*）以外にも、James T. Kloppenberg (2011), *Reading Obama: Dreams, Hope, and the American Political Traditon*, Princeton, NJ: Princeton University Press［古矢旬・中野勝郎訳『オバマを読む——アメリカ政治思想の文脈』岩波書店、2012年］は重要である。「オバマは非宗教的で世俗的な母親と祖父母の下で育った。しかし、20代の頃から、初めはオーガナイザーとして、その後は小教区民として黒人教会で過ごしてきた」（32頁）。そしてオバマは、公民権運動のモーセ世代の精神的リーダーから祝福されたメッセージをもつヨシュア世代として、「アメリカの蜂起とエンパワーメントの瞬間」を普遍的なものとして理解されるべきだとした（Remnick, *The Bridge*, *op.cit.*, pp. 18-20［前掲訳書『架け橋〈上〉』30-33頁）。こうした「黒人性（blackness）」と〈エンパワーメント〉の神学的解釈については、Douglas E. Thomas (1998), *The Rise of Black-Empoerment Theology in America: Remembering an Era*, Philadelphia, PA: Guidinglight Books International が興味深い。オバマの人種的「黒人性（blackness）」をめぐっては、「Is Obama too black?」「Is Obama not black enough?」といった、それ自体人種差別的な問いかけが数多く行われてきた。オバマ以後の人種政治・黒人政治を考えるとき、①人種対階級、②人種主義対カラー・ブラインド（人種の違いを意識しない）、③人種統合対分裂、といった2項対立的言説は依然として重要な補助線である。参照、Thomas J. Sugrue (2010), *Not Even Past: Barack Obama and the Burden of Race*, Princeton, NJ: Princeton University Press.

18) Earl Ofari Hutchinson (2000), *The Disapearance of Black Leadership*, Los Angels, CA: Middle Passage Press, p. 77.

第4章　アメリカにおけるアドボカシー

1 アドボカシーの展開

（1）「長い1960年代」

　オバマ前アメリカ大統領がこの世に生を受けた翌年の1962年は、その後の同国におけるアドボカシーの展開と方向性を考えるうえで重要な2つのマニフェストが表明された年である。

　その1つは、海洋生物学者レイチェル・カーソンの著作『沈黙の春』（*The Silent Spring*）の出版、もう1つは、ミシガン州ポート・ヒューロンでのSDS（民主社会学生同盟）による組織綱領のポート・ヒューロン宣言である。

　カーソンの著作は、環境問題に関する考え方を根本的に変え、「産業社会」的価値観を根底から問いなおすものであった。後者の宣言は、主として白人ミドルクラス学生が、「社会的な決定への個人の参加が自分たちの生活の質と方向を決定し、社会が人間の独立を促すように組織され、人間が共に参加するための方途を提供」しようと、参加デモクラシーの意義を強く打ち出した。

　SDS を中心としたニューレフトは、人種分離法にもとづく人種差別主義の廃絶、差別のない平等なアメリカをめざす黒人の公民権運動に多大な影響を受けてのものであった。公民権運動の指導者キング牧師が「私には夢がある」演説を行った1963年には、ベティ・フリーダンが『新しい女性の創造』（*The Feminine Mystique*）を出版した。女性に個としての自立を求める同書は、高学歴の中産階級女性を中心に広く受け入れられた。フリーダンは、1966年に NOW（全米女性組織）を結成した。NOW は躍進し、戦前からの LWV（婦人有権者同盟）などの組織も活気づいた。

公民権運動、ニューレフト、NOW などは、黒人や少数派民族集団、女性を「二級市民」に押しとどめてきた社会構造を根底から批判し、豊かな社会が生み出した物質主義への疑念を広く一般市民の間に呼び起こした。

（2）「自由主義の終焉」

　総じていえば、これらの運動は、労働組合を含むビジネス・業界団体が支配する資本主義的民主主義体制に異議を申し立てるものであった。政党・議会・行政に、米国農業局連盟、米国労働総同盟・産業別労働組合会議、商業会議所、全米製造業者協会などの組織化された経済関連団体がロビー活動を通して圧力をかけるという集団的多元主義政治への挑戦といってもよかろう[1]。

　首都ワシントンのベルトウェイ内部で進行する利益団体と政府の無原則な取引＝「利益集団自由主義」は、公共利益や社会的公正の実現を困難にしていった。政治学者のセオドア・ロウィは、そうした戦後アメリカ政治の現状に「自由主義の終焉[2]」の宣告文を突きつけた。また、E. E. シャットシュナイダーは、「多元主義的な天国の欠点は、その天国の合唱が強い上流階級的なアクセントをおいて歌われるということである。人民の90％がおそらく圧力組織に加わることができないのである[3]」と、圧力団体政治の上流階級的偏向を批判した。

（3）アドボケートからアドボカシー組織へ

　女性や黒人は、こうした「多元主義的な天国」政治の従来的な紛争線を転換しようとした。また、階級的には「天国」近くに寄食する白人エリート学生も、自分たちが恩恵に与る「豊かな社会」、エリート主義的な民主主義に反発したのである。草の根で広がる抗議活動、一部活動家の急進化、ベトナム反戦活動の激化、ブラック・パワーの台頭に符節を合わせるように、ジェンダー概念を鮮明にする女性解放グループも多く生まれた。

　黒人闘争、キャンパスでのラディカリズム、ゲイ／フェミニズム運動等を「抵抗のサイト[4]」として、権利革命は多様な声をアドボケート（主唱）[5]していくが、保守化が進む1970年代には運動としては四分五裂する。

　その一方で、政治的抗議活動というよりは、社会サービスや文化活動を中心

に「平等のための組織化」をめざす権利アドボカシー、さらには新しい公共利益を主張する市民アドボカシーは増え始めた。ベルトウェイ内部に黒人、小数派民族集団、女性の声を届けたり、環境保護や政治改革を主張する活動家のグループは、「市民的権利・社会権の主張、権利侵害の法的防衛、政府監視活動、ロビイング」といったアドボカシー活動を通じて世論を形成し、立法過程に影響を与えようとしだした。

当初はリベラル派が目立ったものの、プログラム支出である社会保障費の負担増への反発、環境主義者が主張する産業規制への反発、「権利革命」への道徳的反発などを組織化した保守派アドボカシーも1980年代以降に急増しだす。いずれにしても、その後、各主張団体は、保守、リベラルを問わず「有効なアドボカシー組織を発展させ、その政治的パワーを増大させていったのである」。

このような経過をたどってアドボカシー・グループの数は、20世紀末までに1960年比で4倍に膨れ上がった。その勢いに呼応するかのように、ビジネス・業界団体も公共アドボカシー戦略を積極的に採り入れ、その面での非営利／営利団体の境界を曖昧にしつつワシントンのアドボカシー・コミュニティに闖入していった。

2 アドボカシーの現在

(1) ワシントン「動物園」

首都ワシントンのアドボケート・ワールドは動物園に擬えられよう。ただし、この動物園は、「各種あるいは各科のいくつかの見本を必要としたが、その実数に比例した動物の各標本は必要とはしない」。

こうした性格をもつワシントン「動物園」の主役級見本として、トム・ウォルドマンがピックアップした次の29の種・科を挙げるのに大した偏りはない。メディア・アキュラシー、米国退職者協会、米国市民的自由連合、米国心臓協会、米国イスラエル公共問題委員会、米国在郷軍人会、米国アラブ反差別委員会、予算・政策プライオリティセンター、児童擁護基金、キリスト教徒連合、政府の浪費に反対する市民、税の公正を求める市民、銃暴力阻止連合、コモン・

第Ⅱ部　政治的エンパワーメント論

表 4-1　全国的アドボカシー団体の分布（組織タイプ別）

組織タイプ	数	割合（%）
アジア太平洋系	32	4.5
黒人・アフリカ系	40	5.5
ラティーノ・ヒスパニック系	43	6.3
アメリカ先住民・インディアン系	35	5.3
市民的権利――その他	70	10.1
移民の権利	8	1.1
労　働	175	24.6
経済的公正	153	21.0
公共利益	21	3.0
女性権利・フェミニスト	137	18.6
計	714	100.0

出典：Dara Z. Strolovitch (2007), *Affirmative Advocacy: Race, Class, and Gender in Interest Groups Politics*, Chicago: The University of Chicago Press, p.34.

コーズ、家族リサーチ会議、地球の友、グレイ・パンサー、メキシコ系アメリカ人法的防衛・教育基金、全米中絶・生殖権運動連盟、民族統一会議、全米ゲイ・レスビアン・タスクフォース、全国都市同盟、全国女性政治コーカス、ポイント・オブ・ライト事業団、パブリック・シティズン、レインボー・プッシュ連合、合衆国商業会議所、海外戦争復員兵協会、人口ゼロ成長（2002年に人口コネクションに改称）[11]。

また、表 4-1 は、そのワシントン「動物園」の混み具合の現状を語っている。700余りの団体のうち、「黒人・アフリカ系」が40、「アジア太平洋系」で30以上の組織が「動物園」を飾っている。少数派民族集団としては、「ラティーノ・ヒスパニック系」、「アメリカ先住民・インディアン系」と類別されている。また、「市民的権利――その他」は、公民権、市民的自由、レスビアン・ゲイ・両性愛等（LGBT）、刑事司法、アラブ・ムスリム系、反人種差別、宗教的少数派、多文化主義等を主唱する団体、「経済的公正」は反貧困、福祉の権利、反ホームレス、反飢餓を主唱する団体、「公共利益」は消費者団体、環境保護団体、人種・ジェンダー・経済的公正を主張する「良き政府」グループなどが含まれる。「女性権利・フェミニスト」は黒人女性組織、生殖権主張団体、女性健康

促進団体などを含み、140 ほどの団体がワシントンを舞台にアドボカシー活動を展開していることがわかる。

このように、「アドボカシーの噴出[12]」の時代といわれる現代においては、従来、非政府市民社会アクターとして研究されてきたアドボカシー組織は今や、「アメリカのガバナンスにとって部外者ではなく、全国的な政治的諸制度の1つの重要な構成要素として公的代表とアメリカ民主主義にとって重要な問題を突きつけているのである[13]」。

（2）「動物園」化の要因

では、こうしたアドボカシーの増大をもたらした政治的、社会的な要因としてはどのようなものが考えられようか。ここでは、以下の3点のみを確認しておくにとどめたい。

まず、1点目は、アメリカの多元主義的民主主義観それ自体に求められよう。それは、「アドボカシー・システムは、誰もがそのプロセスに入ることができ、あらゆる見解を公平な公聴に付す、という民主的な期待を前提」としている。たとえそこで、「限られた人数の、しかも選出されたわけでもないリーダーたちが、公共的基底集団のために繰り返し意見を表明することに加担している」としても、彼らに政治過程を満たす重要なスペースを与え、そのことを支えるという感覚が政治文化として共有されているのである[14]。

2点目は、アドボケート対象としての中央政府や司法の役割の拡大である。たとえば、ウォレン・コートの司法積極主義、ジョンソン政権の「偉大な社会」計画、ニクソン政権の環境保護庁、職業安全健康省の創設、カーター時代のエネルギー省、文部省の新設などが、従来地方や州政府の関心事項であった争点を、連邦議会や最高裁、大統領の決定に委ねる場面が増大した点が指摘できよう[15]。

最後に、3点目は、争点が複雑化し、対立的になるにつれ、アドボカシー活動にとって「インサイド・ロビー[16]」や法廷闘争の手法、巧みな広報活動、優れた資金調達力の比重が高まったことが指摘されよう。こうした政治資本は、1970年代、80年代を通じて専門化していくビジネス・業界ロビーに対抗するた

めにも、特に権利・市民アドボカシーにとって必要となった。そうした資源を社会の高学歴化が用意し、「アドボケートへの献身と欲求」[17]をもつ一部の高学歴エリートを引きつけたのである。

3 アドボカシー組織の問題と課題

(1)「胴体のない頭」

「長い1960年代」が生んだ活動家が立ち上げたアドボカシー・グループの多くは、こうして、時とともにエリート専門家化していく。高学歴の相当に特権的な専門家が、市民の多数派の声を迂回して自己組織化し、その専門的知識、外部支援者とのコネ、メディア・リーチ力を戦略的に動員し、著しく寡頭的な「動物園」をワシントン村に築きだす。マット・グロスマンは、こうした現状を次のように皮肉っている。「環境主義やフェミニズムのような幅広の社会運動のために表面上は活動している団体が首都ワシントンのダウンタウンに住み着き、自分たちのことを、さも対抗力を行使しているかのように思っている」[18]と。

元々アドボカシー・グループの多くは、熱心な活動家たちの小さな複合体であり、旧来の会員連合体よりもはるかに柔軟に構造化されており、戸別訪問、DM、メールによる会員募集にも長けていた。しかし、メンバーシップ連合体と比べると地方の支持基盤は薄く、個人会員ゼロのアドボカシー・グループも珍しくない。しかし、この種の「胴体のない頭（bodyless heads）」[19]が発するより多くのヴォイス（声）は、民主的能力の増進とは等価とはいえない。そうしたアドボカシー組織は、大量の仲間・市民をメンバーシップ活動へと動員することもなく、階級の区分線を超えた連帯や友情とナショナルな民主主義に等しく重要な包摂的な市民動員には不熱心なのである。[20]

(2) アドボカシーを機能させる

コロンビア大学を卒業した2年後の1985年初夏、バラク・オバマはニューヨークからシカゴに移り住み、最貧困地区のサウスサイドを中心に草の根の世話役の仕事を始めた。その頃、オバマがコミュニティ・オーガナイザーとして

関わった団体の1つにガマリエル事業団がある。

当時、同事業団のスタッフ顧問のひとりであったロバート・ジョンソンは、専門化、寡頭制化を進めるアドボカシー組織が地元コミュニティをエンパワーする方法を模索していた。①コミュニティ内部からのイニシアティブにつながるアドボカシー、②地元サービス機関がコミュニティを基盤にガバナンスを発揮するためのアドボカシー、③政策と実践を結びつけるアドボカシー、④中産階級色が強い熟議のテーブルに貧困層を巻き込む媒介者的なアドボカシー。以上の4点が、ジョンソンが試行錯誤の実践から生み出した答えである。[21]

オバマ前大統領がシカゴでコミュニティの組織化を始めた1980年代は、都市部におけるブラック・エンパワーメントの拡大期でもあった。[22]黒人ら基底集団の政治的代表を強めることを通じて既存の社会的・経済的構造のあり方に変更を迫り、人々の自尊心、自立心、自己変革、有効感のエンパワーをはかるこの運動は、「専門的プロボノアドボカシー」に批判的なジョンソンの考え方とも共振する。

無力な人々に「代わって、外から (for & outside)」利益をパターナリスティックに代弁 (advocate) するのではなく、彼らの「内から、一緒に (within & with)」問題解決に当たろうとする。若きバラク・オバマの思索と実践を鍛錬したのも、こうした政治的・社会的視座にほかならない。[23]

このように、「専門的プロボノアドボカシー」も、無力な人々に対する偏固ではあるがしばしば捉えがたい偏見を、複数の周辺化された集団を交差するような形で克服する代表形態を求める「アファーマティブ・アドボカシー」原則を身体化するとき、領域的・機能的に周辺化され、既存の政党や圧力団体によっては十分に代表されない人々の「社会的・経済的公正のためのアドボカシー組織」[24]として機能し始めるに違いない。

注
1) 著名な政治学者 V. O. キーは、その古典的著作『政治、政党、圧力団体』(V. O. Key Jr. (1942), *Politics, Parties, and Pressure Groups*, New York: Thomas Y. Crowell) の第2～5章のタイトルを「農本主義」「労働者」「ビジネス」「他の利益集団」としている。
2) Theodore Lowi (1969), *The End of Liberalism: Ideology, Policy, and the Crisis of Public Authority*, New

York: W. W. Norton & Company［村松岐夫監訳『自由主義の終焉――現代政府の問題性』木鐸社、1981年］.
3) E. E. Schattschneider (1960), *The Semisovereign People: A Realist's View of Democracy in America*, New York: Holt, Rinehart and Winston, p. 35［内山秀夫訳『半主権人民』而立書房、1972年、51頁］.
4) Martin Duberman (2002), *Left Out: The Politics of Exclusion/Essay/1964-2002*, Cambridge, MA: South End Press.
5) Thomas Byrne Edsall with Mary D. Edsall (1991), *Chain Reaction: The Impact of Race, Rights, and Taxes on American Politics*, New York: W. W. Norton & Company［飛田茂雄訳『争うアメリカ――人権・権利・税金』みすず書房、1995年］.
6) Theda Skocpol (2003), *Diminished Democracy: From Membership to Management in American Civic Life*, Norman: University of Oklahoma Press［河田潤一訳『失われた民主主義――メンバーシップからマネージメントへ』慶應義塾大学出版会、2007年］.
7) Jesse Russell and Ronald Cohn (2012), *Advocacy Group*, Edinburgh: Lennex Corp, p. 6.
8) Catherine M. Paden (2011), *Civil Rights Advocacy on Behalf of the Poor*, Philadelphia: University of Pennsylvania Press, p. 5.
9) クリントン大統領の1993年健康保険改革に反対するために全米健康保険協会が打った『ハリーとルイーズ』というテレビ広告の成功を契機とする。改革案を潰すのに使った1400万ドルは結果に比べると大したことはなかった。その後、多くの業界団体は公共アドボカシーを重視しだした。バーディット・ルーミスはこうした事情を、「ロビイングという考え方は、暗い廊下やひそひそ話しを連想させる。組織化された利益はますます公共的なアドボカシー方式にシフトしてきている」(Burdett A. Loomis (2003), "Interest Groups," in Robert Singh ed., *Governing America: The Politicsof a Divided Democracy*, Oxford: Oxford University Press, p. 240) と述べている。
10) Matt Grossmann (2012), *The Not-So-Special Interests: Interest Groups, Public Representation, and American Governance*, Stanford, CA: Stanford University Press, p. 77.
11) Tom Waldman (2000), *The Best Guide to American Politics*, Los Angels: Renaissance Books, pp. 55-61.
12) Jeffrey M. Berry (1984), *The Interest Group Society*, Boston: Little, Brown & Company.
13) Grossmann, *op. cit.*, p. 3.
14) Grossmann, *ibid.*, pp. 9-10.
15) John Judis (2000), "The Pressure Elite: Inside the Narrow World of Advocacy Group Politics," December 4, http://prospect.org/article.
16) スティーブン・マグワイアとボニー・レンは、特に1980年代以降対立を深める争点として、中絶、財政赤字、銃規制、医療ケア、薬物濫用、社会保障、防衛費、福祉、エネルギー、動物保護、インフラ整備、エイズ、ホームレス、議員経費・特典、人口増加、地球温暖化、オゾン層破壊、最高裁判決の評価を挙げている (Stephen Maguire and Bonni Wren eds. (1994), *Torn by the Issues: An Unbiased Review of the Watershed Issues in American Life*, Santa Barbara: Fithian Press).

17) Dara Z. Strolovitch (2007), *Affirmative Advocacy: Race, Class, and Gender in Interest Groups Politics*, Chicago: The University of Chicago Press, p. 74.
18) Grossmann, *op.cit.*, p. 3.
19) 市民活動家であり、2008年の大統領選挙でオバマの選挙参謀として活躍したハーバード大学のマーシャル・ガーンツの表現（Skocpol, *op.cit.*, p. 163［前掲訳書、138頁］）。
20) Skocpol, *ibid.*
21) Robert Matthews Johnson (1988), *The First Charity: How Philanthropy Can Contribute to Democracy in America*, Cabin John, MD: Seven Locks Press, pp. 142-146.
22) James Jennings (1992), *The Politics of Black Empowerment: The Transformation of Black Activism in Urban America*, Detroit, MI: Wayne State University Press［河田潤一訳『ブラック・エンパワーメントの政治——アメリカ都市部における黒人行動主義の変容』ミネルヴァ書房、1998年］。
23) 本書第3章の注17を参照。
24) Strolovitch, *op.cit.*, p. 10.

第5章　アメリカにおける草の根民主主義の実践

1 コミュニティ組織化と市民運動組織

　著名なアメリカの言語学者ノーム・チョムスキーは、ある講演会において、「人間関係が疎遠になると、政治的にも孤立していきますよね」という男性の質問に答えて、「ひとつの目標に向かって闘っているうちに、人生の不愉快な面の多くが姿を消し、固い絆が生まれるのです。……〈中略〉……ですからあなたの質問に対する最善の答えは、ほかの答えと変わらないと思います。つまり、安定した市民運動組織を立ち上げ、思いやりと献身と活動とが重んじられる文化を創り出すことです」と述べている。

　アメリカ合衆国は、アレクシス・ド・トクヴィル以来、自発的結社を市民生活の重要な一部とする「結社好きの国(ジョイナー)」とされてきた。しかし、政治学者のシーダ・スコッチポルによれば、アメリカは組織者の国であっても、今や「結社好きの国」からは縁遠くなってしまい、専門家が運営する市民組織のマネージメント手法が際立つようになり、民主主義は「失われた」と診断された。

　1960年代の公民権運動やベトナム反戦運動も70年代には失速し、**第4章**でみたように、「権利や正義」を叫ぶアドボカシー・グループの活動が増大した。スコッチポルにとっては、こうしたグループによる「新しいリベラリズム」は、ロビー活動の影響力という点では大きな力を発揮するものの、一般市民の多数との接点は希薄で、そこに生み落とされる市民社会は相当に特権的で、高度に個人主義的な専門家が管理している、とされる。そのことは草の根保守も同じことで、声高に主唱される「権利や正義」を道徳的に攻撃しはするが、メディア操作に長けた指導者が「管理」していることに変わりはない。

こうした喧噪のなかで、黒人やラティーノらの1960年代型マイノリティ運動や70年代型近隣住区運動の流れを汲むプログレッシブ（進歩的）な草の根グループが増加しているのもまた事実である。

ジョン・ハーバースは、こうした状況を捉えて次のように論じている。「左派系の積極的な行動は、10年ほど前、数百万という市民が伝統的な政治体制に失望したときに始まる市民運動から派生している。彼らは数千人という単位で、近隣あるいは一地方、または州ごとの団体を組織して直接行動を起こし、住宅、税金、保険、環境、燃料費、女性や少数民族の権利などに関して、強大な政府と大企業のもたらす弊害について、法廷闘争を始めた。彼らはいま、労働組合や農民運動団体といった旧タイプのリベラルな勢力とも提携し始め、闘争の幅を広げつつある。さらに重要なのは、おそらく3年前だったら実現不可能だと思われる入念な候補者支援体制をつくり、選挙という政治の舞台に登場してきたことである」[4]。

スコッチポルは、「失われた民主主義」を再生するには、アメリカ民主主義の培養基と考えられてきた「自発的結社の芸術」を革新的な方法で再定位し、力強く再生することが急務であると主張し、ハーバースがいう左派、進歩派の積極的な行動に期待する。そのなかでも、産業地域事業団（Industrial Areas Foundation）の活動とその組織としてのパワーに最大の期待を寄せたのである[5]。

IAF が、草の根民主主義を「幅広い基盤にもとづいた組織化」を通して再活性化すべく、全米的に努力し続けてきた点では特筆すべき存在で、チョムスキーやスコッチポルの期待ばかりではなく、人間関係から疎遠になり、政治的に孤立する多くの普通の市民の期待にも応えうるもの、と考えられる。

2 産業地域事業団の展開

（1）アリンスキーの時代

IAF は、1940年にソール・アリンスキーによってシカゴで創設された。そのいく分アナクロな名称は、CIO（産業別労働組合）の伝統のなか、前年に結成されたバックオブザヤーズ近隣地区会議（Back of the Yards Neighborhood Council,

BYNC) にルーツがある。Industrial Areas Foundation は、産業 (industry) に取り囲まれた地域・近隣住区 (areas) で組織された事業団を意味する。[6]

シカゴ大学で社会学者のロバート・パークに学び、1930年代からシカゴでの労働者や貧民の近隣社会の組織化に取り組んできたアリンスキーは、サウスサイド地区を基盤に、1939年 BYNC を結成した。文字どおり、家畜置場の裏手 (バックオブザヤード) に隣接する工業地区は、作家アプトン・シンクレアがシカゴ家畜市場の調査体験にもとづいて描いた、マックレーカーズ文学の代表作『ジャングル』(*The Jungle*, 1906) の舞台であった。「憎悪の巣窟 (hell hole of hate)」と呼ばれるスラム街の貧困、犯罪、住宅、失業問題への対応と問題解決が BYNC の取り組むべき課題であった。

司祭のバーナード・シェイルや慈善家のマーシャル・フィールドの協力を得て、シカゴ生まれのカリスマ的コミュニティ活動家であるアリンスキーは、食肉加工卸売業者を主とした組織労働者と宗教 (カトリック教会) という2つの基礎的な社会勢力を結合させた。彼らは、シットインやボイコットといった直接抗議行動に訴え、会社側からいくつもの譲歩を引き出した。労働組合、教会、あるいは小規模ビジネスを巻き込んだ底辺からの運動は、貧困層に自尊心、政治的な力能感を与えることに資した。

しかし、活動の恩恵の多くに浴したのは、家畜市場で働く周辺的白人労働者であった。1950年代に激化する白人と黒人の間の人種対立は BYNC にも影を落とし、BYNC は最終的には、「社会変化を生み出すパワー体というよりは人種差別主義者の保守的な近隣住区保護組織に変貌してしまった」[7]。

IAF は、1940年代後半から50年代にかけて、エリー湖畔に立つ鋼鉄産業の中心地ラッカワナをはじめ、モンタナ州南西部の鉱山の町ビュート、マンハッタンのチェルシー地区でオーガナイザーを雇い、彼らの訓練に取り組んだ。さらに、南カリフォルニアにおいては、IAF が資金面、人材面で支援した CSO (コミュニティ・サービス団体) が1947年に結成された。後に、UFW (統一農場労働者組合) の指導者となるセザール・チャベスも、CSO で最初にオーガナイザーとして訓練を受けたひとりであった。[8]

心臓発作で1972年に亡くなる直前、アリンスキーはシカゴにおいて彼にとっ

第 5 章　アメリカにおける草の根民主主義の実践

ての最後のプロジェクトである CAP（市民行動プログラム）の結成に腐心した。CAP は、「対決的な戦略と法廷闘争を通じてシカゴ市の高速道路建設を中止させたり、シカゴを中心にイリノイ州北部に電力を供給しているコモンウェルス・エジソン社に大気汚染の改善策を強制したり、スラム地区の不動産担保融資を拒否する銀行に対抗する法律を制定したりした」[9]。

さて、1940年にシカゴで結成された IAF ではあるが、1960年代には米国北部、東部を中心に活動を広げ、アリンスキーのカリスマ性も手伝って世の耳目を集める存在となっていた。

アリンスキーによれば、社会は対立・紛争そのもので、コミュニティ組織は、そうした認識の上に政治的なパワーを獲得する必要がある。権力者を妥協に追い込む政治的な組織としてコミュニティ組織を位置づけるのである。彼が編み出した IAF の戦術的手法は、IAF を地元社会の利益を守る組織として、分裂的な争点は回避しながら、貧困層が多く住む地域の自立的な闘争的民衆運動体を建設する、ということであった。

当時のシカゴで、「貧困な多くのコミュニティが近づきうる唯一の包摂的な手段は、シカゴのデイリー・マシーンのような地元マシーンの情実政治だけであった」。そうした状況を変革するためにアリンスキーは、カトリック教会や街路クラブ、小規模ビジネスなどの社会的組織からの協力を得つつ、従来の「接近政治とは違ったやり方で、すなわち独立した政治的なパワーを獲得し、行使することによって、人々を政治に結びつけようとしたのである。IAF を通じて貧困層や労働者は、政党マシーンや行政、民間アクターと衝突しながらも、自分たちが支援する近隣住民のための交渉を可能としたのである」[10]。

IAF の戦術は急進的であったとしても、運動はシステム転覆をめざす革命的なものではなかった。地元の教会や労働組合等の社会組織を、そこに住むリーダーが動かす、実践的で、非イデオロギー的な組織であった。しかし、年月が経つにしたがって IAF は、アリンスキーの努力にもかかわらず、その「草の根参加」的性格をしだいに失っていった。BYNC はデイリー・マシーンと協力しすぎたのである。1966年にウッドローン実験学校プロジェクトを組織した IAF 組織であるウッドランド・オーガニゼーション（1960年創設）も地域の経

済開発を重視しすぎ、当初の草の根参加的性格を失ってしまうことになった。

(2) コルテスと西部・南西部ネットワーク

　アリンスキーの死後、リーダーシップを引き継ぎ、IAF の再建に取り組んだのは、アイオワ出身のエドワード・T. チェンバースであった。彼は、1960年代初めのニューヨーク州西部の都市ロチェスターでの IAF の組織化の成功の立役者であり、アリンスキーの影響力のある著作『ラディカルのためのルール』(*Rules for Radicals: A Practical Primer for Realistic Radicals*, New York: Random House, 1971) は、チェンバースのロチェスターでの粘り強い活動経験を大いに参照している。[11]

　チェンバースは、アリンスキーが政治教育や人間的成長を具体的な戦術に十分落とし込んでこなかった、との反省に立ち、従来 IAF が基盤を置いてきた教会、会衆団体のベテラン聖職者にオーガナイザーやリーダーを引き受けるよう依頼し、ユダヤ＝キリスト教的伝統の解放的流れを人間教育に引き寄せようとした。また、公民権運動や UFW などにコミットした経験をもつ人たち、特に女性を対象にオーガナイザーやリーダーとしての訓練を受けさせた。

　チェンバースは、こうして十分な訓練を積んだオーガナイザーやリーダーを通して、地域の教会や学校、あるいは PTA や社交クラブとの関係をいっそう密なものとし、ミドルクラスをも含む多様で複雑な地域社会のニーズや問題に応えようと努力した。アリンスキーが得意とした舌鋒鋭い現状への劇的な批判・攻撃よりは、相互利益にもとづく協力を通じたパワーの増強をめざす組織化の方法を重視し、彼なりにアリンスキーの限界を超えようとした。

　チェンバースの指導が効いたのか、アメリカ北部の都市近隣住区における IAF の活動はより活発なものとなっていった。IAF の活動の範囲は、近隣住区のみならず、大都市圏、州大のレベルに広がっていった。

　その勢いを加速し、アリンスキー発の実践的な草の根民衆組織 IAF が、北部を超えて南西部、西部、あるいは州間を超えての全米的な存在へと蘇らせたのは、テキサス州南部の都市サンアントニオ生まれのエルネスト・コルテスであり、彼が同地に創設した公共サービス推進コミュニティ協会（Communities Organized for Public Service）であった。コルテスの才能をいち早く見抜き、組織

第 5 章　アメリカにおける草の根民主主義の実践

が自由闊達に多くの欠点を自己批判しうる健全な文化へと成長した時期に、彼を IAF に招き入れたのは、もちろんチェンバースであり、二人三脚の活動はその後も続いた。

　コルテスは、地元のセントラル・カトリック・ハイスクールを卒業した後、1959年にテキサス A&M 大学に入学し、英語と経済学を専攻した。19歳で同大学を卒業した後、テキサス大学オースティン校に進学し、大学院で経済学を専攻した。彼は、在学中にメキシコ系アメリカ人による「褐色の民」＝チカーノ運動に関わったり、サンアントニオでの反貧困プログラムに関与したりした。

　メキシコ系住民の政治的エンパワーメントを追求するコルテスは、その後、活動の舞台をサンアントニオ以外にも広げ、テキサス州南東部のボーモントの黒人教会を基盤とした公民権運動を支援したり、リオ・グランデヴァレー統一農場労働者組合（UFW）の組織化に取り組んだりした。特に UFW の活動を通じて知己を得たロサンゼルスの IAF 組織 CSO のオーガナイザーであるギルバート・パディラの存在は、その後のコルテスにとって重要な意味をもった。

　ハウス・ミーティング方式によって CSO をカリフォルニアの移民農業労働者の間に拡大した伝説的な IFA 指導者フレッド・ロス[12]や、1960年代に米国南西部でストライキや特定農産品の不買運動などを通じてメキシコ系農業労働者の権利獲得と待遇改善を指導した先に紹介したセザール・チャベスの組織化方式を学び、リーダーシップのスキルを身につけたのもパディラのお陰であった。

　コルテスは、1971年からの2年間、サンアントニオとシカゴの間を行き来し、サンアントニオの仲間たちとシカゴで開催されていたリーダーシップ訓練のセッションに参加したり、ミルウォーキーやイーストシカゴで IAF の組織活動にも参加している。1974年1月には、サンアントニオでの IAF 組織の会員団体となる可能性があるメソジストや聖公会、長老派、カトリックの聖職者からなる資金支援委員会を設立するために、北部から生まれ故郷のサンアントニオに戻ってきた。

　帰郷後早速コルテスは、1955年から75年まで同市を牛耳ってきたアングロサクソン系政治家や大規模ビジネスがつくる良き統治連盟（Good Government

89

League)に対抗するために、メキシコ系アメリカ人の政治的エンパワー組織の結成に取りかかった。GGL は、長年にわたって経済優先の都市再生プロジェクトを主導し、貧困者のニーズや意見は無視され続けてきた。

コルテスはチェンバース以上に、大企業や専門家が支配してきた既存の現行体制に対抗しうる普通の市民の政治的能力の開発を重視した。その結果誕生したのが、テキサス産業地域事業団（TIAF）の第1号組織である COPS（公共サービス推進コミュニティ協会）であった。COPS の創設大会は、1974年11月24日、ヒスパニック系住民が多いウェストサイド地区のジェファーソン・ハイスクールで行われた。2000人以上の市民、27の教会の代表が参加した。

こうして生まれた COPS は、サンアントニオ市の予算に口を出し、代替予算案を提起した。不買運動などの直接行動によって市や企業に圧力をかけるのも常套手段となった。最初は不快感を露わにした「良き統治連盟」の面々も、COPS の組織的圧力を無視することはできなかった。ウェストサイド地区に対する1億ドルを超える公共投資などはその成果の1つである。

サンアントニオ市の権力中枢に対する決定的打撃は、1977年に訪れた。選挙での人種的不均衡を正すために市会議員選挙を大選挙区制から小選挙区制へと変更する選挙制度改革がアジェンダにのぼり、「良き統治連盟」の白人・エリート層が反対するなか、COPS 票がこのレファレンダムを勝利に導いた。

新しい選挙制度のもとで行われた同年の選挙で、COPS は市議会に5名のメキシコ系アメリカ人、1名の黒人を送り込むことに成功した。「COPS がアリンスキーの非党派的な戦略を維持しつつ、その投票基盤を通じて選挙に影響を及ぼした」最初の瞬間であった。こうして、1955年以降サンアントニオを支配してきた白人・金持ちの GGL は、「1973年に衰退し、75年に瓦解し、1976年には正式に組織として解散したのである」。

その後、COPS は補助金の獲得を重視し、サンアントニオのコミュニティ開発一括補助金プログラムへの参入を通じて影響力を発揮していく。また、COPS の資金源としての市債利用は、COPS が提携団体を設立していくうえでなくてはならない財源となった。さらに、貧しい住民への住宅や保健所などの建設のために資金協力してくれる会衆、財団もみつけることができた。たとえ

ば、1994年には、こうした公共サービスの実現のために、さまざまなところから10億ドルを集めている。

　COPS の1979年の年次大会の統一テーマは、「サンアントニオ COPS 対低賃金労働」であり、会場には6000人以上の会員がつめかけた。1982年には、カトリックやメキシコ系住民の貧しい移入労働者が多い低地リオ・グランデヴァレーに、IAF 組織ヴァレー・インターフェイス（Valley Interfaith）を創設した[16]。下水道の補修と給水システムの建設に１億ドルを獲得した。COPS や VI を通じて何万という人々が、「教会の立場で経済を扱ったワークショップに参加することになった」[17]。

　こうした実績を積み上げることによって、COPS はきわめて重要な草の根民主主義の実験室となっていく。その点で政治的な画期となったのが、1983年の創設10周年記念大会で行ったコルテスの基調演説である。

　コルテスは、１万人を超える聴衆を前に次のように話しかけた。「今日、サンアントニオは、全米で最も開かれた都市の１つとなっています。多元主義、家族そして言論と集会の自由といった価値が１つの具体的な現実となっている場所です。……〈中略〉……あなた方は、民主的な社会の外にいた人々をコミュニティの生活に誘い入れてくれました。そして、あなた方は、そうした人々が人間の尊厳と自尊心を育てる触媒となっているのです」[18]。

　ブルックリンやロサンゼルスから駆けつけた代表たちは、COPS の実効性を再確認し、以前にも増して IAF の役割の重要性に思いを致した。

　IAF の最有力傘下組織となった COPS は、その後も、テキサス州における姉妹組織の設立に奔走した。その結果、テキサス州南東部のヒューストン、北東部のダラス、北部のフォートワース、西部のオースティン、エルパソ、北西部のラボック＝アマリッリ＝ミッドランド、中部のオデッサ、ヒューストン南西のフォートベンド郡、低地リオ・グランデヴァレー、南東部のボーモント＝ポートオーサー＝オレンジ都市圏、南西部のデル・リオ、イーグルパスなど、2000年までに12の地方組織を擁するまでになった。

　TIAF（テキサス産業地域事業団）の発展の要因をデニス・シャーリーによってまとめておくと、次の３点が重要となってこよう[19]。①1970年代、80年代におけ

る旧来の都市レジーム＝政治・経済エリートの密室政治の崩壊、サンアントニオの GGL 的な体制（フォートワースの「Seventh Street Gang」、ヒューストンの「Suite 8F Crowd」など）の崩壊、民族的により多様な政治的指導者の出現（マイノリティの有権者やリーダーとの協調）[20]。②教区ごとの動員。教区の重視は、権力核を含めた他のパワー保持者との協力関係を構築するうえで不可欠な基礎的共同体と認識された。③身近な問題（下水道問題、悪臭問題）への取り組みを優先した点。この種の問題はコミュニティ全体に関わるため、「合意の政治」を不可欠とする。

TIAF は、立ち上げ当初は組織の体系性という点ではお粗末な状態にあった。しかし、上にみたような政治的環境の変化、「合意の政治」[21]戦略によって、米国北部（強い労働組合と労働者階級活動主義の長い伝統をもつ近隣住区が多い）とは違って、宗教組織は強いが組織化された労働が弱い米国西南部で TIAF は成長を遂げ、「進歩的なコミュニティの宗教的関与と都心部における政治的な組織化の努力の結合モデル」[22]となっていったのである。

アリゾナ州のフェニックス、トゥーソン、テンピー、ニューメキシコ州中部のアルバカーキー、ネブラスカ州のオマハ、アイオワ州南部のデモイン、ルイジアナ州のニューオーリンズなどに IAF は広がっていった。この中西部ネットワークの活動を強化するために、IAF は本部を1979年にはニューヨークに置いたが、1996年にシカゴに移していた。こうした経緯をたどって IAF は、2000年には133の団体が加盟し、48の傘下組織を誇るまでになった[23]。2010年現在では、全米21州に 57 の組織を置き、カナダ、イギリスやドイツにも姉妹組織を広げている。

3 産業地域事業団の組織構造と活動

(1) 組織構造

IAF は、国内を半ば自立的な 5 つの地域（東部、南東部、南西部、中西部、西岸部）に分けている。地方の IAF 組織は、全米に約2000ある会員団体からなる。会員団体とは、教会会衆、学校、労働組合、その他の「コミュニティにもとづく

組織」であり、個人は所属団体を通じて活動を行う。

　創設当初の IAF や BYNC がカトリック教会を基盤としていたように、アリンスキー以後の IAF も「信仰にもとづく組織」であることに変わりはない。[24] 会衆団体の比率は地域によって異なるが、TIAF の場合、カトリック、プロテスタント（バプティストが多い）とユダヤ教にほぼ3分されている。

　IAF の主たる財政基盤も会衆団体、教会が払う会費である。年会費は教会によって違うが、500ドルから1万ドル程度である。カトリックの「人間発達キャンペーン」やフォード財団、ロックフェラー財団なども資金提供団体として重要である。[25]

　大半の地方 IAF は、20 から 60 の会員団体を擁する。ちなみに、最大の会員団体を擁するのは、シカゴの IAF 組織である「行動と正義のための統一パワー」であり、その数は 200 にものぼる。

　地方組織と全国 IAF との関係は、単なる連携関係ではなく、全国 IAF 理事会・執行委員会、執行ディレクター、地域ディレクター、地方 IAF のオーガナイザー、コミュニティ・リーダー、個人メンバーにタテ・ヨコに「参加と権威」の契機を組み入れた〈ハイブリッド〉な連邦的代表構造をもつ。

　全国本部は、地方組織との契約にもとづき、トレーニング・サービスを提供したり、専門のオーガナイザーを派遣する。ただし、本部には、オーガナイザーに就くスタッフに対しての指導権はない。また、各地域のスタッフは地域ディレクターが監督する。コルテスも西部・南西部 IAF ネットワークの地域ディレクターである。コミュニティ・リーダーは、IAF の正規スタッフからではなく、団体会員から広く集められ、選ばれた後は、単一の組織において無給で働く。

　オーガナイザーの主な仕事は、会員団体に対してトレーニングやリーダーシップ開発を提供したり、会衆のてこ入れを手伝ったり、あるいはメンバーである聖職者や平信徒のリーダーが決定した問題について政治分析を行ったり、活動戦略を提供することにある。[26]

　TIAF を例にとって具体像を得ておこう。TIAF では、トップ・オーガナイザーと呼ばれる10名が大都市圏（ダラス、ヒューストン、オースティン、エルパソ、

フォートワース、サンアントニオ)、郊外地域(フォートベント郡、ヒューストン南西部)、農村部(リオ・グランデヴァレー)での組織化の全責任を負う。彼らは、20年以上のコミュニティ活動、労働組合運動の組織化の経験を積んだベテランであり、年俸は5、6万ドルである。経験年数が少ない平のオーガナイザーは、主として教育問題や健康問題を扱う。問題が身近な問題であるため、活動対象がヒスパニック・コミュニティの場合であればスペイン語能力、黒人地域の場合には本人が黒人か、それなりの対応能力が望まれる。

　オーガナイザーはコミュニティ・リーダーと協働し、ハウス・ミーティングを開催したり、種々の戦略活動、計画達成評価のリズムをつくっていく。協働作業を通して教区会員や近隣住区のコミュニティ・リーダーが求める部分利益を、「現場の政治」の創発性を駆動することによって全体利益にまとめ上げる努力をする[27]。成果として、1980年代に実施した教育改革や、国境沿いの掘っ立て小屋への給水サービス事業などを得るが、マーク・ウォレンは、成功の社会的基盤として、ヒスパニック系カトリック教区の濃い人間関係や豊かな「社会資本」の存在を指摘している[28]。

　オーガナイザー、コミュニティ・リーダーが各レベルでの責任をもって協働して計画を立案し、行動を起こし、政治家や公職者に政策提言、あるいは説明責任を求めていく。産業地域事業団は、「会衆の連合体」であると同時に「諸組織の組織」なのである[29]。

(2) 活　動

　IAF は、一対一の対面的な対話を重視する。なかには1時間にも及ぶ2者間での時間の共有は、各人の意見に耳を傾けるという行為を通してお互いが描く(あるいは思い込んでいる)公的世界についての意見を交換し合う。アリンスキー時代の IAF がいつも同じ顔の少数の制度的リーダーに依存していたのとは違って、「聴くアート」としての対面集会は、COPS(公共サービス推進コミュニティ協会)以後の刷新された IAF の「関係的組織化(relational organizing)」を底辺から支える基盤となる。

　組織の権威とメンバーの参加を創発的に確保しようとする「関係的組織化」

は、「コミュニティ・リーダーが行動への共通基盤を一緒になって見出し、また より幅広いコミュニティの利益のために活動する能力の開発のために働く[30]」。コルテスは、パワーを一方的（unilateral）なものではなく関係的（relational）なものとして捉える[31]。彼は、人間関係のネットワークに埋め込まれた関係的パワーとしての社会資本を連邦的代表構造型に組織化することこそ、「普通の市民や納税者が、彼らのコミュニティにおいて権力と政治の関係を再編成しうる能力と自信を築き[32]」、そのことを通して民衆の政治的エンパワーメントを促進することができると考えるのである。

多くの運動やコミュニティ組織化は、提起した問題を解決したり、法律を制定したとしても、人々とはいつもどおりパワーレスで孤立したままであることが多い。「良き草の根団体」の代表と IAF をみる向きもあるが、その種の観察は、IAF ネットワークに染みわたる権威構造には無頓着である、とウォレンは批判する[33]。

従来の「良き草の根団体」の弱点を克服するために、組織構造内に命令・権威関係を組み込んだ「関係的なコミュニティの組織化」を通じて、IAF は「政治的パワーの根本的問題に取り組む[34]」。「敵対を交渉に、パワー・ポリティックスを共同体的な政治的言説に、人種的に同質的な宗教団体を多人種的な地元系列組織内に、広い民衆参加を中央の権威に結合する[35]」。

こうして産業地域事業団は、「民主的な生活を再び元気づけ、政治的諸制度を働く人々や彼らのコミュニティのニーズや野心に再結合することに向けて、アメリカの最良の希望の1つを表すものとなる[36]」。一般民衆が、自分たちの住むコミュニティの問題に決定権を取り戻し、地方の権力関係を少しずつ変質させていこうとするのである。

4 「良き草の根団体」を越えて

1980年代、90年代に進行したグローバル経済化は、もともと社会民主主義的発想を苦手とするアメリカ政治に新自由主義あるいはニュー・エコノミー的な政策をとらせ、労働組織の力を殺ぎ、「底辺への競争」を激化させた。

時代は新保守主義的な潮流とも絡み、自己責任論を憚らない貧困化と社会・文化的な両極化を拡大した。そうしたなか、新保守主義のように問題の解決をアメリカの伝統や道徳に訴えるよりも、実際的な問題を幅広い多様な支持基盤を得ながら、その解決をめざしていく、草の根的な市民活動組織も多くみられるようになったことは、すでにみてきたとおりである。

　IAF は、それら多くの脱政治的な「良き草の根団体」とは異なり、十分にコミュニティに根を張って組織され、権威構造を内在化した組織であり、従来、政党が政治システムに対して行ってきた媒介組織の役割を果たす多民族主義的で異宗派間的な全国的ネットワーク組織である。[37] IAF は、伝統的な政治的提携を避け、多様な基礎支持層群を貧しい人々、困窮する労働者、パワーレスな人々の実際的な問題の是正に向けて実践的な努力を払い続けてきた。

　会員、会員団体、地元リーダー、争点キャンペーンの方法についてコミュニティ・リーダーを訓練するオーガナイザー、地域 IAF、全国執行委員会へと多重に組み込まれた権威階梯は、各自が培った活動・経験を縦横につなぎ、それら諸結節点で培われた人間関係を基盤に上位の役員が選出され執行部に結合するのである。

　こうした IAF の連邦的代表構造は、「民主的政治への１つのダイナミックな介入の形態を生み出す参加と権威の結合体である。ネットワークは、時と場所によってどちらかにぶれることもある。しかし、その作用の鍵となる重要な相互学習は、より幅広い参加的組織に十分根付いた権威的リーダーシップから出てくることに強みがある」。そこでは、「階統的構成」自体が問題なのではなく、「権威がより幅広いコミュニティにとって正当で、包摂的で、アカウンタブルであるかどうか」[38] が問題の核心となるのである。

　はじめにの冒頭で書いたようにヒラリー・クリントンは、卒業論文のテーマに政府の貧困対策を選び、シカゴの黒人地区で「住民組織化」という方法で貧困からの脱却と闘っていた IAF の創設者ソール・アリンスキーを取り上げた。[39] アリンスキーの草の根組織を通じた「住民組織化」という方法を高く評価しつつも、彼女は、貧困問題の解決には政府を含む制度の「内側」からの変革が必要であるとアリンスキーの手法を批判し、政治家の道を歩むことになったので

第5章　アメリカにおける草の根民主主義の実践

あった。

　先に紹介したスコッチポルがいうように、今日の市民組織に要請される重要な課題は、民主的なガバナンスと多数の市民の市民的関与の結合を可能とする代表制システムを介して自己統治する草の根結社の間のつながりを強化する方途の発見である。IAF を通じて私たちが学ぶことは、特定の場所やコミュニティを超えた結社・ネットワークの構築、多数の仲間を組織する市民リーダーの育成、連邦的代表構造による意思決定を基盤とした全国に根を張ったパワー体、社会的な力の増強に向けての民主的な包摂的動員の重要性である。[40]

注
1) Peter R. Mitchell and John Schoeffel eds. (2002), *Understanding Power: The Indispensable Chomsky*, New York: The New Press, pp. 213-214 ［田中美佳子訳『現代世界で起こったこと――ノーム・チョムスキーとの対話、1989-1999年』日経BP社、2008年、350-351頁］.
2) Theda Skocpol (2003), *Diminished Democracy: From Membership to Management in American Civic Life*, Norman: University of Oklahoma Press, pp. 271-273 ［河田潤一訳『失われた民主主義――メンバーシップからマネージメントへ』慶應義塾大学出版会、2007年、233-235頁］.
3) ジェフリー・ベリーは、この点を次のように述べている。「保守派の市民団体の組織上の設計に重大な欠点がひとつ存在するとすれば、それは保守派の市民団体のあまりに多くがその団体の創始者の政治行動主義を実行に移すための私的な手段になってしまっている、という点である。……〈中略〉……指導者たちは自分を中心にした組織を確立しているのであって、自分たちの指導的地位に何らかの変化をもたらすほどの継続的な成功を生み出すような、強力な組織体を発展させることまでは求めていないといえよう」(Jeffrey M. Berry (1999), *The New Liberalism: The Rising Power of Citizen Groups*, New York: The Brookings Institute, p. 150 ［松野弘監訳『新しいリベラリズム――台頭する市民活動パワー』ミネルヴァ書房、2009年、252-253頁］).
4) John Herbers (1983), "Grass-Roots Groups Go National," *The New York Times Magazine*, September 4 ［鈴木健次訳「広まる草の根グループの活動」『TRENDS』1984年4月号、39頁］.
5) Skocpol, *Diminished Democracy, op.cit.*, pp. 271-273 ［前掲訳書、233-235頁］.
6) Mark R. Warren (2001), *Dry Bones Rattling: Community Building to Revitalize American Democracy*, Princeton, NJ: Princeton University Press, p. 43.
7) Robert Fisher (1997), *Let the People Decide: Neighborhood Organizing in America*, Updated edition, Boston, MA: Twayne Publishers, p. 62.
8) セザール・チャベスについては、たとえば、村田勝幸『〈アメリカ人〉の境界とラティーノ・エスニシティ――「非合法移民問題」の社会文化史』東京大学出版会、2007年、第5章、第6章を参照。メキシコ系アメリカ人の政治化作用については、Joan W. Moore (1970), *Mexican Americans*, Englewood Cliffs, NJ: Prentice-Hall, Chapter 8 が簡便。メキシコ系

第Ⅱ部　政治的エンパワーメント論

アメリカ人の生活の諸局面を知るには、やや古いが大著 Leo Grebler, Joan W. Moore and Ralph C. Guzman (1970), *The Mexican American People: The Nation's Second Largest Minority*, New York: The Free Press が有益。

9) Herbers, "Grass-Roots Groups Go National," *op.cit.* ［前掲訳論文、41頁］。
10) Warren, *Dry Bones Rattling, op.cit.*, p. 45.
11) ニューヨーク州ロチェスターはイーストマン・コダック社を中心とするカメラフィルム、光学機械の町として知られ、「コダックの町」との異名がある。そのコダック社における人種差別問題に対して、IAF は FIGHT（Freedom, Integration, God, Honor, Today）を結成し、アリンスキーはラッカワナの IAF で活動を始めていたチェンバースを、黒人を組織するオーガナイザーの責任者に任命した。チェンバースは、ニューヨークのハーレムにおける借家人の組織化でアリンスキーが注目していた人物であった。Paul Osterman (2002), *Gathering Power: The Future of Progressive Politics in American,* Boston, MA: Beacon Press, p. 24 を参照。
12) フレッド・ロスが開発したハウス・ミーティング方式は、集まった人々との話をお互いに共有し合い、関係性を形成するために人々を1つのコミュニティにまとめ上げる方法である。
13) 「良き統治連盟」については、Tucker Gibson (1983), "Mayoralty Politics in San Antonio, 1955-79," in David R. Johnson, John A. Booth and Richard J. Harris eds., *The Politics of San Antonio: Community, Progress, and Power,* Lincoln & London: University of Nebraska Press, pp. 114-129 に詳しい。
14) Warren, *Dry Bones Rattling, op.cit.*, p. 54.
15) John A. Booth and David R. Johnson (1983), "Power and Progress in San Antonio Politics, 1836-1970," in Johnson, Booth, and Harris eds., *The Politics of San Antonio, op.cit.*, p. 24. 1981年には、全米主要都市において最初のメキシコ系アメリカ人市長ヘンリー・シスネロスが誕生する。1973年からの約10年間で、サンアントニオの市政はビジネス・エリートが支配する政治マシーンから市民連合システムへと変化したが、その背景には「公民権集団ではなく、毎日の生活水準の具体的な向上に取り組む圧力集団の連合」(John A. Booth, "Political Change in San Antonio, 1970-82: Toward Decay or Democracy?" in Johnson, Booth and Harris eds., *The Poitics of San Antonio, ibid.*, p. 195) としての COPS の存在や少数民族グループが経営する小規模ビジネスを育成するメキシコ系アメリカ人統一会議の存在があった。エイミー・ブリッジズも、同市のヒスパニック社会が COPS によって政治的に組織化されていた点が市政革新の大きな要因であると指摘している。彼女は、これ以外の要因として、①同市の人口比でヒスパニック系住民が多い点、②実業界の一部に「成長」路線の見直し論があり、ヒスパニック世界が改革路線をとる他の団体と提携する追い風となった点を挙げている（Amy Bridges (1997), *Morning Glories: Municipal Reform in the Southwest*, Princeton, NJ: Princeton University Press, pp. 204-205)。
16) ヴァレー・インターフェイスについては、Dennis Shirley (2002), *Valley Interfaith and School Reform: Organizing for Power in South Texas*, Austin, TX: University of Texas Press に詳しい。
17) Harry C. Boyte, Heather Booth and Steve Max (1986), *Citizen Action and the New American Popu-*

lism, Philadelphia: Temple University Press, p. 302 [野村かつ子・水口哲監訳『アメリカン・ポピュリズム』亜紀書房、1993年、308頁].

18) Geoffrey Rips (1983), "New Democratic Models," *Texas Observer*, December 9, p. 11.
19) Dennis Shirley (1997), *Community Organizing for Urban School Reform*, Austin, TX: University of Texas Press, pp. 36-39, 45.
20) 多様性は宗派の点でも同様で、カトリックやメキシコ系住民が多いCOPS、VI やエルパソ異宗教間支援団体、また信仰心が篤い黒人・白人・ヒスパニック系会衆を多く戴くヒューストン、オースティン、フォートワース、ダラス地域。そして、裕福な監督教会、ルター派、ユダヤ会衆が多いフォートベンド郡(ヒューストン南西部)といった具合である。
21) ベンジャミン・マルケスによれば、IAF は、1980年代に組織化の方法を、特定的・階級的・人種的な要求から合意ベースの政治に大きく舵を切った(Benjamin Márquez (2003), *Constructing Idenitities in Mexican-American Political Organizations: Choosing Issues, Taking Sides*, Austin, TX: University of Texas Press, p. 64)。
22) Warren, *Dry Bones Rattling, op.cit.*, pp. 7-8.
23) Stephen Hart (2001), *Cultural Dilemmas of Progressive Politics: Study of Engagement among Grassroots Activist*s, Chicago: The University of Chicago Press, p. 47.
24) マーク・ウォレンにとっては、IAF の「コミュニティにもとづく組織化」は「信仰にもとづく組織化」と同じである(Warren, *Dry Bones Rattling, op.cit.*, pp. 191-210)。この点、スティーブン・ハートは、「幅広い基盤の組織化」という言葉を使っているが、IAF が支援する地元計画はほぼ会衆からなっている。そのため、組織化努力は信仰をベースとする、とハートはいう(Hart, *Cultural Dilemmas of Progressive Politics, ibid.*, p. 255)。また、ポール・オスターマンも IAF モデルの中心的要素は、会衆組織を媒介にした組織化であるといっている(Paul Osterman (2002), *Gathering Power: The Future of Progressive Politics in American*, Boston, MA: Beacon Press, p. 119)。
25) Shirley, *Community Organizing, op.cit.*, p. 48.
26) Michael Gegan, Grant Lindsay and Lucill Clark (no date), "East Brooklyn Congregations," Unpublished leaflet.
27) アリンスキーは、相当な数にのぼる部分的リーダーがコミュニティに存在していて、彼らがコミュニティの資源を動員し、地域の学校や近隣住区を発展させることが重要だとし、そうしたすべての人々の間に「自然に存在する集団において自然に生まれた無名のリーダー(the small natural leaders of the natural groups)」を「いとしのジョー(Little Joes)」と呼んでいる(Saul D. Alinsky ([1946] 1969), *Reveille for Radicals*, New York: Random House, p. 74 [長沼秀世訳『市民運動の組織論』未來社、1972年、144頁])。
28) Warren, *Dry Bones Rattling, op.cit.*, p. 7.
29) Shirley, *Community Organizing, op.cit.*, p. 49. いちいち書名、論文名は挙げないが、こうした表現は多くの文献にみられる。
30) Warren, *Dry Bones Rattling, op.cit.*, p. 51.
31) Ernesto Cortes Jr. (1993), "Reweaving the Fabric: The Iron Rule and the IAF Strategy for

第Ⅱ部　政治的エンパワーメント論

Power and Politics," in Henry G. Cisneros ed., *Interwoven Destinies: Cities and the Nation*, New York: W. W. Norton, p. 299.
32) *Ibid.*, p. 295, pp. 305-307.
33) たとえば、ハリー・ボイトは、IAF について次のように述べている。「会合につぐ会合、何時間も何時間も話してはまた耳を傾ける──政治的関係をくみ上げる過程は、個人的関係を生み出すのとほとんど同じほどに精力を使う。……〈中略〉……コルテスが中心的な教師役を果たしたが、また本質的にリーダーでもあった。きわめて活動的な市民からなる聴衆は強い意見と活動計画で溢れていて、耐えきれず反乱を起こすのではないかと思っても不思議ではない」(Boyte, Booth and Max, *Citizen Action, op.cit.*, p. 300〔前掲訳書、307頁〕)。ボイトの *The Backyard Revolution: Understanding the New Citizen Movement*, Philadelphia: Temple University Press (1980)、*Community Is Possible: Repairing America's Roots*, New York: Harper & Row (1984)、*Commonwealth: A Return to Citizen Politics*, New York: The Free Press (1989) も参照。マーク・ウォレンは、ボイトが IAF を支持する点は評価しつつも、彼らリベラルな市民運動系研究者や活動家が、IAF を「良き市民」が公共目的のために協働し合う「良き草の根団体」とみることの限界を指摘する。IAF がもつ〈参加と権威〉を多層的に構造化した、いわば〈腹筋〉的ネットワークによって、「きわめて活動的な市民からなる聴衆」＝民衆が「耐えきれず反乱」を起こすと見紛うほどにきわめて活発に草の根民主主義を実践するのである。ボイトらにはみえないこうした構造こそが、ウォレンが IAF を扱った自著に、「*Dry Bones Rattling*」というタイトルをつけた意図である（ウォレンとのインタビュー［2010年10月4日、於・ハーバード大学ウォレン研究室］によって、この点は確認済み）。
34) Mary Beth Rogers (1990), *Cold Anger: A Story of Faith and Power Politics*, Denton, TX: University of North Texas Press, p. 96.
35) Warren, *Dry Bones Rattling, op.cit.*, p. 36. IAF が、政治、ビジネス、教育、コミュニティ・リーダーと相互的な公共的説明責任という幅広い文脈で何度も繰り返す交渉や提携、COPS が制度化した公職者の「アカウンタビリティ・セッション」「アカウンタビリティの夕べ」(Carmen Sirianni and Lewis Friedland (2001), *Civic Innovation in American: Community Empowerment, Public Policy, and the Movement for Civic Renewal*, Berkeley, CA: University of California Press, pp. 50-51) は、この作業において重要と思われる。
36) Warren, *Dry Bones Rattling, ibid.*, p. 9.
37) Warren, *ibid.*, p. 28.
38) *Ibid.*, p. 35. 筆者とのインタビューでも、この点をコルテスが最も強調していることが確認された（2012年3月25日、於・The Inn at Harvard (Cambridge, MA)、当時コルテスは、IAF の西部・南西部ネットワークの共同議長兼事務局長)。
39) Hillary D. Rodham (1969), *"THERE IS ONLY THE FIGHT...": An Analysis of the Alinsky Model*, Wellesley, MA; Wellesley College.
40) 河田潤一「訳者あとがき」［前掲訳書『失われた民主主義』、259頁］。Jane R. Eisner (1998), "No Paintbrushes, No Paint," in E. J. Dionne Jr. ed., *Community Works: The Rvival of Civil Society in American*, Washington, DC: The Brookings Institution, Chapter 11 も参照されたい。

第Ⅲ部

市民社会論

第6章　社会資本と信頼の比較政治学

　どうしてデモクラシー国家がこんなにも突如として、効率的な戦時経済に転換することができたのだろうか。答えは、自由な社会の根幹にかかわるものの中にあるのかも知れない。アリストテレスは逆の方向からこの問題の答えに気づいていた。彼は、どうすれば僭主はその権力を永続させることを望めるだろうか、と問うたのである。そして、非常に奇妙に聞こえる答えを出した。それは、僭主はすべての力量ある人間を「宮殿の入り口に控え」させておかなければならず、またすべての饗宴を禁止しなければならない、というものだった。飲酒と社交の集いであり、立場をこえて男たちが一堂に会し、長い昼寝をはさんで語り合ったり軽い食事をしたりする饗宴を、である。なぜか。そう、力量ある人間を宮殿の入り口に控えさせておくのは、彼ら——目をつけた男たち——を監視し、彼らが陰謀をめぐらさないようにするためである。しかし、なぜ無害な饗宴までも禁止するのだろうか。それは、まさしくそのような非政治的制度の中でこそ、男たちは最初に相互信頼を学ぶからである。そして相互信頼がなければ、僭主の打倒などできはしない。思うに、イギリスの戦時経済における動員がドイツなどの国々のそれよりも優れていたのは、人びとが相互に信頼して決定権限を委任することができたからであり、また、そうした信頼を基礎として中央政府が立てた計画を実現しようと人びとが一丸となって働いたからであって、中央政府による絶え間ない監視の下で働いたのではないからである。これは、緊急時を別にすれば、私たちがつねに維持しているとはいえない生活術である——今日では、多大な時間をかけて公務員の実施責任を問うための手のこんだ仕組みを作り上げ、また公務員たちがきちんと仕事をしているかどうかを確かめるために監視している。こうしたことは、実際には、公務員が仕事を行うのをじゃましている。というのも、公務員たる者はみずからの職業的義務感から率先して自分の仕事をすることができるものだという信頼を低下させてしまうからである。……〈中略〉……デモクラシーの国家では全知全能であることは期待されないがゆえに、信頼がより大きなものとなる。それだけではない。失敗の報いがそれほど厳しいものでないがゆえに、信頼もより大きなものになりうるのだ。こうして人びとは自分の手腕を、自分の判断を信頼し、主導権を発揮することになるだろう。……〈中略〉……復讐を強く望むあまり必要とされる政治的

妥協がなされないことがあるという事例が示すように、相互信頼は政治的行為の基本的条件である。そして、どうしたわけか相互信頼は、専政をしく国々よりもデモクラシーの国家のほうにより多く見られるのである。(バーナード・クリック『デモクラシー』)[1]

1 民主化と市民社会の変質

　中国は、1978年の改革開放決定後の市場経済化への移行期を経て、1992年には「社会主義市場経済」政策による再度の改革開放をテコにさらなる経済成長を達成した。改革開放決定後、低迷する国有企業に代わり、私営経済が台頭し、党(国家)を支える存在へと成長していった。一党政治体制と市場経済化の接合の諸矛盾は、結果として市場に依拠する市民社会を芽生えさせた。

　人民公社が廃止され「郷(鎮)政府が復活すると、人民代表の直接制度も設けられ、1980年代末には、農村幹部の腐敗を防止し農民の不満を緩和するため、農村の自治組織である村民委員会メンバーを村民自身が選ぶ選挙が始まった」[2]。1989年4月には、北京で学生を中心とした大規模な民主化要求の街頭デモ、天安門事件が起こり、知識人の一部や都市民衆も支持した。

　中国の碩学、汪暉は、その天安門事件以降の中国の変化を次のように述べている。「1989年の社会運動は大衆参加という形式によって社会-国家間の有機的な相互作用を促そうとした。しかし1989年以後に、社会-国家の相互作用モデルにとって代わったのは、市場-国家の相互作用メカニズムだった。『新自由主義』の議論のなかで、社会という概念はしだいに市場という概念にとって代わられた。国家メカニズムの変革と法律体系の転換を促す基本的な原動力はもはや『社会』あるいは『大衆』ではなく、国内市場と国際市場であり、したがって『政治』自体の含意が重大な変化を起こした。国家は市場メカニズムを維持し、WTOのルールにしたがって法律体系を再構築する主要な執行者となった」[3]。

　自己否定する社会主義のなかで出現した、外資が集中する中国沿岸部とそこへ安い労働者や原料を供給する内陸部の対立を、アメリカの急進的社会学者

ジェームズ・ペトラスは「2つの中国」と呼ぶ。WTO 加盟後の中国では、資本の蓄積・利殖・分配のプロセス全体が、外国人資本家や国内資本家、中国の国家指導者やその一族といったきわめて限られた階級に偏り、「権力、富、所有権、国の信用貸付、契約、許可、奨励金、土地の利権などにおける極端な階級格差は、『中国』の投資や成長といった話題によって掻き消されている」[4]と現状に手厳しい。

　社会の存在様式は、合理化（官僚主義的側面）、代表と参加（民主主義的側面）、蓄積（資本主義的側面）といった諸機能の結合が独自な形を与える国家機構・政治社会・市民社会・企業経済の相互規制の構造によって規定される。

　中国をはじめとするアジア諸国、あるいは他の発展途上にある国々における民主化努力は、国家機構の排他性に対抗する社会運動、学生、野党、NGO、NPO などの市民社会組織、非営利団体などを中心とした包括的な〈代表と参加〉ルートのこじ開けであり、政治社会の多元化をめざすものである。「合理化」と「蓄積」を優先してきた専制的な開発型権威主義体制の民主化への移行は、〈代表と参加〉の契機が埋め込まれた市民社会の質と力量を試すことになる。[5]

　「伝来的社会がしっかりとした新しい社会‐経済的な集団形成へ発展的に分化していく過程が先行している」[6]とされるアジア諸国は、いま急速な経済のグローバル化がもたらした不均衡な社会・経済発展（台頭する都市中間層と都市周縁・農村の貧困の並存、「2つの中国」現象への不満や、アンソニー・ギデンズ、ウルリッヒ・ベックらが注視する再帰的近代化が生み出す「脱包埋（disembeddedness）」による「非‐場所（non-place）」の心理＝社会様式）をも増幅させている。[7]

　本章は、国家機構・政治社会・企業経済と相互浸透し合う市民社会に「社会資本」「信頼」概念を照射し、併せて民主主義の諸属性（代表性、正当性、応答性）間の〈結びの型〉の理解に意を用いつつ、アジア諸国を含めて広く民主化、民主主義を考えるうえで有益と考える比較政治学的分析フレームを提示しようとするものである。

　主に社会学者（ジェームズ・コールマン、ピエール・ブルデューら）が使用してきた「社会資本」概念は、アメリカの政治学者ロバート・パットナムの2つの

著作、『哲学する民主主義[8]』(1993年) と『孤独なボウリング[9]』(2000年) によって多くの学問領域で頻用されるようになったことは周知のとおりである。前者は、中国でもすでに、海外の最新の人文・社会科学の紹介を通じて国が抱える諸問題を考察する視野の拡大と世界との対話の促進を期する「当代西方主流学名著[10]」に収められている。

　「信頼」は「社会資本」の一属性と考えられ、世論調査が計測する「信頼／不信」よりも歴史的・関係的次元を多く含む。本章は、そうした次元を今一度確認するためにも、パットナム、特に『哲学する民主主義』以前・以後の「社会資本」「信頼」をめぐる主要な議論を整理し、そうした作業を通じて「social」次元を「political」次元（政治信頼、民主主義の様態）に接合する論理と構造を、アジア（諸国）をも念頭に入れつつ比較政治学的に探りたい。

2　社会的交換と社会＝政治関係

(1) 社会的交換とクライエンテリズム

　ポリアーキー体制下では、選挙主義が与党・野党の政権をめぐる競争として制度化されている。これに対して民主化途上の国々では、選挙が形式的・儀式的となりやすく、選挙制度を含めた憲法構造自体が国家と社会に厳しい緊張を生み出すことも多い。また、たとえば韓国では、強い地域主義が選挙を通して政府人事まで左右することはよく知られている。さらに、東南アジア諸国では、かつてより恩顧＝庇護主義（クライエンテリズム）が、政党や政府の政策を情実化するのに手を貸してきたことが指摘されてきた[11]。また、貧困大衆層が統合的リーダーに動員される人格政治も繰り返し目撃されてきた。疎外的不信を募らせる反体制的な宗教的・民族主義運動、小政党が周辺部に蝟集している国も少なくない。

　伝統・近代・後期近代が矛盾的に混淆したアジア諸国、民主化途上にある国々における〈代表と参加〉過程、市民社会と政治社会の接合様式を考察する手がかりを、本節ではイタリアの政治学者ルイジ・グラツィアーノの社会的交換論にもとづくクライエンテリズム論を引照しつつ考えたい。

図6-1 社会的交換とクライエンテリズム

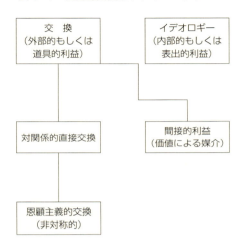

出典：Luigi Graziano (1975), *A Conceptual Framework for the Study of Clientelism*, Cornell University Western Societies Program Occasional Paper, No.2, Ithaca, NY: Center for International Studies, Cornell University, p.19 [河田潤一訳「恩顧主義 (Clientelism) 研究の概念枠組」『甲南法学』第18巻3・4合併号、1978年、244頁].

　グラツィアーノは、ピーター・ブラウの『交換と権力』(1964年) が提示する交換理論に依拠してクライエンテリズムを対関係的直接的交換の一種として、図6-1を得る。

　ブラウは、結合への参加者によってそれ自体が目的とみなされる結合と、もっと先にある目的のための手段とみなされる結合とは基本的に異なる、との認識を示す。グラツィアーノは、ブラウのいう前者、すなわち原理上その利益を獲得する結合と切り離せない関係にある利益 (＝内部的 (intrinsic) 利益) にもとづく「イデオロギー」と、後者、すなわち結合自体から切り離しうる利益 (＝外部的 (extrinsic) 利益) にもとづく「交換」を社会的交換として対置する。

　さらにグラツィアーノは、社会的交換の概念から「表出的友誼関係」と「価値合理的行為」を排除し、そのうえで社会的交換を直接的交換と間接的交換に区別する。前者は、彼によれば「即時的、個別的、優れて物質的な報酬の交換を碇泊点とし」、従属者は「優位者の命令に従い、活動家は彼らの権威当局もしくはリーダーから直接受け取るサービスと引き換えにそのリーダーの指示に

従う」。これに対して、間接的交換は「水平的制御にもとづき、この制御は、従属者（もしくは集団の諸成員）自体が支配する。従属者は、集合の福祉への貢献と引き換えに、優位者の命令に集合的な服従を提供するのである」。[13]

（２）「道徳以前の家族主義」

アメリカの政治学者エドワード・バンフィールドの古典的著作 *The Moral Basis of a Backward Society*（1958）は、南部イタリアのルカニア県（バシリカータ州）に位置する人口約3400の小村モンテグラーノでの9か月（1954-55年）に及ぶ参与観察にもとづいた南部イタリアの民俗誌的研究である。

面接調査、課題統覚検査を通してバンフィールドは、この地域を「道徳以前の家族主義（amoral familism）」によって自縛された自発的結社を知らない社会である、と観察した。彼は、「道徳以前の家族主義」の特徴として以下の17点を挙げている。[14]

① 道徳以前の家族主義者の社会では、私的な利益とならない限り、集団や共同体の利益を促進しようと望む者など誰もいない。
② 道徳以前の家族主義者の社会では、役人しか公的な事柄に関心をもたない。というのも、そうすることで収入を得ているのが彼らだけだからだ。民間人にとって、公的な問題にまじめな関心をもつことは、常軌を逸した、不適切でさえあるとみなされるであろう。
③ 道徳以前の家族主義の社会では、役人に対する監視はほとんどみられない。というのは、役人に対する監視は、他の役人の仕事だからである。
④ 組織（たとえば、意図的に一致団結した活動）を結成し維持するのはきわめて難しい。
⑤ 役人は、組織の目標に一体感を有していないので、自分の身分を守るため、あるいは（可能な範囲で）昇進を実現するのに必要である以上は働かない。
⑥ 法律は、なにも処罰を恐れることがなければ、無視されよう。
⑦ 役人は、軽い罰で済みそうなときには賄賂を受け取る。しかし、賄賂を受け取ろうが受け取るまいが、彼は受け取ると思われている。
⑧ 弱者は、力ずくで秩序を維持する体制を好む。
⑨ 私的利益よりも公的利益に対する熱意に導かれているという主張は、それが人であれ制度であれ、一切がぺてん師だとみなされる。
⑩ 日常生活における普段の関係では、抽象的な政治原理（たとえば、イデオロギー）

と具体的な行動との関係はない。
⑪　リーダーもいなければ、フォロアーもいない。
⑫　道徳以前の家族主義者は、短期的な最大の物質的利得を手に入れるために投票を利用する。
⑬　道徳以前の家族主義者は、彼や彼の共同体が利得を共有しそうな限り、共同体に集まる利得を評価する。
⑭　投票者は、政党の約束にはほとんど信頼を置かない。
⑮　どの集団が政権を担っていようとも、政権にある集団は、身勝手で腐敗していると思われている。
⑯　投票者が票を売るのをいとわないにもかかわらず、強いあるいは安定した政治マシーンは存在しない。
⑰　政党運動員は、彼らのサービスを最も高い値をつける人に売る。

　村民は、貧困ゆえに自分の家族の物質的、目先的利益を最大化しようとし、他人も同様なことを行っているとの確信によって自己の行動原理を正当化する。そして、こうした「核家族の物質的な目先の利益を最大にせよ。他の誰もが同じように行動すると考えよ」との信念が、共同体意識、市民文化の形成を容易ならざるものとする、というのである。

　村民にとっての政治的認知と関与が核家族の範囲を出ることはない。彼らは、公共問題に関心をもたず、公官吏に対する監視は住民ではなく他の役人の仕事と考える。「政治」は彼らにとっては、本質的に腐敗したビジネスであり、公的諸問題を民主的・集合的に解決する力も刺激ももつことはない。

　このような「比較的救いがたい政治的疎外、社会的孤立、不信」をイタリア（特に南部）の政治文化に特徴的であるとする研究は、たとえば、イギリス・アメリカ・イタリア・西ドイツ・メキシコの政治文化の比較研究であるガブリエル・アーモンドとシドニー・ヴァーバの『現代市民の政治文化』(1963年) でも示されている。イタリア人の市民的有力感、市民的協同能力は低い、というわけである。[15]

(3) 市民共同体

　イタリアと対比的に、『現代市民の政治文化』は、イギリスとアメリカの政治文化を市民文化である、という。同様の診断は、バンフィールドがモンテグ

ラーノ調査とほぼ同時期の米国ユタ州セント・ジョージのレビューで得たものであった。セント・ジョージに代表されるアメリカ社会は、交際のネットワークが網の目のように張り巡らされた、「開明的な利己心」を埋め込んだ市民共同体である、との診断であった。

その市民共同体を北中部イタリアに見出したのが、パットナムの『哲学する民主主義』である。そして、アーモンドとヴァーバ、バンフィールドに類するような非市民文化をイタリア南部に見出したのである。

パットナムによると、イタリア北中部は、野蛮状態から水平的な協力に活路を見出し、自発的な契約観念や相互信頼によって協同や市民的連帯を可能とする社会資本を形成・蓄積してきた。長い歴史をかけて作り上げられた勁い市民的ネットワークが人々の間に互酬性の規範、相互信頼を生み、彼らの間の自発的協力を促進し、社会の、ひいては経済的な効率も上がる。自発的な組織が地域に根を張り、市民がさまざまな分野で活発に活動する、グラツィアーノがいう「間接的交換」を軸に社会関係が展開してきた結果だといえよう。

これに対して南部は、搾取と隷属の支配するなか、家族と力のみに依存する垂直的＝私的従属関係を発達させ、中世以来長きにわたって第三者執行による秩序維持を甘受してきた。同地域においては、社会的・文化的な結社への参加は消極的となり、恩顧＝庇護主義的な社会的交換が支配的となる。[16]住民にとって政治は、地元の名士やボス、政治家の手合いが勝手にやればいい話で、自分たちの仕事とは考えず、地域政府の制度パフォーマンスも低くなる。

パットナムによれば、こうした南北格差は、州政府の支配政党の色や行政職員の安定度、地域の都市化・教育レベル、工業化や公衆衛生の普及度といった経済的近代化水準ではなく、社会資本の蓄積の度合いに関係する、と結論づけられた。[17]

（4）有徳なクライエンテリズム

イタリアの政治学者シモーナ・ピアットーニの著作『恩顧＝庇護主義』(*Il Clientelismo: L'Italia in prospettiva comparata*, Roma: Carocci editore, 2005）は、パトロン（P）とクライエント（C）の戦略的意図の相互作用としての「政治」を重視し、バン

第6章 社会資本と信頼の比較政治学

フィールド、アーモンドとヴァーバ、パットナムら構造・文化重視派が一括した南部イタリアの政治社会の変差を明らかにしようとした。

ピアットーニは、1970年代に所得・工業化水準でほぼ同程度の発展レベルであった2つの州、アブルッツォとプーリアを比較し、アブルッツォが1980年代にはより優位に立つに至った理由を知ろうとした。

調査の結果ピアットーニは、その理由が地方政治（家）の恩顧＝庇護政治戦略の違いにあることを突き止めた。アブルッツォにおいては、政治家（P）が凝集的、競争的で選挙民（C）も強く、「道徳以前の家族主義」が足を引っ張る、地元志向の非分割的ポークバレル型便益を資源とした社会契約的交換が可能となり、それなりに「有徳なクライエンテリズム（clientelismo virtuoso）」が機能した。アブルッツォでは、競争的な政治環境下で「凝集的なPは、その地位を保持するために」中央から資源を引き出し、それらを効果的に地元に分配できたのである。

一方プーリアでは、凝集性が低いPのバラバラな存在と弱いCの組み合わせによって、Pは公共財的な資源を中央から引き出すことができず、したがって地元に適当な財・サービスの分配を行うことができなかったのである（「無能なクライエンテリズム（clientelismo inefficace）」）。[18]

ピアットーニは、「公的領域では、私的領域では普通の対構造以外に、行動をその都度その都度の即時的な報酬ではなく、その先にある報酬と一般的原則にもとづかせる集合的行為の構造」を生み出す条件を「政治」作用に求め、「政治」が可能とする経済発展が地元の共同体意識を高め、「より『市民的』な政治が、恩顧＝庇護主義政治に取って代わる」経路を明らかにしたのである。

ピアットーニは、イタリアの南・南比較を通して「政治」作用に、「道徳以前のクライエンテリズム」が間接的交換を主軸とした「市民共同体」へと変化する動力を見出した。そのピアットーニが「政治」の軽視という点で、バンフィールド、アーモンドとヴァーバと同系とみたロバート・パットナムは、ゲーム理論をイタリア史に適用することで、北中部イタリアの「市民的」な社会への、そして南部の「非市民的」社会への分岐を「経路依存」的に分析しようとした。パットナムの「社会資本」概念は、こうした作業から生まれた。

3 社会資本

(1) パットナムの「社会資本」

『哲学する民主主義』の著者パットナムは、最初期の論文「政治態度と地方コミュニティ」(Political Attitudes and the Local Community, 1966) 以降、主として民主主義論、政治エリート論、比較政治社会学に取り組んできた。1987年米国政治学会シカゴ大会における「イタリアにおける制度パフォーマンスと政治文化」(Institutional Performance and Political Culture in Italy: Some Puzzles about the Power of the Past) という報告は、従来の政治文化論の閉路である「文化」対「構造」という対立2項を媒介するトクヴィル的要素=結社に注目した社会資本の試論といえるものであった。

パットナムにとって、「高いパフォーマンスを誇る民主主義的諸制度は、応答的かつ実効を伴うものでなければならない[19]」。そうした代議制度を創出する条件、すなわち民主主義を機能させる (Making Democracy Work) には、権力・エリートの民主的統制、権力の分権化以外に、積極的な市民参加、市民的義務の覚醒を下支えする社会資本 (tradizione civica) が最も必要な要素と考えられたのである[20]。

パットナムは『哲学する民主主義』において、社会資本を「調整された諸活動を活発にすることによって社会の効率性を改善できる、信頼、規範、ネットワークといった社会組織の特徴[21]」と定義している。社会資本の蓄積量と質が「集合行為のジレンマ」の解決様式を決め、社会運営の効率性を左右する、という認識である。

『哲学する民主主義』の後、パットナムは、アメリカ人の間の社会との関わりの低下、社交の現象、連帯意識の希薄化を膨大な資料をもとに明らかにした『孤独なボウリング』(2000年) を著した。アメリカ社会の病理の剔抉と明快な診断・処方箋の模索は、社会資本を、内集団に強い忠誠を求める「架橋 (bridging)」型と「結束 (bonding)」型とに対比させることとなった。

「架橋」型社会資本は、外部の潜在的な資産 (政治的支持や仕事) へのアクセス機会を広げ、外の多様な人々との関わりによってより大きなコミュニティに

おける義務と責任の感覚を生み出すが、結束型は非社交的(アンソーシャル)なものとして、その規範性や内向性に疑念が向けられた。パットナムはそれを、排他的アイデンティティと同質的集団を強化する単一的な内部志向型のネットワークである、と説明している。

これに対して「結束」型社会資本は、階級あるいは、宗教、民族など原基的な（primordial）排他性をベースとした「道徳以前の階級主義者（amoral classist）」、「道徳以前のコミュナリスト（amoral communalist）」として外集団への嫌悪を生み出し、経済学者がいう「負の外部性」をより広いコミュニティに押し広げ、架橋型社会資本のストックを食い尽くす恐れが懸念された。

パットナムの社会資本論は、トクヴィルの「自発的結社の科学」や、アーモンドとヴァーバの「市民的協同（civic cooperation）」概念に影響を受け、「市民的徳」（公的問題への積極的関与）、平等者による互酬性の規範、相互信頼、相互協力にもとづく自治と友愛を取り込んだ規範的な「市民文化」論ともなっている。

（2）パットナム周辺──コールマンとブルデュー

リチャード・カーピアーノによれば、フランスの社会学者ピエール・ブルデューの「社会資本」は、信頼や互酬性の規範といった概念よりもさらに踏み込んで、「人々が活動するために利用する、より実体のある、そしてネットワークにもとづく資源を指し、その恩恵は個人やその家族に生じ、パットナムのようにフリーライダーも含めた地域全体に広がるものとは考えない」[22]と論じている。

こうした視点は、アメリカの社会学者ジェームズ・コールマンにも共有されている。コールマン、ブルデューともに、学校・学力格差の要因を探る研究から「社会資本」概念を導出した点も似ている。

(1) コールマンの「社会資本」　ジェームズ・コールマンは、3次にわたる連邦政府の大規模な調査を通じて、戦後アメリカの初等・中等教育の補償教育、人種統合教育に多大な影響を与えた。

コールマン（ジョンズ・ホプキンス大学、1973年にシカゴ大学に移籍）らが公民権

法402条にもとづいて行った連邦政府の調査レポート、通称「コールマン第1報告書」(James S. Coleman and Others, *Equality of Educational Opportunities*, Washington DC: U. S. Government Printing Office, 1966)は、教育の機会均等に関する大規模な社会調査(4000校、64.5万人の生徒を対象)の報告書であり、人々の関心を避けるために1966年7月の独立記念日の休みの週末に発表された、といわれている。

同報告書は、生徒間の学業成績を規定する要因として、通学する学校の物的資源(「クラスの規模」「生徒1人当たりの支出額」「教師と生徒の比率」「教師の賃金」等)やカリキュラム内容よりも生徒の家庭や友人といった家族的背景が決定因であることを指摘した。また同報告書は、公立学校が教育の機会均等をもたらすのには効果的ではない、と主張しつつも、生徒集団の特性、特に学級の白人生徒比率といった学校現場での要因が、黒人の学業成績に強く関連していると指摘する。[23]

前者の認識は、初等・中等教育の補償教育の促進に資し、また後者の議論、すなわち黒人生徒の学業成績の向上は、白人生徒が半数を占める学校への黒人の通学によって解決されうるという人種統合教育の提案に結びついた。ただ、前者の認識に対しては、学校が果たす固有の役割の過少評価であるとの批判が左派革新派から投げ掛けられ、また後者の人種統合政策の効果は期待されたほど早く現れる性格のものではなかった。

コールマンはその後、統合教育(特に、裁判所が命じる強制バス通学)が、むしろ白人の郊外への脱出、都市部の学区のさらなる人種的別学をもたらし、教育資源の平等化が不平等や貧困の是正の効果をもたない、と結論づけた[24](「第2報告書」1975年)。

コールマンは、人種統合教育の主張を覆したと非難されたこの「第2報告書」後の1981年に、公立・私立高校を対象にやはり大規模な調査(1000校、6万人の生徒を対象)を実施した。その結果をまとめた「コールマン第3報告書」(James S. Coleman, *Longitudinal Data Analysis*, New York: Basic Books, 1981)と、それに続く James S. Coleman, Thomas Hoffer and Sally Kilgore, *High School Achievement: Public, Catholic, and Private Schools Compared* (New York: Basic Books, 1982)において、公立と私立の学力差は、カリキュラム内容や体系的に整備されていないカリキュラム(unstruc-

第6章　社会資本と信頼の比較政治学

tured curriculum)、「読み書き算盤」派が重視する文化的教養度のせいではなく、両タイプの学校に蓄積され、生徒が活用する社会資本の違いにある、と論じた。

コールマンらによれば、宗教系私立学校では、同じ宗教組織成員を交差する多重的関係にもとづいた世代間閉鎖性ができあがっており、それが後押しをする学校・教職員・保護者の関与によって生み出される信頼と互酬性の規範が紡ぎ出す関係性のネットワークを生徒が利用することで学習量が増え、良好な学業成績を生み出す、というのである。

一方、地域社会との接点が最も少ないのは「独立系の私立学校である。というのは、その生徒全体は単に生徒の集合にすぎず、保護者同士に何ら接触がないからである。これらの保護者の多くにとって私立学校を選択するのは個人主義的な理由からであり、保護者がどんなに多くの人的資源を使って子どもを支援したとしても、子どもを社会関係資本の欠乏した学校に送ってしまっていることには違いはないのである」[25]と手厳しい。

コールマンは「社会資本」を、「行為者が自己の利益を達成するために利用することができる社会構造の資源としての価値」であるという。そうした価値を「社会システムにおいて任意の時点で引き出すことができる未決済の入金伝票の数は個々の行為者によって異なる」。

その「未決済の義務の程度」は、コールマンによれば、「義務が報われるような信頼性の一般的水準に加え、人々が援助に対して実際にもつニーズの違い、他の援助の源泉（政府の福祉サービス）の存在、（他者からの援助の必要を減らす）裕福さの程度、社会的ネットワークの閉鎖の度合い、援助を与えたり求めたりする傾向の文化的差異、社会的な接触による広報支援活動」[26]に左右される。

このように社会資本は、経済的交換での貨幣とは違って社会的交換を通じて「未決済の入金伝票」として蓄積される。関係を生み出す個人とは無関係な、たとえば構造のような結合形態を指す社会関係の「創発的特性」[27]への注目は、コールマンの初期のコミュニティ紛争に関する研究『コミュニティ紛争』(Community Conflict, New York: The Free Press, 1957) などにすでに現れていることは決して偶然ではない。

ピエール・ブルデューが学力差を分析したヨーロッパは、コールマンも気づ

いていたように、社会的に多元的な社会で、学校も階級、宗教、民族などの社会的要因によって囲繞される社交ネットワークと重畳化することが多い。[28]

(2) ブルデューの「社会資本」　ブルデューは「社会資本」を、個人にとっての「相互認識（知りあい）と相互承認（認めあい）とからなる、多少なりとも制度化されたもろもろの持続的な関係ネットワークを所有していることと密接に結びついている、現実的ないしは潜在的資力の総体」、「共通の特性を所有しているばかりでなく、永続的で役に立つ結合関係によってひとつにまとまっている、一集団への所属と密接に結びついている資力の総体」と定義づけている。[29]

彼がいう社会資本は、「ある階級や集団に特徴的な物質的生存条件とか、社会的に構造化され、ある規則性を帯びた生活諸条件とかの客観構造」[30]が生み出す「心的諸傾向のシステム（systèmes de dispositions）」＝「ハビトゥス（habitus）」と結合しやすい。

社会資本は「もろもろの正統的交換を有利にし、非正統的交換を排除しようとする諸制度のすべてに従属」して、「集団の存在と存続にとってどの点からみてもふさわしく、可能な限り同質的な諸個人を、あきらかに不作法なやり方で集めつつ、（ラリー、クルージング、狩猟、夜会、レセプションなどといった）しかるべき機会、（上流地域、エリート学校、クラブなどの）場、（上流スポーツ、社交的室内ゲーム、文化セレモニーなどの）プラチック」[31]を生み出し、たとえばフランスにおける高い「学校死亡率」を再生産するのである。[32]

経済資本を諸資本の根幹とみるブルデューにとっては、資源とアクセスの互恵的な交換をベースにした相互認識と承認をめぐる社会的投資戦略が生み出す社会資本は、階級再生産的に蓄積されるのである。

(3) 社会的ネットワークとしての「社会資本」

ナン・リンによれば、いま検討したパットナム、コールマン、ブルデューは、いずれも集合財としての社会的な関係資本を扱っている点で共通している、という。[33]そのリンは、社会資本を「個人のネットワークあるいは交友関係のなかに埋め込まれた資源」[34]と定義し、個々人の社会的つながりを通じてアクセスで

きる関係的資本が個人に対してもつ潜在的有効性に着目した。個人は諸々の市場（経済的市場、政治的市場、労働市場、コミュニティ等）で「見返りを期待して社会関係に投資するのである。35)

リンの経験的データの一部をみてみよう。たとえば、オールバニー（ニューヨーク州）の調査では、求職活動で使用した接触相手の地位に影響する要因として、「保護者の地位（帰属的地位）、本人学歴、ネットワーク資源、接触相手との弱い紐帯が影響力をもつこと」を突き止めている。「弱い紐帯の強さ (strength of weak ties)」は、米国の社会学者マーク・グラノヴェッターがボストン郊外に住むPTM（専門職、技術者、管理職）の転職研究で実証したものでもある。36)

ところで、ラテンアメリカでは1960年代後半に農村から都市に多くの人々が移住し、その結果、都市周辺部に巨大な掘立小屋集落が出現した。彼らを待ち受ける「工業化なき都市化」状況は、彼らの大半を周縁的な職に就かせることを意味した。ウェイン・コーネリウスは、彼らが、先遣隊としての家族や（擬似）血縁関係、同郷者ら手持ちの「強い紐帯」を通じてメキシコシティに到着後、大した労苦もなく比較的短期間で職にありついた、と報告している。37)

農村部からメキシコシティへの移住者は、「強い紐帯」を通じて周縁的な職を得たが、一方『転職』の舞台となったボストン郊外のPTMやネットワーク型産業クラスター地のシリコンバレー（サンフランシスコ湾の南東に長さ32kmに広がる。60年代からハイテク産業が集中）のIT技術者らにとっては、企業の将来性、技能形成の機会、昇進の見込みを「埋め込んだ」情報が、「弱い紐帯」を媒介に獲得することが「勝ち組」への仲間入りに必須であった。

今日の大都市への諸資源の集中と経済のグローバル化による市場の拡大は、「分離している部分間を唯一自分だけが仲介 (broker) し、結合できるようなネットワークによって」創出される社会資本が必要なのかもしれない。38)

米国クリントン政権の労働長官であったロバート・ライシュは、1970年代初頭以降のアメリカ経済は、減少するルーティン生産サービスと増加する低賃金の対人サービス、および一握りの高賃金のシンボリック・アナリストに3分されてしまった、という。39)

第Ⅲ部　市民社会論

　ブローカー的社会資本を活用する彼らシンボリック・アナリストが「飛び乗る」「飛行機の機首の下に広がるみえる世界とみえない世界というもう１つのイメージは、ボストンからワシントンに向かう北東部ルート上空の機内で思い浮かんだ。午前中、南へ向かう飛行機の窓の外には、道路、建物、フットボール競技場、給水塔等の産業社会の産物が窓一杯にあふれていた。一方、夜、北へ向かう帰路では、不思議な変化が起こる。舗装された駐車場や、ブロックやモルタル造りの工場もなければ、幾何模様に耕された農場もない。その代わり、まばゆいほどに輝く都市のきらめきの海のはざまにある暗闇に、光の束や無数の微かな光があるだけである。――この光景は、昼間の旅行者にはまったくみることができない」。

　『ターミナル』（米国映画、2004年公開）という「非－場所（non-place）」で働くが、飛行機には乗れない多数の人々。夜に光の束をみることのできない貧困に喘ぐ打ち拉がれた大地。今こうした点はさておき、先の一文は、コンピューター・ネットワーキングの草創期における新しい市民参加活動の実態調査報告の印象的な記述ではある。著者のジェシカ・リプナックとジェフリー・スタンプスにとって、ネットワーキングはさまざまなネットワークの生命線となっている結節点と環、コミュニケーション、友人関係、信頼や価値観と結びついている。[40]

　ネットワーキングは、従来の階層的組織に対して、権力は複数の結節点に分散され、境界の不明瞭な構成員の間に目標や価値観が共有され相互に結ばれ、情報や資源を分かち合う。構成員の発言権には最大限の平等が保障されている。そのネットワーキングの形成の背景に、インターネットを道具に活発となった貧困・人権問題に取り組むNPOやNGOの存在があった。

　「飛行機に乗れない」人々と彼らを支援するNPOやNGOメンバー。「仲間の間で暮らし、働く。場所は、人で混雑する大都市のど真ん中か、その近郊だ。彼らは、仕事の打ち合わせや会議と世界中を飛び回り、豪華な保養地、異国情緒あふれた土地での休暇へと『逃げ出す』ため、また飛行機に飛び乗る」PTMの並存状況。[41]

　急速に進展した経済の「グローバル・ウェブ」化は、高付加価値型諸活動を特定の地域に集中させるネットワーク効果を呼び、グローバル経済の中心と

エッジとの間での格差は、加速的に拡大してきた。「奥まった部屋の中で、世界中のデータバンクにつながれたコンピューター端末の前に座って、データ処理をする」群れは、「超資本主義[42]」化によって不安定な就労を余儀なくされる。彼らにとっての仕事場は、「アイデンティティも、他者との関係も、歴史も象徴化されていないような場所」、フランスの文化人類学者マルク・オージェがいう「非-場所（non-place）[43]」というほかない。オージェが「非-場所」と対比する「文化人類学的場所」は、彼が好んで取り上げるフランスの典型的な地方の小都市の中心部なのであろう。

4 信　頼

（1）「接合」型支配関係と信頼

　パットナムが社会資本の分厚い存在を指摘したイタリア北中部に広く点在する中小企業集積地は、オージェがいう「文化人類学的場所」でもある。パットナムは、グラノヴェッターの「弱い紐帯の強さ」論を市民社会の地平に押し広げ、水平的な「弱い紐帯」が培養する信頼と積極的市民関与に民主主義の活力源を見出した。
　信頼は、合意が個人的な関係と社会的ネットワークのより大きな構造に「埋め込まれる」ときに生まれ、悪意のある行為を抑制する[44]。パットナムによれば、こうした信頼が「技術開発、起業家志願の人間の信望、産業労働者の信頼性等に関する情報の流れ[45]」を促進し、中小企業産業クラスターの活発な活動を生み出す[46]。
　「弱い紐帯」から形成される企業間ネットワークを支える「信頼による統治[47]」構造は、市場取引における「契約」とも、また資源の枯渇や対関係的直接交換に伴う「強さの弱さ」に起因する裏切りや不信とも違って、長期的・互酬的・無限定的な義務的関与を生み出すことが期待される。
　コールマンによれば、「行為者は相手の行為が自らの行為よりも利益が大きいことを期待して、相手にある資源に対する制御の一方的譲渡を行う[48]」。彼によれば、「信頼」は、市場取引のような等価的・即時的交換と違って、自己の

資源に対する制御権を他者に対して、しかもそれを「譲渡をしてからしばらく経ってからでなければ、自分の期待が当たっているかどうかはわからない」ところに特徴がある。

こうした点を確認したうえでコールマンは、官僚機構や企業のように制御権の譲渡が、給与・賃金と引き替えに行われる「非接合 (disjoint)」型支配関係と、コミューンや労働組合、自発的結社といった、外的報酬もないのに他者による権限の行使自体が行為者の利益であるという信念にもとづき主観的に合理的な制御権の一方的譲渡によって成立する「接合 (conjoint)」型支配関係を対置する。

「非接合」型は、グラツィアーノのいう「経済的交換」に、また「接合」型のうちコミューンや階級基盤の労働組合は「イデオロギー」に、自発的結社や実利的政党は「間接的交換」に相応しよう。すなわち、「市民共同体」の燃料は、グラツィアーノ、コールマン的にいうと、間接的交換を媒介にした「接合」型支配関係が生み出す「信頼」によって補給されるといえよう。

(2) 信頼の「脱連結的組織」論

ジョン・マイヤーとブライアン・ローアンは、論説「教育組織の構造」[49]において、学校組織が《タイトな統制》(フォーマルな資格・分類［儀礼的分類］) と《ルースな統制》(授業の内容・方法の曖昧な調整) の「脱連結 (decoupled)」によって、現場での「規則は、しばしば破られ、決定はしばしば実行に移されず、あるいは実施されたとしても、その結果は不確かで、技術はその効率が問題含みで、評価と査察システムはいいかげんに覆えされたり、あるいは無力にされてしまい、調整をほとんど提供できない」[50]いい加減な学校を「現地化」させ、組織を延命させる「信頼の論理 (logic of confidence)」を明らかにした。

「制度としての教育」に埋め込まれた「神話・儀礼・象徴」が「信頼の論理」として作動し、学校組織を法的に有効にし、資源とその運営を評価しようとする組織の要求を正当化する。[51]

政治的な「信頼の論理」は、社会的な一般的信頼や対人信頼の累積学習や社会的信頼の政治領域への単なる転移とは違って、マイヤーらがいう学校の「現地化」論に似ている。「政治」も、政治制度・構造という〈タイトな統制〉と

〈ルースな統制〉（個々の政策の内容・手続きに対する曖昧な統制）の間に目標設定、優先順位の決定、紛争解決など「政治」の「現地化」を行わざるをえない。そうしたなかで、「政治」は、可視化される官僚や政治家（代理関係）ら「非接合」型支配関係への自らの制御権の委譲を通じて作動するのである。[52]

その委譲の相手方は、学校の場合以上に対象との距離が遠く、知識・情報も〈媒介（media）〉的である。その分、資源制御権の投企は、「暗闇への跳躍（leap into the dark）」の性格を強く帯びてこよう。コールマンが鋭く指摘するように、「ニューヨーク市民の政治的信条にとっての権限の構造は、『ニューヨーク・タイムズ』『ニューヨーカー』『ニューヨーク・ブックス・オブ・レビュー』に部分的に委ねられる」[53]のである。

（3）「信頼の論理」と「作用的諸理想」

「政治」に関する知識・情報が常に〈媒介（media）〉的なので、メディアはいつも政治的「信頼の論理」に闖入し、それを脅かす。マイヤーらによれば、それでもなお自身を「合理化」するように要請される国家は、いわば常に自身が「まともな」「信頼に値する」「責任能力のある」国家であることを証明する儀礼的・自己表出的実践に絶え間なくさらされるのかもしれない。[54]

国家と市民社会（メディアを含む）の争奪対象となる公共空間に用意された「神話・儀礼・象徴」を落とし込んだ〈作用的諸理想（operative ideas）〉としての政治文化が、一般市民の政治的判断、政治的態度・行動を内から編組＝制約し、その結果、支配的な政治言説と「正当」な政治活動のステージがセット・アップされる。

ロバート・パットナムは、初期の著作『政治家の信条構造』（*The Beliefs of Politicians: Ideology, Conflict, and Democracy in Britain and Italy*, New Haven: Yale University Press, 1973）において、政治家の〈作用的諸理想〉としての《民主主義》のイギリス／イタリア比較を行った。

調査結果を要約すれば、①古典的民主主義（人民による政治）、②自由民主主義（議会による政治）、③ポリアーキー型民主主義（政党リーダーによる政治）、④権威的民主主義（政党リーダーの重視とフォロアーの役割の軽視）、⑤社会経済的民

主主義（社会経済的平等の重視）のうち、イギリスの政治家は「ポリアーキー型民主主義」「自由民主主義」を選択する割合が高かったのに対して、「権威的民主主義」「社会経済的民主主義」を選択する割合はきわめて低かった。イギリスの政治家の多くは、《民主主義》を議会・選挙・政党間の競争とみがちであった。

一方、イタリアの政治家の場合、「古典的民主主義」観をとる者が最も多く、次いで「社会経済的民主主義」「権威的民主主義」となった。イタリアの政治家は、平等・公正・自由という視点から《民主主義》をみるという傾向が指摘されたのである。「権威的民主主義」ないしは「古典的民主主義」観をとる政治家の割合がイタリアでは59％であるのに対して、イギリスではわずか10％であるに過ぎなかった。

筆者もパットナムとよく似た調査を、イギリス（1984年）とアメリカ（1980年）の子ども＝「将来の市民」を対象に行ったことがある。[55] そこで使用した質問文は、〈What is the best way of describing DEMOCRACY?〉であり、以下のいずれかにマークさせるものであった。

① Where everyone can have a say about what the government does.──政治的《自由》
② Where everyone is treated the same socially and economically.──社会経済的《平等》
③ Where there are no bosses to tell people what to do.──自己決定
④ Where everyone can vote.──政治的《平等》
⑤ Where everyone can get a good job and make money.──社会経済的《自由》

No Answer/ Unknown を除いた各項目への回答比率は、以下のとおりであった。①イギリス（44.7％）；アメリカ（51.4％）、②イギリス（22.5％）；アメリカ（17.9％）、③イギリス（5.6％）；アメリカ（5.7％）、④イギリス（19.4％）；アメリカ（14.5％）、⑤イギリス（7.8％）；アメリカ（10.5％）。アメリカの場合、①と②が加齢によって逆転し（①18.9％（9～12歳）→35.3％（13～15歳）→53.0％（16歳以上）；②24.4％（9～12歳）→17.5％（13～15歳）→11.9％（16歳以上））、《自由》が《民主主義》構成の作用的諸理想として働くようになる。①に社会経済的《自由》を意味する⑤を加算して、《平等》（②＝社会経済的《平等》、④＝政治的《平等》）と比べると、アメリカでは〈自由〉が61.9％、〈平等〉が32.4％、イギリ

スでは〈自由〉が52.5％、〈平等〉が41.9％となった。

　以上の分析から筆者は、「アメリカの将来の市民は、社会的・経済的平等を強調する『社会経済的』民主主義の概念よりも制限政府と政治的自由を強調する古典的民主主義と『ポリアーキー型』民主主義（政治リーダーによる統治を強調する一種のシュンペーター的民主主義モデル）を強調する『自由』民主主義という観念を発達させる」との結論を得た。イギリスとの対比では、バンフィールドの「イギリス人は、政府が統治すべきだといまだに信じている。これに対してアメリカ人は、誰もが『活動に参加する』権利を有し、個人としての政治的有効感を依然信じている」との指摘を再確認させるものであった。

（４）多元化のなかの「信頼」

　ディーター・ゼンクハースによれば、社会的に流動化し、それゆえ政治化された近代社会では、多元性はもはや一部のエリートの現象ではなく、分裂と対立とを伴う社会の大衆的現象になっており、そこでは「共存の問題が提起されざるをえない」。「多元的に分かれているにもかかわらず公共的な領域で信頼しうる非暴力的な合意を可能にし許容する建設的な紛争処理の方式をどのようにして見出すことができるか」と彼は問いかける。

　ゼンクハースによれば、「何らかの枠づけと制度的なクッションなしには、すなわち正当性を承認された憲法体制の枠外においては、多元性は、極端な場合は内戦を意味しうる」のである。

　政治体の安定性は、ダグラス・レイとマイケル・テイラーによれば、①「態度もしくは意見」（イデオロギー、選好）、②「帰属主義的・文化的属性」（人種、階級、民族、宗教）、③「行動もしくは行為」（投票によって編成される支持者群や組織のメンバーシップ）という３つの分裂要因の断片化（fragmentation）と重複化（cross-cutting）の程度に左右される。

　レイとテイラーによれば、従来の安定的民主主義論は、①の要因を重視する合意理論（大衆・エリートの水準は別にせよ、意見の分裂と〈合意-異議〉連続体に興味を示し、意見の合意こそ民主主義の安定にとって不可欠と認識）と、②を重視する社会的多元主義論（極度に低い、あるいは高い両極端な同質性と異質性は安定的民主

第Ⅲ部　市民社会論

図6-2　社会的多元主義とクロスカッティング

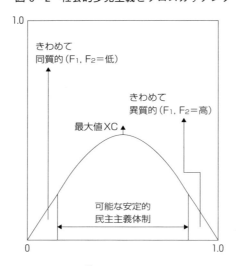

注：XC=(1−F_1)+(1−F_2)−2(1−F_c)[59]
　　（X_1列項数=i、X_2項数=jのとき、$F_1=1-\sum_{i=1}^{n1} P_i^2$, $F_2=1-\sum_{j=1}^{n2} P_j^2$, $F_c=1-\sum_{i=1}^{n1}\sum_{j=1}^{n2} P_{ij}$）

出典：Douglas W. Rae and Michael Taylor (1970), *The Analysis of Political Cleavages*, New Haven: Yale University Press, p.111.

主義には資さない）とに大別される。

　だが、いずれの理論的系譜も、意見や属性の断片化を扱いはするが、複数の断片化相互の関係は無視してきたとして、断片化指数（F）以外に、2つのFの重複性を示す重複性指数 XC を用意し、図6-2を得る。レイとテイラーによれば、F_1、F_2が過度に高いか、あるいは低い場合、また XC が極度に低い場合には民主主義は安定しない、との仮説をいくつかの経験的データの分析から導き出す。彼らによれば、「政治に関連する分裂相互間に十分な相互交差がなければ民主的な政治組織は安定しないのである」[60]。

　筆者が実施したイギリス／アメリカ調査における《民主主義》の断片化を、アメリカでは人種、イギリスでは政党支持とクロスさせ XC を導き出したものが表6-1、表6-2である。

　各指数は、アメリカでは、F_1=0.667757、F_2=0.478424、F_c=0.80201、XC=

第6章 社会資本と信頼の比較政治学

表6-1 《民主主義》と人種（アメリカ）

	1	2	3	4	5	計
白人	0.401	0.109	0.027	0.106	0.048	0.69
黒人	0.059	0.049	0.022	0.017	0.052	0.2
アジア系	0.025	0.007	0.003	0.013	0	0.048
アメリカ先住民	0.003	0.001	0.001	0	0	0.006
その他	0.027	0.013	0.003	0.009	0.004	0.056
計	0.515	0.179	0.056	0.145	0.104	1

出典：筆者作成。

表6-2 《民主主義》と政党支持（イギリス）

	1	2	3	4	5	計
保守党	0.122	0.053	0.017	0.057	0.015	0.264
労働党	0.172	0.091	0.024	0.065	0.035	0.387
自由党	0.023	0.002	0.003	0.008	0.003	0.038
社会民主党	0.014	0.009	0	0.012	0.002	0.037
その他	0.008	0.002	0.003	0.011	0.005	0.029
わからない	0.107	0.069	0.009	0.042	0.02	0.247
計	0.446	0.226	0.056	0.194	0.078	1

出典：筆者作成。

0.457839、イギリスでは、F_1=0.695468、F_2=0.688608、F_c=0.923135、XC=0.462194であった。これらの数値を図6-2のなかに位置づけると、イギリス、アメリカともに「可能な安定的民主主義体制」に収まっていることがわかる。

ゼンクハースやレイとテイラーが多元社会において重視する「合意」について、ロバート・ダールは次のように述べている。「同意の度合は、社会訓練のための各種の過程が、家族、学校、教会、クラブ、文学、新聞などによって、規範に代わって利用される度合に機能的に依存しなければならない。……〈中略〉……同意（合意）の度合は、規範にかんする社会的訓練の度合に応じて増加する。したがって合意とは、規範全部にかんする全般的な社会的訓練の函数である[61]」。また、シーダ・スコッチポルは、アメリカでは、地方に支部を備えた連邦型代議的な階級・職業横断的自発的結社が、そうした社会的訓練の場になってきた、と論じている[62]。

125

第Ⅲ部　市民社会論

　「接合」型支配関係の自発的結社を生命線とするアメリカ市民社会は、自発的結社と同型の地方分権的連邦制という政治構造に助けられて競争的政党制と利益集団からなる政治社会と「非接合」型連邦政府（国家機構）に差し込むような形で政治的な合意の形成に関与してきた。こうした見方を共有するパットナムは、そうした市民社会の活性化を阻害する、内集団に強い忠誠を求める社会資本を「結束」型と呼び、アメリカ民主主義にもつその負の機能に注意を喚起していることは既述のとおりである。

　一方、「社会的多元主義」の影響を受けやすいヨーロッパ諸国の政治と社会は、「少数者の権利の保障、自治権、あるいは比例民主主義的な協定——つまり、合意型デモクラシーのさまざまなバリエーションの特別な規定」[63]という政治的アーキテクチャの敷設によって政治的紛争を緩和してきた。

　ただ、信頼は「ある種の信念」であり、社会／政治における連邦型代議制あるいは多極共存型民主主義制度といった「適切な制度があって人々が協力できるときであっても、人々は協力しない可能性がある」[64]。XC指数があまりにも低すぎる社会では、ルイジ・グラツィアーノがいう「間接的交換」が効かず、低い信頼は「疎外的」不信の形をとり、《タイトな統制》自体の破壊に向かうか、「政治活動を意味のないものと」してしまう。また、「逆にあまりにも『高い』信頼は政治活動を必要のないものにしてしまう」[65]かもしれないのである。

5　社会資本と信頼の論理

　「社会資本」「信頼」概念の検討を通して、社会的ネットワークや制度、あるいは政治文化に埋め込まれた個人や集団が、その個別の利益を間接的に交換することで相互協力や「合意」をいかに形成するかをみてきた。

　パットナムは、「架橋」型社会資本の活発化によってその可能域を広げようとした。しかし、架橋型社会資本を無限に「架橋」し合う作業が、協力規範、社会的連帯、高い信頼を生み出したとしても、それが必ずしも、「政治」の世界に生きるわけでもない論理をみた。階級再生産的な「社会資本」概念を主張したブルデューの言葉を借りれば、「政治界は社会世界の見方・分け方原理を

正統なものと認めさせることを争点とするゲーム」にほかならないからである。すでに指摘したように、信頼は高すぎても低すぎても、政治活動は活性化するとは限らない。

　民主主義が用意する政治活動の「界（chan）」（＝「場」）について、ポスト・ブルデューの旗手パトリック・シャンパーニュは次のように述べている。いささか長い文ではあるが引用してみる。「一般化された交換、または別の分野でいえば正統化の回路の延長（AはBの財について語り、BはCの財について語る、……等々）は、その規模が大きすぎるために限られた若干の社会行為者では全体的に制御しえないような社会空間を産み出すことで、支配様式を変容させる。けれども、この交換は支配の分業を打ち立てるのであり、分業は、あまりにも集権化された、可視的な、拘束的すぎて持続しがたい支配よりもはるかに効率的である。……〈中略〉……この交換の拡大は、明らさまな検閲を自己検閲に置き換えていく。すなわち、しばしば自認し、同意しながら、社会的世界の匿名の法則に服従していくのだ。右とのアナロジーによって『一般化された支配』とでも呼びうるものは、この新しい様式の支配であり、これは広がっていく傾向にあり、そのなかで支配階級は、強度に分化しており、その各部分は諸他の部分よりもいくらか強く支配しながら、同時に全体として強い相互依存関係にある。支配者たちをとってみると、すべてを支配している者などいない。支配しているのは、権力に参与しているさまざまな界が所与の一時点で形成する独特の連係態にほかならない」。

　今日、多くの国々は、こういった意味での「一般化された支配」の樹立を求める民主化過程にある。そのために、NGO や NPO、民衆団体（People's Organization）、草の根団体（Grass-root Organization）などの「接合」型組織が創出する（かもしれない）「架橋」型社会資本の効果は魅力的に響く。しかし、「権威構造の正当性が低く、統制・監視の機能が非効率で腐敗しており、資源の獲得が不徹底な徴税や執行手段で窮地に陥り、政府から社会の残りの部分へのリンケージあるいは挑戦が、非公式で私的な恩顧＝庇護主義的な基準にもとづいている」権威主義体制下では、「NGO は唯一の安全な政治空間」であることも忘れてはならないであろう。

第Ⅲ部　市民社会論

図 6-3　社会資本・信頼・民主主義

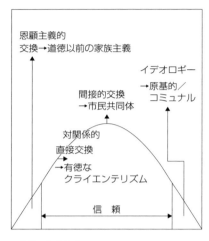

出典：筆者作成。

　筆者は、イギリス／アメリカの〈作用的諸理想〉としての《民主主義》を分析したが、安定した政党制を前提とした初期優先化原則（primacy principle）、構造化原則（structuring principle）に立脚する政治的社会化の実態調査を民主化途上の国々に行うことは可能であり、意味ある作業であろうか。民主化の議論を考える場合の重要な論点だと筆者は考える。

　ところで、「社会資本」論は、規範や信頼を捉える点では意義深いが、認知（cognition）を二の次にしている嫌いがある、としばしば批判されてきた。〈合意〉志向の協同的行動を取り巻く環境は、民主化途上にある国々において、とりわけ経済のグローバル化、金融・生産の一体化による「超資本主義」化、サイバー・ポリティックス化によってその不確実性を確実に高めつつある。

　こうした状況のなかで、アジアを含む多くの途上国の〈民主主義と信頼〉の議論にとって間接的ではあるが重要なのは、グラツィアーノ的な社会的交換論のなかに「社会資本」論、「信頼」論を、個人の「認知」過程を重視する「信頼」の進化論的視点と接合することであると、筆者は考える。図 6-3 は、そのための予備ノートである。

注

1) Bernard Crick (2002), *Democracy: A Very Short Introduction*, Oxford: Oxford University Press, pp. 102-103 [添谷育志・金田耕一訳『デモクラシー』岩波書店、2004年、177-179頁].
2) 興梠一郎 (2002)『現代中国』岩波書店、153-154頁。
3) 汪暉 (2000)「1989年の社会運動と中国の『新自由主義』の歴史的起源」村田雄二郎・砂山幸雄・小野寺史郎訳『思想空間としての現代中国』岩波書店、2006年、99頁。
4) James Petras (2007), *Rulers and Ruled in the US Empire*, Cardena, CA: Clarity Press, p. 147 [高尾菜つこ訳『「帝国アメリカ」の真の支配者は』三交社、2008年、198-199頁].
5) アジア各国のいわゆる〈市民社会〉の組織と運動については、Muthiah Algappa ed. (2004), *Civil Society and Political Change in Asia: Expanding and Contracting Democratic Space*, Stanford, CA: Stanford University Press が有益。
6) Dieter Senghaas (1998), *Zivilisierung wider Willen: Der Konflikt der Kulturen mit sich selbst*, Frankfurt am Main: Suhrkamp Verlag, p. 212 [宮田光雄・星野修・本田逸夫訳『諸文明の内なる衝突』岩波書店、2006年、205頁].
7) Ulrich Beck, Anthony Giddens and Scott Lash (1994), *Reflexive Modernization: Politics, Tradition and Aesthetics in the Modern Social Order*, Cambridge: Polity Press [松尾精文・小幡正敏・叶堂隆三訳『再帰的近代化』而立書房、1997年] を参照。
8) Robert D. Putnam (1993), *Making Democracy Work: Civic Traditions in Modern Italy*, Princeton, N. J.: Princeton University Press [河田潤一訳『哲学する民主主義——伝統と改革の市民的構造』NTT出版、2001年].
9) Robert D. Putnam (2000), *Bowling Alone: The Collapse and Revival of American Communiy*, New York: Simon & Schuster [柴内康文訳『孤独なボウリング——米国コミュニティの崩壊と再生』柏書房、2006年].
10) 王列・頼海榕訳 (2001)『使民主运转起来』江西人民出版社。
11) 参照、James C. Scott (1969), "Corruption, Machine Politics, and Political Change," *American Political Science Review*, Vol. 63, pp. 1142-1159; James C. Scott (1972), "Patron-Client Politics and Political Change in Southeast Asia," *American Political Science Review*, Vol. 66, pp. 91-113.
12) Peter M. Blau (1964), *Exchange and Power in Social Life*, New York: John Wiley & Sons [間場寿一・居安正・塩原勉訳『交換と権力』新曜社、1974年].
13) Luigi Graziano (1975), *A Conceptual Framework for the Study of Clientelism*, Cornell University Western Societies Program Occasional Paper, No. 2, New York [河田潤一訳「『恩顧主義 (Clientelism)』研究の概念枠組」『甲南法学』第18巻3・4合併号、1978年、217-284頁].
14) Edward C. Banfield (1958), *The Moral Basis of a Backward Society*, New York: The Free Press, pp. 84-101.
15) Gabriel A. Almond and Sidney Verba (1963), *The Civic Culture: Political Attitudes and Democracy in Five Nations*, Princeton, NJ: Princeton University Press [石川一雄・片岡寛光・木村修三・深谷満雄訳『現代市民の政治文化』勁草書房、1974年]. 以下も参照されたい。Joseph LaPalombara (1965), "Italy: Fragmentation, Isolation, and Alienation," in Lucian W. Pye and Sidney Verba eds., *Political Culture and Political Development*, Princeton, NJ: Princeton University Press, pp.

第Ⅲ部　市民社会論

282-329; Samuel H. Barnes and Giacomo Sani (1974), "Mediterranean Political Culture and Italian Politics: An Interpretation," *British Journal of Political Science*, Vol. 4, pp. 289-313.

16）　Putnam, *Making Democracy Work, op.cit.*, p. 148［前掲訳書、181頁］。イタリアの政治学者ドナテッラ・デッラ・ポルタは、この種の集合的不幸の社会を、社会資本の欠如、政府への不信、政治腐敗の相互強化的「悪循環」の帰結として捉えている。彼女はさらに進んで、垂直的・私的従属関係が強い南部イタリアでは、「収賄者、贈賄者、仲介者、顧客ら非合法な行為に関わる際に随伴する危険とコストを軽減できる規範とネットワークのシステム」が「悪い社会資本（bad social capital）」として認識されており、政治汚職も「そうしたインフォーマルな規範・互酬性、内々のネットワーク」（Donatella della Porta (2000), "Social Capital, Beliefs in Government, and Political Corruption," in Susan Pharr and Robert D. Putnam eds., *Disaffected Democracies: What's Troubling the Trilateral Countries?*, Princeton, NJ; Princeton University Press, p. 205, 227）を養分としている、と説明される（以下も参照。R. Sciarrone (1998), *Mafia vecchia, Mafia nuove: Radicamento ed espansione*, Roma: Donzelle, pp. 44-51）。

17）　パットナムは、州政府の統治パフォーマンスを政策過程、政策表明、政策執行の3点で評価しようとし、内閣の安定性、予算の迅速さ、統計情報サービス、改革立法、立法でのイノベーション、保育所、家庭医制度、産業政策の手段、農業支出の規模、地域保健機構（USL）の支出、住宅・都市開発、官僚の応答性という12の指標からなる《制度パフォーマンス》指数を設定した。また、「市民文化」度は、州別の優先投票率、国民投票率、新聞講読率、スポーツ・文化団体の活動度の4指標の要約的指数である《市民共同体》指数から測定されている。

18）　こうした視座を考えるうえでは、クリストファー・クラパンがいう「傷つきやすさ（vulnerability）」という指標は有益である。クラパンによれば、パトロン（P）のクライエント（C）に対する、またCのPに対する「傷つきやすさ」は、ともにPCRの相互にとっての必要度・従属度を規定する（Christopher Clapham (1982), "Clientelism and the State," in Clapham ed., *Private Patronage and Public Power: Political Clientelism in the Modern State*, London: Frances Pinter, p. 12）。「資源に対するPのコントロール度とPの権力は比例する」（Alex Weingrod (1977), "Patronage and Power, in Ernest Gellner and John Waterbury eds., *Patrons and Clients in Mediterranean Societies*, London: Gerald Duckworth, p. 42）とするならば、このコントロール度の低下は、PCRの自発性の程度を高める。このことは、Pが従来提供しえた便益を同程度提供しうる他のリソースの有効性を高め、その数を増加させるにつれて、Cが従来のP以外のPや他の社会組織・制度に自らの忠誠を移動する機会を拡大し、Pに対して交渉能力を増加させることを意味する（James Scott, "Patronage or Exploitation?," in Gellner and Waterbury eds., *ibid.*, pp. 35-36; John Waterbury, "An Attempt to Put Patrons and Clients in Their Place," in Gellner and Waterbury eds., *ibid.*, pp. 330-331; Clapam, *ibid.*, pp. 12-13）。

19）　Putnam, *Making Democracy Work, op.cit.*, p. 9［前掲訳書、12頁］。

20）　戦後イタリアにおいて、頑迷な政治エリートがもたらす政治的イモビリズム、非効率な政府に対して1960年代左派勢力を中心に激しい挑戦が起こった。彼らが求める地方分

第6章　社会資本と信頼の比較政治学

権改革は、パットナムが『哲学する民主主義』の共同研究に着手した1970年にようやく実現した。この分権改革は、政治状況を一般的原理・原則論、抽象的・観念諸理想から演繹的に分析・解釈するイデオロギー型政治家を減少させ、政治的反対派との取引に活路を見いだすプラグマティックな政治家を増加させた。こうした文脈で、*Making Democracy Work／La tradizione civica nelle regioni italiani* プロジェクトが、政治改革の成功は「究極のところ、イタリア半島に散らばった数多くの地方共同体に住むイタリア人の市民的規範の手中にある」としつつも、変化しつつあるエリート政治文化のなかに革新への一縷の希望を託そうとするパットナムが、「イタリア人が味わっている苦しみに十二分に精通した診断とはいえないとしても、より民主的、より効率的な政治システムを近い将来に望む多数のイタリア人が抱く夢にそうものと信じて」(*La tradizione* 1993: vii)、進められたことは覚えておいてよい。

21) *Ibid.*, p. 167 ［前掲訳書、206-207頁］。

22) Richard M. Carpiano (2008), "Actual or Potential Neighborhood Resources for Health: What Can Bourdie Offer for Understanding Mechanism Linking Social Capital to Health?" in Ichiro Kawachi, S. V. Bubramanian and Daniel Kim eds., *Social Capital and Health*, New York: Springer, p. 84 ［小松裕和訳「健康に影響を及ぼす近隣の実体的・潜在的なリソース」藤澤由和・高尾総司・濱野強監訳『ソーシャル・キャピタルと健康』日本評論社、2008年、133-134頁］。

23) アメリカ歴史学（ここでは教育史分野）の泰斗マイケル・カッツは、コールマン報告書にはさまざまな難点が含まれつつも、この点は否定しがたい事実だとして次のように述べている。「大多数の白人の子どもで構成される学校に黒人の子どもを通わせることによって、黒人の子どもの学業成績を実質的に高めることができるというのがそれである」(M. B. Katz (1971), *Class, Bureaucracy, and Schools: The Illusion of Educational Change in America*, New York: Praeger Publishers, p. 133 ［藤田英典・早川操・伊藤彰浩訳『階級・官僚制と学校——アメリカ教育史入門』有信堂、1989年、194頁］)。

24) コールマンは次のようにいう。「1960年代と70年代の合衆国の公立学校への信頼の低下は、学校債と学校税増税が住民投票によって頻繁に否決される事態を招いた。その結果、公立学校は十分に機能を発揮できなくなり、多くの生徒が私立学校に流出する結果となった」(James S. Coleman (1990), *Foundations of Social Theory*, Cambridge, MA: Harvard University Press, p. 195 ［久慈利武訳『社会理論の基礎〈上〉』青木書店、2004年、300頁］)。

25) James S. Coleman (1988), "Social Capital in the Creation of Human Capital," *American Journal of Sociology*, Vol. 94, p. 114 ［金光淳訳「人的資本の形成における社会関係資本」野沢慎司編・監訳『リーディングス ネットワーク論——家族・コミュニティ・社会関係資本』勁草書房、2006年、228頁］。

26) Coleman, *Foundations, op.cit*, p. 307 ［前掲訳書、479頁、481-482頁］。

27) Graziano, *A Conceptual Framework, op.cit.,* p. 18.

28) James S. Coleman (1956), "Social Cleavage and Religious Conflict," *Journal of Social Issues,* Vol. 12, pp. 44-56; James S. Coleman (1957), *Community Conflict*, New York: The Free Press.

29) Pierre Bourdieu (1980), "Le capital social: notes provisoires," *Actes de la recherche on sciences so-*

第Ⅲ部　市民社会論

   ciales, Nol. 31, p. 2［福井憲彦訳「『社会資本』とは何か——暫定的ノート」『アクト』No. 1、1986年、31頁］.
30) 田原音和（［1980］1984）「解説」in Pierre Bourdieu, *Questions de sociologie*, Paris: Éditions de Minuit［田原音和監訳『社会学の社会学』藤原書店、1991年、348頁］.
31) Bourdieu, "Le capital social," *op.cit*., p. 3［前掲訳書、33-34頁］.「場」（=「界（chan）」）については、たとえば、Pierre Bourdieu（2000）, *Les Structures sociales de économie,* Paris: Éditions de Seuil, partie II［山田鋭夫・渡辺純子訳『住宅市場の社会経済学』藤原書店、2006年］に詳しい。また、Roger Chartier（2000）, "Pierre Bourdieu ou L'exercice dela *Libido Sciendi*," *iichiko*, No. 75, pp. 27-29［松本雅弘訳「ピエール・ブルデューあるいは〈学知欲〉の実践」*iichiko, ibid.*, 24-29頁］は、簡にして要を得た解説をしている。
32) Pierre Bourdieu et Jean-Claude Passeron（1964）, *Les, héritiers, les étudians et la culture*, Paris: Édition de Minuit［石井洋二郎監訳『遺産相続者たち』藤原書店、1997年］; Pierre Bourdieu et Jean-Claude Passeron（1970）, *La reproduction: éléments pour une théorie du système d'enseignement*, Paris: Éditions de Minuit［宮島喬訳『再生産』藤原書店、1991年］.
33) Nan Lin（2001）, *Social Capital: A Theory of Social Structure and Action*, Cambridge: Cambridge University Press, p. 22［筒井淳也ほか訳『ソーシャル・キャピタル——社会構造と行為の理論』ミネルヴァ書房、2008年、28頁］.
34) *Ibid.,* p. 56［前掲訳書、72頁］.
35) *Ibid.*, p. 19［前掲訳書、24頁］.
36) Mark Granovetter（［1974］1995）, *Getting a Job: A Study of Contacts and Career*, Chicago: University of Chicago Press［渡辺深訳『転職』ミネルヴァ書房、1998年］. 併せて、金井壽宏（1994）『企業者ネットワーキングの世界——MITとボストン近辺の企業者コミュニティの探求』をみよ。ボストンにおける企業者ネットワーキングに関する周到に準備された現地調査にもとづく創造的な研究として、貴重である。
37) Wayne Cornelius（1975）, *Politics and the Migrant Poor in Mexico City*, Stanford, CA: Stanford University Press.
38) Ronald S. Burt（2001）, "Structural Holes versus Network Closure as Social Capital," in Nan Lin, Karen Cook and Ronald Burt eds., *Social Capital: Theory and Research*, New York: Aldine de Gruyter, p. 31［金光淳訳「社会関係資本をもたらすのは構造的隙間かネットワーク閉鎖性か」野沢慎司編・監訳『リーディングス　ネットワーク論』前掲書、243頁］. また、Ronald S. Burt（1992）, *Structural Holes: The Social Structure of Competition*, Cambridge, MA: Harvard University Press［安田雪訳『競争の社会的構造』新曜社、2006年］もみよ。
39) Robert B. Reich（1991）, *The Work of Nations: Preparing Ourselves for 21st-Century Capitalism*, New York: Alfred A. Knopf［中谷巌訳『The Work of Nations』ダイヤモンド社、1991年］.
40) Jessica Lipnack and Jeffrey Stamps（1982）, *Networking: The Field and Directory*, New York: Doubleday Books, p. 229［社会開発統計研究所訳『ネットワーキング』プレジデント社、1984年、288頁］.
41) Theda Skocpol（2003）, *Diminished Democracy: From Membership to Management in American Civic Life*, Norman: University of Oklahoma Press, p. 213［河田潤一訳『失われた民主主義——メンバー

シップからマネージメントへ』慶應義塾大学出版会、2007年、180頁］．PTM のある種急進的な性格については、Barbara Ehrenreich and John Ehrenreich (1977), "The New Left: A Case Studies in the Professional-Managerial Class," *Radical America*, Vol. 11, pp. 7-22 が示唆に富む．

42) Robert B. Reich (2007), *Supercapitalism: The Transformation of Business, Democracy, and Everyday Life*, New York: Vintage［雨宮寛・今井章子訳『暴走する資本主義』東洋経済新報社、2008年］．Saskia Sassen (2001), *The Global City: New York, London, Tokyo*, 2nd edition, Princeton, NJ: Princeton University Press［伊豫谷登士翁監訳『グローバル・シティ──ニューヨーク・ロンドン・東京から世界を読む』筑摩書房、2008年］も参照のこと．

43) Marc Augé (1995), *Non-Places: Introduction to an Anthropology of Supermodernity*, London: Verso.

44) Mark Granovetter (1985), "Economic Action and Social Structure: The Problem of Embeddedness," *American Journal of Sociology*, Vol. 91, pp. 481-510.

45) Putnam, *Making Democracy Work*, *op.cit.*, p. 161［前掲訳書、197頁］．

46) イタリアの経済地理学者アルナルド・バニャスコは、イタリア北中部から北東部へと拡がる地域を「第三のイタリア」と呼んだ（Arnoldo Bagnasco (1977), *Tre Italie: La problematica territoriale dello svilupp*, Bologn: Il Mulino）。この地域には同業異種の中小企業が集積し、長い時間をかけて蓄積されてきた一般的信頼と互酬性を資本に、クラフト的生産への増大する要求に応えてきた。フォーディズム以後の手工業的熟練技術の水平的分業にもとづく「柔軟な専門化」が「第二の産業分水嶺」を形づくったのである。この辺り一帯の住民は、こうした分業を通じて平等な利潤形成の可能性と一般的信頼を地域に埋め込む社会資本の細胞形成者（cytogenesis）となっているのである。フランシス・フクヤマも、社会資本が胚胎する「信頼」に注目し、家族や血縁を超える社会的関係や中間組織（会社、地域コミュニティ、学校など）の豊かさこそが当該国の「信頼」の程度を決め、それがコミュニティの強化や、取引コストの引き下げ、フリーライダーの予防を通じて経済的効率に寄与するとの認識を示している（Francis Fukuyama (1995), *Trust: The Social Virtues and the Creation of Prosperity*, New York: The Free Press［加藤寛訳『「信」無くば立たず』三笠書房、1996年］）。

47) 若林直樹 (2002)「企業間取引と信頼──脱系列化の『新しい経済社会学』からの分析」佐伯啓思・松原隆一郎編《新しい市場社会》の構想』新世社、220-223頁。

48) Coleman, *Foundations of Social Theory*, *op.cit.*, p. 91［前掲訳書〈上〉、147頁］．

49) John W. Meyer and Brian Rowan (1978), "The Structure of Educational Organization," in Marshall W. Meyer and Associates, *Environments and Organization*, San Francisco: Jossey Bass Publishers, pp. 78-109.

50) John W. Meyer and Brian Rowan (1977), "Institutionalized Organizations: Formal Structure as Myth and Ceremony," *American Journal of Sociology*, Vol. 83, p. 343.

51) Karl Weick (1982), "Administering Education in Loosely Coupled Schools," *Phi Delta Kappan*, Vol. 63, pp. 673-676.

52) こうした視座にとって、Mark E. Warren (1999), "Democratic theory and trust," in Mark E. Warren ed., *Democracy and Trust*, Cambridge: Cambridge University Press, pp. 310-345 は示唆に富

む。
53) Coleman, *Foundations of Social Theory, op.cit.*, p. 91 ［前掲訳書〈上〉、138頁］.
54) J. W. Meyer, J. Boli, G. M. Thomas and F. O. Ramirez (1997), "World Society and the Nation-State," *American Journal of Sociology*, Vol. 103, pp. 144-181.
55) Junichi Kawata (1983), "The Child's Discovery and Development of 'Political World': A Note on the United States,"『甲南法学』第24巻、251-252頁。筆者は、1980年4月から10月にかけて、米国ニューヘイブン市（コネチカット州）とスタンフォード大学（カリフォルニア州）近郊の2地域において、教室で質問用紙を配布・回収する方法によって5年生から12年生までの835名を対象とする調査を行った。多肢選択法による質問紙法の調査項目は多岐にわたるが、そのなかの1つに50の語彙（コミュニティ関連語 [equality, liberty 等]、政治体制・制度・過程関連語 [democracy, voting 等]、党派的語彙 [extremist, Democrat 等]、国家＝国際関係関連語 [army, peace 等]、中性的概念 [discussion, prestige 等]）に対する認知・感情の布置関係を分析したものがある。そこでは、liberty は equality よりも American, nation, national flag と強く関連していることが確認されている（詳しくは、Kawata, "Child's Discovery," 前掲論文、250頁）。アメリカにおける「平等」の両価性、論争性は common wisdom の1つである。またイギリスについては、1984年9月から10月にかけてバーミンガム市内の2つの中等学校（secondary middle school）の生徒717名からアメリカ調査とほぼ同じ質問項目への回答を得た（イギリス調査の分析結果は未発表）。米英各国での現地調査に有益なコメントを頂戴したリチャード・メレルマン教授（米ウィスコンシン大学）およびボブ・ジェッソプ教授（英エセックス大学、現・ランカスター大学）には、改めて御礼申し上げる。
56) Edward C. Banfield (1961), "The Political Implications of Metropolitan Growth," *Daedalus*, Vol. 90, p. 67.
57) Senghaas, *Zivilisierung wider Willen, op.cit.,* p. 210 ［前掲訳書、211頁］.
58) Douglas W. Rae and Michael J. Taylor (1970), *The Analysis of Political Cleavages*, New Haven: Yale University Press, p. 1.
59) XC は、2人のメンバーがある分裂では同じグループに、また他の分裂では別のグループにいる諸個人のあらゆる対の比率と定義される。F_1 は分裂 X_1 の断片化、F_2 は分裂 X_2 の断片化の程度を表し、また、Fc はどの2人の個人であろうと、2人が分割表の別の升目にいる蓋然性を指す（Rae and Taylor, *The Analysis of Political Cleavages, op.cit.*, pp. 90-97）。
60) *Ibid.*, p. 106.
61) Robert A. Dahl (1956), *A Preface to Democratic Theory*, Chicago: University of Chicago Press, p. 76 ［内山秀夫訳『民主主義の基礎理論』未來社、1970年、149頁］.
62) Skocpol, *Diminished Democracy, op.cit* ［前掲訳書］.
63) Senghaas, *Zivilisierung wider Willen, op.cit.*, p. 191 ［前掲訳書、183頁］.
64) Partha Dasgupta (2007), *Economics: A Very Short Introduction*, Oxford: Oxford University Press, p. 44 ［植田和弘・山口臨太郎・中村裕子訳『経済学』岩波書店、2008年、52頁］.
65) Center for Educational Research and Innovation (2007), *Understanding the Social Outcomes of Learning*, Paris: OECD, p. 80 ［教育テスト研究センター監訳『学習の社会的成果』明石書店、

2008年、116頁].
66) Pierre Bourdieu (2000), *Propos sur le champ politique*, Lyon: Presses universitaires de Lyon, p. 64 ［藤本一勇・加藤晴久訳『政治』藤原書店、2003年、95頁］.
67) Patrick Champagne (1990), *Faire l'opinion: Le nouveaux jeu politique*, Paris: Éditions de Minuit, pp. 276-277 ［宮島喬訳『世論をつくる』藤原書店、2004年、281-282頁］.
68) Javier Diaz-Albertini (1993), "Nonprofit Advocacy in Weakly Institutionalized Political Systems: The Case of NGDOs in Lima, Peru," *Nonprofit and Voluntary Sector Quarterly*, Vol. 22, p. 321.
69) Julie Fisher (1993), *The Road from Rio: Sustainable Development and the Nongovernmental Movement in the Third World*, West Port, CT: Praeger, pp. 77-78.
70) 山岸俊男の〈信頼と社会的知性の共進化〉といった考え方（山岸俊男『信頼の構造――こころと社会の進化ゲーム』東京大学出版会、1998年）や青木昌彦の〈co-evolution of belief systems and institutions〉というアイディア（たとえば、Masahiko Aoki (2008), *Understanding Douglass North in Game-Theoretical Language*, Social Science Electronic Publishing）などを想定している。*Making Democracy Work*（1993）のスウェーデン語訳（*Den fungerande demokratin*, Stockholm: SNS Forlag (1996)）に序文を寄せたボー・ロスタインも社会的知性（social intelligence）に注目し、山岸の研究にも注意を払っている（Bo Rothstein (2005), "How is social capital produced," in Rothstein, *Social Traps and the Problem of Trust*, Cambridge: Cambridge University Press, pp. 92-128)。

第7章 震災復興・減災の政治社会学

　本書の訳業は、1994年末月に開始されたが、程なく1995年1月17日午前5時46分、あの未曾有の阪神・淡路大震災によって中断することとなった。震度7の激震は、近くに住む妹と甥を親しい人々から奪い去った。悲しみと混乱のなか、ようやく訳業を再開するには2年余を要した。友人や家族に支えられながら、いまようやくこの《訳者あとがき》を書き終えることができ、万感の想いが胸に迫る。6400余の命と百数十万人の暮らしを打ち砕いた大震災からまさに3年が過ぎようとしている。公的支援もないまま、いまなお2万4千世帯余が仮設住宅での不自由な生活を余儀なくされている。後を絶たない孤独死、置き去りの高齢者、後回しの障害者。この国の政治の貧困を改めて痛感するとともに、貧相な政治文化を思わずにはおられない。エリート官僚の国民蔑視観、国民の行政「中立」観、「選挙＝〈権力の創出作業〉」認識の不在、社会参加を渋る住民。《エンパワーメント行動主義》の基盤をなすような、例えば人種といった集合的同一性を欠く《小市民》国家日本を、「よりよく生きられる」社会、「いっそう公正な」社会へと変革させる政治文化的、社会運動的条件の模索を本書の訳業に仮託しようとした訳者の当初の意図は、日本人全体に瀰漫した事程左様な非市民性が大震災をはさんで鋭角的に露呈したのを見るにつけ、錐矢のごとくいっそう強化された。あまりにも強い符合を思わないわけにはいかない。(「訳者あとがき」ジェイムズ・ジェニングズ著［河田潤一訳］『ブラック・エンパワーメントの政治』ミネルヴァ書房、1998年)

1 東日本大震災と人間と故郷の復興

　阪神・淡路大震災への村山政権（当時）の情報収集、現状把握、震災対策の遅れと稚拙さ、住専・金融不安へのなし崩し的な公的資金の投入や、当時かまびすしかった「グローバル・スタンダード」という言葉は、「自己責任」には帰しえない被災者の孤独死、生活難を放置する国の「政治の貧困」をみせつけ

た。延べ180万人にものぼる多くのボランティアが被災地に駆けつけ、その後の特定非営利活動促進法（NPO法）の制定に結びつくことになったが、その後、「グローバル・スタンダード」は生活のさまざまな次元に浸透し、人々を測る基準として、「活動と業績評価」を当然視させ、活動主義と業績主義が逆に格差化を推し進めるという奇妙な並存現象が進行した。深まる格差社会のなかで市民活動の活動主義化が進み、アクターの社会経済的地位に固着化が目立ってきた。

　そうしたなか、2011年3月11日午後2時46分頃、三陸沖を震源とする震度7、マグニチュード9.0の巨大地震が発生し、沿岸部を大津波が襲った。未曾有の大地震は、東北から関東にかけての広い範囲に甚大な被害をもたらし、東京電力福島第一原子力発電所事故を引き起こした。阪神・淡路大震災は被災地が比較的限定されていたが、今回は、被災範囲がとてつもなく広範囲に及んだ。今回の東日本大震災では、2012年9月11日現在で、死者は計1万5870人、岩手、宮城、福島3県における行方不明者は計2814人にのぼっている（警察庁緊急災害警備本部広報資料）。また、身元が判明しない遺体が約230体残されている。[1]

　菅政権（当時）は、被災者支援対策本部として、地震・津波対策に対して緊急災害対策本部、被災者生活支援チーム（被災者生活支援特別対策本部改め）を、また原発事故に対して原子力災害対策本部（原発事故経済被害対応本部改め）を混乱のなか立ち上げた。しかし、復興対応として設置された東日本大震災復興対策本部が復興庁（復興に関する国の施策の企画、調整、および地方公共団体への一元的な窓口と支援を担う）として設置されたのは、震災からようやく1年後の2012年2月のこととなった。

　東日本大震災への市民社会や企業の対応は早く、海外からの物心両面での支援も多大なものがあった。阪神・淡路大震災と比べて迅速な「action for」の背景に、先述したNPO法の制定、ボランティア活動の蓄積、インターネットの発達等があったことは幸いであった。[2]

　過疎と高齢化が進む農漁村を津波がのみ込んだ。被災地域は、自然環境や社会的・経済的特性の点でもきわめて多様である。[3]したがって、復興の道筋も支援のあり方も当然に異なり、震災復興の現実のプロセスは、被災者、各級政府、

専門家、外部諸組織等の意見や利害が錯綜し、簡単には前に進まない。復旧・復興事業の一日も早い成功の鼎は、各級政府が、被災者・被災地の復旧・復興・再生に、被災者と「共に（action with）」、被災地の「内から（action within）」支援する組織、団体などと緊密に、長期的にわたって連携しつつ、強力な指導力をいかに発揮していくかということにある。

　それと同時に、「成功（success）」が「succedere〈to go from under〉」を語源としているように、被災当事者が「鎮魂」の思いを片時も忘れることなく、「from under」からする創発的な「現場力」と、その発現を「with」「within」から支える専門的な賢慮（prudence）を政府と社会へとつなぐ柔軟な市民的媒介制度の存在のあり方も問われているといえよう。

　東日本大地震は、社会的ネットワーク論でいうところの「強い紐帯の弱さ（weakness of strong ties）」を今まさに試そうとしている。「隣町への避難さえ敬遠するほど地域への愛着が強い土地柄」の被災地域の物理的崩壊、余儀なくされる地理的移動による個人化を経由して、いかに「生きる」ことの基礎的条件（住・雇用）を再建し、それを基盤に、「半身が奪われた」かのように身と心をよじらす苦しむ被災者の「生き直し」が可能となろうか。

　試されているのは、被災地に根を張っていた「強い紐帯の弱さ」の克服の仕様であろう。復興・再生は、被災者を中心に多くの力が水平的に結集し、さまざまな場への能動的な参加を経て奏功するものに違いない。こうした、積極的な関与や協働を可能とさせる相互信頼や連帯を特徴とする「相身互い」の社会的関係は、本章のテーマでもある社会資本と呼ばれる。

　ところで、内閣府の有識者会議は、2012年8月29日に、東海、東南海、南海などの地震が連動する南海トラフ巨大地震について衝撃的な被害想定を公表した。本章は、東日本大震災の復興事業や今後予測できる大震災等からの復興・減災の問題を、「社会資本」という考え方を中心に政治社会学的に検討しようとするものである。

2 震災復興・減災と社会資本

　震災からの復旧・復興に向けての取り組むべき困難な課題は、それぞれが複雑に絡み合い、生活領域の多岐にわたっている（図7-1）。そのなかでも、①「生きると住」の再建、②「地域と産業」の再建は喫緊の課題である。この点に関連して「メモ」（略記「メモ」については注4で説明）では次のように記してある。まず①では、「仮設住宅からの移行準備について」の項目において、(i)市町村地域のニーズに合わせた、地域密着型グループハウス（低層階コレクティブハウス）を仮設住宅と平行して建設する。(ii)高齢者（これまでの独居高齢者、震災により同居不可能となった高齢者・障害者・疾病者）を優遇しつつ、共同生活が自然にできるように設計する。(iii)阪神・淡路大震災被害者と今回の被災地における高齢者の生き方や生活のあり方の違いを把握すること[7]。

　こうした認識を有した背景には、人が人らしく生きうる街の条件を、「秋の落ち葉、飛行機エンジンの内部、解剖したウサギの内臓、新聞のローカル記事編集部」の「機能的秩序の複雑なシステム」[8]と喝破したジェイン・ジェイコブズの慧眼への信頼がある。ジェイコブズの話は次のように続く。「場所の自治が機能するためには、人口の流動の根底に必ず、近隣ネットワークを構築した人々の連続性がなくてはいけないのです。こうしたネットワークは都市の交換不能な社会資本です。どんな理由からであれ、その資本が失われば、そこから得られるものも消え、新しい資本がゆっくりと運良く蓄積されるまでは決して復活しません」[9]。

　ジェイコブズは、1935年から68年まで長年にわたって住み、愛したグリニッジ・ビレッジ界隈の経験をもとに、社会資本の具体とその公共生活への影響についてさらに説明を次のようにつないでいく。「多少なりとも近隣が安定していれば、都市地域で真っ先に形成される人間関係は、街路近隣と、他に何か共通点をもっていて、お互いに組織に所属している人々――教会、PTA、商工会、政治団体、地元市民連合、健康キャンペーンやその他公共目的の資金団体、村のだれそれさんの息子たち（かつてはイタリア人がそうでしたし、最近ではプエル

第Ⅲ部　市民社会論

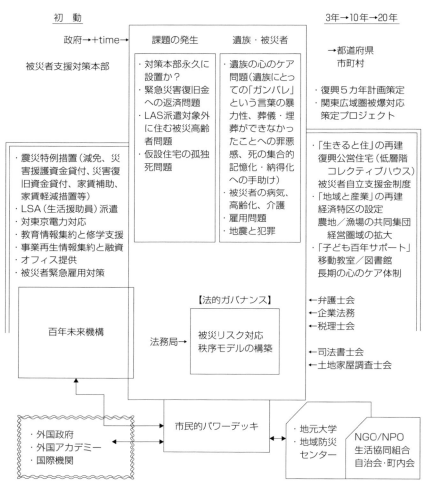

図7-1　中長期の課題に向かって

出典：2011年4月27日開催の日本学術会議東日本大震災対策委員会「被災地域の復興グランド・デザイン分科会」への提出メモに記載した筆者作成の図（ごく一部、字句修正）。

トリコ人たちの間でよくみられるクラブです）、地主会、地区改善協会、不正抗議委員会等々、その手のものは果てしなくあります。大都市で、そこそこ確立した地域をのぞくと、ほとんどはごく小規模なのですが、実にいろいろな組織が

あって、頭がくらくらしそうになります」[10]。

　ロバート・パットナムも同じように、『哲学する民主主義』[11]のなかで、社会資本（互酬性の規範、信頼やネットワークといった社会的な関係性）が豊かな地域では、人々は協力し合い、政治や行政も他人事とはせずに積極的に関わり、社会の効率性が高められ、その結果、その地域の政治は高い制度パフォーマンスを手に入れ、強い経済（特に、マイケル・ピオリとチャールズ・セーブルがいう『第二の産業分水嶺』[12]以降の経済）にも恵まれる、と主張した。

　被災地・東北は、その歴史、文化、地形などの点で個別多様であり、被災自治体も多数にのぼる。そうした土地への複合災害という文脈のなかで、②の〈地域と産業〉の再建を考えなければならない。この点について「メモ」には、(i)経済特区の設定については、「部品メーカーを中心に東北地方に広く点在する企業集積地は、事業の廃止・解雇、再開の選択を前に日夜呻吟している」。また、(ii)農地／漁場の共同集団経営圏域の拡大については、「農業／漁業の集約化、株式会社化と農地／漁場の共同集団経営圏域の拡大は、市場とコモンズのバランスをどう図るかという問題だけに、地元関係者の意見に十分に耳を傾けること」と記している[13]。

　まず、(i)について。企業は、その活動の統合・拡大による規模の経済のみならず、相互に隣接することによる集積の経済によっても利益を獲得できる。小規模ながら技術的には先進的で、また高度に生産的な「分散経済」が集積する産業地域の高付加価値型企業活動に特有の（グローバル）ネットワークを国内外ともで寸断させないためにも、政府は、減免、被災者緊急雇用対策、規制緩和、新立法などあらゆる政策ツールを用いて対応することが肝要となる[14]。そうした政策的支援を受けつつ、企業は友人・知り合いからの支援、同業者との情報交換、インターネットによる情報調達といった「ネットワーキング」活動をより活発にし、パットナムがいう「架橋」型社会資本を開発・強化することが求められる。この種の事業ネットワークは、その多くが民主的に運営され、各企業経営者の事業へのほぼ均等なコミットメントは、地域社会を強化し、経済を強くするに違いない。

　(ii)をより具体的にみれば、水産業復興特区下での企業の漁業参入と漁協・

漁師の漁業権の対立である。企業といえども、その活動のベースである市場が社会資本と無関係に機能するわけではない。新設の特区制度と伝来の漁業権、市場と玄人、専門知と暗黙知の衝突。高齢な漁業従事者の後継者問題はさておいても、漁協や町内会といった古い形態のコミュニティの社会資本は、「内集団に強い忠誠を求める」（「結束」型社会資本とパットナムは呼ぶ）が、三陸海岸に延びる沿岸の漁協を中心とした今後の地域の発展には、「奥行きと幅」が必要とされよう。

リチャード・フロリダによれば、「奥行きは特定の分野における経験値と専門化が、それぞれ高まることで生まれる。幅をもたらすのは多様性と、新たなアイディアを許容し、生成し、反映させるのに必要な経験への開放性である」。そして、フロリダは次のようにいう。「再生力の源泉となっているのは、地域の教育水準、技能水準、テクノロジーの水準ではない。地域自体が有する本質的な性格の部分、すなわち経験への開放性に富む人々を引きつけ、動員する力である」と。

であるとすれば、深い対立を内包するこの領域こそ、〈奥行きと幅〉を、「森は海の恋人〈The forest is longing for the sea, the sea is longing for the forest〉」（畠山重篤）、「機能的秩序の複雑なシステム」（ジェイン・ジェイコブズ）として循環させる〈生きると生業〉の仕組みの創出として捉えなおす必要があろう。畠山重篤が知る「大津波でも海は死なない。海の恵みを支えるのは背後にある森の力だから」という体験知を、地元漁場、市場、汽水域、コモンズとしての海の「幅広い」ステークホルダーへと開放するなかで、東日本、太平洋、世界を見据えた〈奥行きと幅〉のある復興プランとして提示されることが重要と思われる。

ステークホルダーは、地元以外の組織、専門家などと多種多様であるがゆえに、厳しい意見対立は、元からあった地元の人間関係を壊すかもしれない。しかし、「関係的なもの」は創られては壊され、また新しいベクトル、新しいフェイズで再構築されていくしかない。漁民と資本が織りなす、象徴的にいえば「カツオ」によって生かされる協働事業は、相互の主体がぎりぎりの交渉のなかで何とか相手への信頼を引き寄せる相互に関係的な営為が、創発性に媒介さ

れつつ、人々と企業を結わえていくことと信じたい。

3 「市民的パワーデッキ」の創出

　フィリップ・シュミッターは、マーストリヒト条約以後の EU（欧州連合）に立ち現れる主権国家を越える新しい秩序を表現するために、「condominio（共同統治）」「consortio（共同事業体）」という用語を用意した。

　領土的単位も機能的単位も可変的である「condominio」とは、共通の問題を解決したり、種々の公共財を生み出すために自動的に作動している多次元的な地域的諸制度を指す。また、「consortio」とは、同意した諸政治体よりもむしろ同意した諸事業体によって遂行される集合行為の一形態である。そこでは、固定した数とアイデンティティの中央権威が、可変的で分散的な機能的課題の達成に協力し合うことに同意する[23]。

　復興・減災といった共同事業には、市町村を越える一定の広がりのなかで可変的・分散的・分担的・重複的に機能する政治体「condomino」と、住区や学区、これまで生きた場をベースとしたアイデンティカルで、比較的狭い範囲でありながらもその内に中央・周縁的関係を内包した社会的・経済的・政治的階統制を宿し、土地としては固定的であるが、隣の住区や学区とは隣接的な関係をもつ地理的単位に立つ「consortio」が必要となる。

　復興構想会議は、復興7原則の1つに、「被災地の広域性・多様性を踏まえつつ、地域・コミュニティ主体の復興を基本とする」を掲げているが、岡本厚も指摘するように、「問題は、その主体となるべき地域・コミュニティの範囲、単位」である。そして、「コミュニティといえば、誰しも字とか小学校区レベルの隣近所を想像する。せいぜい市町村であろうか」との認識を示す。続けて岡本は次のようにいう。「県では、あまりに広すぎて単一のコミュニティとはいえない。……〈中略〉……たとえば県という単位が、地域・コミュニティを代表するとして、前のめりに復興構想を立て、推進するならば、それは被災者には上からの『押し付け』と受け取られ、将来必ず問題を引き起こす（阪神淡路大震災の時のように）[24]」と。

図7-2 「共同作業」型社会資本

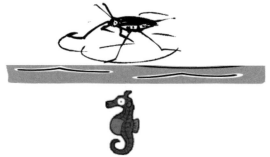

注：「共同作業」型社会資本とは、アメンボウ型ネットワークと内集団志向のタツノオトシゴ型社会資本の緊張を孕む接面の軋轢を含んだ関係的資本、図では〈水〉部分に相当する。
出典：筆者作成。

　問題は、主体となるべき地域・コミュニティの範囲や単位だけでなく、政府と現場の関係のあり方である。地理的範囲にもまして重要なのは、政府と地域社会との間の媒介制度（intermediary）のあり方である。住区、学区を単位としたややもすれば内集団だけに強い忠誠を求める「結束」型社会資本と比較的広範囲な領土性に立つ「condomino」を媒介する、地域の「肌理の中に植え込まれた磁石のようなもので」、「一種の自己組織的な硬直性」[25]を有する、働く生きる場所を基盤とした戦略（「場ベースの戦略（place-based strategy）」）によって機動的に動く市民的媒介制度[26]の創出が重要となってこよう。それは、幅広い参加者を得ての情報の確実性・信頼性・専門性を武器に、政府に対抗的でもある市民にとっての〈パワーデッキ〉ともなろう。

　その際、重要となるのは、たとえば先述の水産業復興特区と漁協の軋轢とその克服という課題を考えたとき、「架橋」型社会資本と「結束」型社会資本の結合をいかにはかるか、ということである。図7-2でいえば、アメンボウ型ネットワーク（「架橋」型社会資本に相当。スイスイと動くNPOやボランティア活動、「足による投票」の企業）とタツノオトシゴ型社会資本（「結束」型社会資本に相当。たとえば、町内会、漁協。下手をすると根腐りする）をいかに結合し、異なる集団をまたいで協働事業に参加させ、地縁、市民社会、政府との緊張関係のなかで、

より「幅広い」視座を確保させうるかということである。

　この点で、世界銀行のマイケル・ウルコックとディーパ・ナラヤンが主張する「共同作業(シナジー)」型社会資本の視点は興味深い。彼らは、特に2000年代以降の世界銀行の貧困救済、開発政策への取り組みという文脈で社会資本をエンパワーメント論につなげようとした。彼らはいう。「広範囲の考えを取り入れた開発は、国家・企業セクター・市民社会の代表が共通の目標を確認し、追求できる共通のフォーラムを設立するとき行われる」。社会資本は民間セクターと公共セクターの諸制度によって媒介的に形成される。したがって、「共同作業」型社会資本への「『投資』は、本来的に論争的で対立的な――すなわち、政治的な――プロセスとなる。このプロセスでは、政府の果たす役割は決定的に重要となる」[27]と。

　同様に、フォード財団の「ガバナンスと市民社会プログラム」ディレクターのマイケル・エドワーズも次のように指摘している。「違った社会集団――違った種類の官民パートナーシップ、企業と NPO の新たな連合、分権的・参加的なデモクラシーの実験、多層的・社会横断的なガバナンスの新たな形態を含む――の間に違った種類の社会資本を創出する違った制度的『エコシステム』の実際の記録を検討する必要がある。……〈中略〉……確かそうなのは、われわれが得ようとする結果は、エリートの利益に牛耳られない基盤から国家・市場・市民社会を交差して同時に創出される形の社会資本からきっと生まれる、ということだ」[28]と。

4　「百年未来機構」の創設

　「メモ」には、4.「(仮称)『百年未来機構』の創設」として（一部先述しているが)、「今回の東日本大地震および福島第一原発事故は、阪神・淡路大震災の場合よりは、社会的ネットワーク論で言う『強い紐帯の弱さ』を試そうとしている。強い地域社会の物理的崩壊、余儀なくされる地理的移動による個人化を経由していかに震災復興がなされうるのか。〈慣れない土地、帰れない故郷〉で呻吟する被災者、特に子どもの今後の育ち、彼ら彼女らが成長し、就業し、

家族を持ち……という生活の諸局面で起こりうる様々な問題に、まさに専門的な賢慮(プルーデンス)を結集した（仮称）「百年未来機構」（追記：本章図7-1の下欄を参照。図上欄左右軸は、時間の経過を示す。左欄に、政府が取り組むべき支援、次の太線内は、1、2年内に生じる課題、右欄には、各級政府の中長期的課題を示してある。図下欄には、課題解決、相互支援を担う市民的媒介制度を記してある）を創設することを提言したい。

『百年未来機構』には、大震災以後の『人間』の問題（家族や子ども、コミュニティや雇用のような具体的な問題）を継続的・批判的に分析、検討し、専門主義の陥穽に陥ることを回避しつつ集合的な問題解決の方法を示唆、あるいは提案し、世界の叡智を集めつつ、中央政府、地方政府、コミュニティ組織、市民団体組織、シンクタンク、協同組合、企業などの諸制度を統合的に媒介する機構となることを求める」と記してある。

こうした提言は、次のウォルター・リップマンの問題意識と符合する。彼はいう。「私は主張したい。政治とふつう呼ばれているものにおいても、あるいは産業と呼ばれているものにおいても、選出基盤のいかんによらず、決定を下すべき人々にみえない諸事実をはっきり認識させることのできる独立した専門組織がなければ、代議制にもとづく統治形態がうまく機能することは不可能である。そこで私は次のような議論を試みる。みえない事実を代表するものによって、みえない人たちを代表する人たちが補完されなければならないという原則を真摯に受け入れなければならないと。そのことによってのみ、権力・組織の分散も可能であろうし、われわれ一人一人があらゆる公共の事柄について有効な意見をもっていなければいけないという、できるはずも機能するはずもないフィクションから脱出することができよう[29]」と。

「百年未来機構」は、学術の叡智とネットワークを中核に、大震災、東京電力福島第一原発事故以後の「人間」の問題に知恵を出し、解決法を示唆し、専門性と常識知の狭間をつなぐために諸組織が連携し合おうとする。その際、北海道、東北、関東、中部、近畿、中国、四国、九州、沖縄といった地域各に大学に求められる役割は大きい。[30]

「百年未来機構」は、科学的・専門的パースペクティブを重視しつつも、行

第7章　震災復興・減災の政治社会学

政や企業、あるいは市民社会の現場感覚を大切にしつつ被災からの復興や減災について理解することに努め、普通の人々にとっての「良きガバナンス」のあり方を、さまざまな機会を捉えて議論し発信していく。政府機関だけでは困難な海外の有識者との意見交換、海外の研究者とのネットワークの提供なども行う。このように「百年未来機構」は、常に学術的視点から政府や社会に向けて公正で有効な政策的示唆をなしうる機構であることが期待される。

　また、「百年未来機構」は、扱う問題が待ったなしの「人間」の問題であるがゆえに、学術以外の多くの団体や組織と連携しておく必要がある。たとえば、被災者のメンタルサポート、子育て支援、高齢者福祉などを行う事業団等との連携が必要となろう。また、家屋の全壊、半壊、死亡・負傷などは、土地所有権、家屋復興事業と宅建協会、司法書士協会、会社復興と会計士会、税理士会、人間・金銭関係の相談と弁護士会、法テラス（日本司法支援センター）など、いわゆる「士」の会＝士業との連携が、火急時にいかなるオペレーションをとりうるかを日常的に検討、準備しておく必要もある。[31]

　壊れかけた人間関係のなかで苦悩する被災者の〈希望〉を〈未来〉へとつなぐあらゆる情報は、こうしたインフォーマル・ネットワークを介して常日頃広く収集、分析され、今後起こるであろう大震災等に役立てる必要がある。そうした情報の共有と、簡便な取得システムの構築は、減災の一助となるであろう。関係性構築を内蔵する情報のやり取りは、それ自体が「絆づくり」なのである。地震国日本では、いつ誰が被災するかわからない。「相身互い」でやり取りされる情報は、学識者政治（scholar politics）の技術的専門性と政治的バイアスに答責性をもたせ、事が起こった場合に、被災地の「場ベースの戦略」を駆動させよう。

　以上みた、「市民的パワーデッキ」や「百年未来機構」のようなネットワークが、「一種の自己組織的な硬直性」（スティーブン・ジョンソン）として「磁石のよう」に地域の「肌理のなかに植え込まれ」るとき、「徹底した民主主義」（「メモ」（5））は自ずと実践されよう。「メモ」には、それが向かうべき先を次のように記してある。「(1)最も小さな弱い声を探り当て、(2)理不尽に夢や希望を奪い去られようとする子どもの抱く願望の先を想像し、(3)〈from under〉か

らする合意的な政策形成の場を民主的に運営し、被災地の今後のあり方を左右する重要な決定の場には、被災者の代表（仮設住宅単位、学区単位等）の参加が重要である。あらゆる意味でパワーレスな状態に置かれた被災者にとって、国、県は遠い存在でしかないことを十分認識しておく必要がある。復旧、復興の進展とともに、今後静かに浸透して行くであろう技術的専門知識に住民のボトムアップ型対話によって答責性を担保させるためにもこの点は極めて重要である」と。

注
1) 2016年3月11日で、東日本大震災の発生から5年を迎えた。警察庁の発表（3月10日）によれば、震災の死者が全国で1万5894人、行方不明者が2561人であり、また復興庁のまとめでは、2015年9月末時点の震災後の体調悪化や自殺による震災関連死は3407人であった。また、同年末の岩手、宮城、福島3県のプレハブ仮設住宅に独り暮らしで、誰にもみとられず亡くなった「孤独死」は警察庁まとめによると202人であった（朝日新聞、2016年3月11日）。5年の「集中復興期間」が過ぎようとしている2016年2月27・28両日に朝日新聞社と福島放送が共同で行った福島県民対象（有効回答者1015人）の世論調査（電話）によれば、復興に「道筋がついていない」と回答した人の割合は62%にも及ぶ（朝日新聞、2016年3月4日）。
2) 日本赤十字など4団体に寄せられた義援金は、厚生労働省のホームページで市町村別配布状況が公表されている。「義援金は2012年8月5日現在で3091億円、このうち2596億円が自治体に送られた」（読売新聞、2012年8月14日）。ただ、震災後に急増した寄付金は伸び悩んでいるのも事実である。寄付金の使途を含む情報公開、団体自体の財務報告などが、今後重要となろう。たとえば、寄付文化の普及をめざす日本ファンドレイジング協会（東京）は、「復興支援には息の長い取り組みが必要。支援はこれからが正念場で、団体は金の使途を伝える活動に力を入れることが大事だ」（読売新聞、2012年8月14日）と指摘している。これまで約200しかなかった認定NPO法人を増やして寄付文化を根づかせるため、2012年6月に成立した税制優遇措置を盛り込んだ改正NPO法に後押しされて、「東日本大震災の被災者らが立ち上げたボランティア団体が、次々とNPO法人格を取得している」。岩手、宮崎、福島3県でNPO法人格を申請した25団体のうち、これまで8団体がNPO法人格を取得した（朝日新聞、2011年8月8日）。
3) 「特集・東北 日本の『根っこ』」『考える人』No. 40、新潮社、2012年春号などを参照。
4) 日本学術会議「被災地域の復興分科会」第2回会議（2011年4月27日開催）への提出メモ（以下、「メモ」と略記）には、この点を以下のように綴った。「被災者自身が主導的にその無念さと苦しみを集合的記憶にとどめ、地域の歴史的過去を未来につなぐ鎮魂碑の建立が目指されるべきである。死者を弔い、現状を憂い嘆き、それでもなお未来へと差し出そうとする希望の思いを被災者一人一人が直筆で刻み込む、将来へと記憶をつ

なぐ（仮称）〈人間の壁〉と命名されるような鎮魂の碑を、被災地域、住民の間で十分に時間をかけて考えられるべきであろう」。
5) 読売新聞、2011年7月5日。また、三条市の矢田薗氏の句「帰る日の知られざる越後の避難所に口ずさむなり相馬流れ山」（朝日新聞、2011年7月11日）は、被災者の心情を察するに余りある。
6) 「人手を失い、これを機に漁業から身を引いてゆく人たちもいるだろう。子どもを抱える若い家族は、勤め先を求めて別の土地へ移ってゆく可能性も高い。実際その動きは顕在化しているようなので国内の他の地域よりさらに早く高齢化が進む」（西村佳哲（2011）『いま、地方で生きるということ』ミシマ社、30頁）。
7) 「阪神大震災の仮設生活を待ち構えていたのが幻滅期だ。孤独死と独居死とも言われた。看取る者のいない死が阪神の教訓である。5年間で自殺を含め233人。10ヵ月を経た遺体もみつかった。典型例は喪失感から引きこもり、酒浸りになることだ。生への無気力さは『緩慢な自殺』とも呼ばれた。／阪神の仮設での心のケアを担った精神科医らは、今回の被災地をより不安視する。仙台市で支援診療した津田病院（兵庫県三田市）の藤田宏之院長は『生活保護率は低く、自殺率は高い』という東北人気質を懸念する。『生真面目に耐え忍ぶ人が目立ち、受診どころか、不安を口にすることさえ『恥』と考える傾向が強い。気軽に行ける心身の健康相談所を早急に整備すべきだ』と訴える」（水田広道「心の復興を見守ろう」読売新聞、2011年8月21日）。
8) Jane Jacobs (1961), *The Death and Life of Great American Cities*, New York: Random House, p. 376 [山形浩生訳『アメリカ大都市の死と生』鹿島出版会、2010年、404頁]。
9) *Ibid.*, p. 138 [前掲訳書、161-162頁]。
10) *Ibid.*, p. 133 [前掲訳書、157頁]。
11) Robert D. Putnam (1993), *Making Democracy Work: Civic Traditions in Modern Italy*, Princeton, NJ: Princeton University Press [河田潤一訳『哲学する民主主義』NTT出版、2001年]。
12) Michael J. Piore and Charles F. Sabel (1984), *The Second Industrial Devide: Possibilities for Prosperity*, New York: Basic Books [山之内靖・永易浩一・石田あつみ訳『第二の産業分水嶺』筑摩書房、1993年]。
13) 震災後いち早い段階で、「宮城県は水産業復興特区として、漁協がほぼ独占している沿岸漁業への民間企業の参入を打ち出した。後継者がいないまま高齢化が進む地元漁業に、民間の資金や知恵を呼び込むのが狙いだ。漁協は反発しているが、村井嘉浩知事は強い意欲を示している。農業・農村モデル創出特区では、漁業とは逆に規制強化を訴える。農地の所有者や借地人の土地利用を制限し、市町村などが一定期間管理して基盤整備し、土地を配分するという案だ。大規模で効率的な農業を目指す考えが土台にある」（朝日新聞、2011年6月16日）。また、村井知事とのインタビュー記事「農漁業：選択と集中で新モデル作る」（『インタビュー：未来を見つめて──東日本大震災1年オピニオン』朝日新聞、2012年3月8日）も、この点に関して興味深い。被災の内の復旧工事が2013年6月から始まったのを受け、岩手県陸前高田市小友町の地元農家約350人は、2014年3月に農事組合法人「サンファーム小友」を設立した。組合員のうち10人ほどが農作業に携わり、土地を貸した組合員も一定の収入が得られるようになった（読売新聞、

2015年3月3日)。フィリップ・シュミッターがいう「consortio」である（注23を参照)。
14)「東日本大震災では、部品供給網（サプライチェーン）が寸断され、企業の生産活動に大きな打撃を与えた。2012年度の年次経済財政報告（経済財政白書）は、……〈中略〉……大企業を中心に一時的に西日本などからの調達に切り替える動きが出て、影響は早期に解消されたと分析している。……〈中略〉……円高や海外に比べて高い人件費などを背景に、大企業が海外調達を増やす傾向は震災前から強まっている。白書は『こうした動きが広がると、国内の生産活動に大きな影響を及ぼす』と警戒感を示す」（読売新聞、2012年7月31日)。こうした懸念を払拭するためにも適切な政策と対応が急がれる。岡崎哲二は、この点を次のようにいう。「ある地域に産業が集積していた場合、自然災害等でいったん集積が破壊されると、自律的には集積が再生されない可能性があることである。……〈中略〉……産業集積の縮小は、マーシャルが注目した、集積自体が生み出す企業の競争力を低下させ、被災地の自律的復興をより難しくする。しかしこの問題は乗り越えられないわけではない。補助金や特区の設置等によって、被災地を企業にとって魅力ある地域とし、集積が回復してくれば、再び集積効果が機能し始める。そうなれば自律的復興が軌道に乗る。復興のための戦略とそれにもとづく適切な政策が求められる所以である」（岡崎哲二「『産業集積』着目の政策を」読売新聞、2012年4月16日)。
15)　後藤建夫・宮城県漁協桃浦支部長は、次のように語る。「でも、桃浦への愛着はあり、仲間と『サラリーマンで戻れるといいな』と話していました。企業ができれば、若い世代も外から入ってきてコミュニティーを担ってくれると考えたからです。昨年5月に宮城県の村井嘉浩知事が水産業復興特区の構想を打ち上げた時、県漁協は反発しましたが、私たちは『これしかない』と思いました。漁協に優先的に与えられている漁業権を、漁業者と連携する民間企業も取りやすくするものです。しかし、資金の壁があって進んでいません。出資額の半分以上を地元の漁業者が出さないといけない、という趣旨の漁業法の規定があるからです。……〈中略〉……特区では漁業法の規定を外すか、企業から給料を前借りする形で出資金に充てられないか。こうした策を講じてほしいものです。県は『特区が成功したら、桃浦が新しい漁業のシンボルになりますよ』と言いますが、今は漁師仲間との話し合いで頭がいっぱいで、そこまで考える余裕がありません。うまく進んだ後で、結果として『シンボルになったんだ』と思えればいいですね」（後藤建夫「サラリーマンで海に戻る」[「耕論：漁師を元気に」朝日新聞、2012年4月19日])。同「耕論」には、回転すしチェーン社長の田中邦彦氏も、次のような一文を寄せている。「漁師から直接買うことで漁業再生のお手伝いをする活動を2010年から始めています。……〈中略〉……そもそも漁業者との連携を始めたのは、魚が取れなくなったからです。……〈中略〉……漁師も高齢者ばかりで、いずれ漁協もなくなるかもしれない。……〈中略〉……漁協とも連携しようと取り組んでいます。……〈中略〉……でも、連携できたのは長崎、愛媛、高知、福井など5、6漁協のみです。なぜか。漁協の問題として感じたのは①新しいことは避ける②規模が小さい③会計や原価計算が雑④流通が複雑で漁業者に利益が残りにくい、といったことです。……〈中略〉……すくなくとも漁協は県一つに集約したらどうでしょう。ある程度の規模がないと、収益を上げられません。ビジネスはチームでやる時代です。……〈中略〉……企業はマーケティング力と資金がありま

第7章　震災復興・減災の政治社会学

す。……〈中略〉……場所によりますが、うちの店に直接、漁師から魚を持ち込んでもらうことも検討中です。魚の処理は中核工場でやっているので、店頭でも多少、さばく余裕があるんです。魚のサイズの不ぞろいでも対応できます。漁師として一定期間契約し、取れなくても最低限の給料は保証する選択肢も設けるつもりです」（田中邦彦「新しい漁業、一緒にやろう」朝日新聞、同前）。

16) 阿部力新おおつち漁協理事は、漁協の体質と課題について次のように話している。「海は三陸固有の貴重な資源。釣りや漁業体験など、観光とも結びつけられる。漁業は斜陽ではなく、やりよう。漁協も悪いのはしくみではなく、やりようなのだ。理事になって内側から見ると、漁協は過剰投資や組合員への融資の焦げ付きなど、かなりひどい状態だった。……〈中略〉……管理能力を問われ、国が施設の補助事業の補助金を出し渋ったくらいだ。最大の問題は後継者不足だ。旧漁協に800人いた組合員は、新漁協では180人。もともと職業としていた人は震災前から200人ほどしかおらず、船を持っていただけの人が震災で抜けたということだ。こうなってしまったのには、2つ理由がある。ひとつは、漁業が閉鎖的だったこと。自分たちの利権を守るために新加入を妨げてきた。また、組合員が新しい種類の養殖をやりたいといっても、場所がない、などと否定的だった。……〈中略〉……もうひとつは、船や道具をそろえるのに初期投資があまりにも高額になり、技術を会得して利益が出るようになるまでに数年かかることだ」（阿部力「斜陽ではなく、やりよう」同前）。

17) 「三陸沿岸の文化の特徴として、津波のたびに何度も人間とそれが持ち伝えた文化が大きく入れ替わるという流動性が挙げられる。しかも、その動きは内陸からではなく、日常的にも主に南方からの海を通した漁師たちの交流が基盤にあり、文化や信仰と共に移って来たのである。三陸沿岸における津波の後の復興は、『旅の者』の力によってしか成功しないことは、今回の大津波においても同様であると思われる」（川島秀一（2012）『津波のまちに生きて』冨山房インターナショナル、68頁）。この種の問題を考えるうえで、レジリエンスについては、「（特集）災害に対するレジリエンスの向上に向けて」（日本学術会議（2015）『学術の動向』2015年7月号、8-86頁）は重要である。レジリエンスについては、Joie Acosta, Anita Chandra, Sally Sleeper and Benjamin Springgate（2011）, *The Nongovernmental Sector in Disaster Resilience: Conference Recommendations for a Policy Agenda*, Santa Monica, CA: RAND Gulf States Policy Institute; Daniel P. Aldrich（2012）, *Building Resilience: Social Capital in Post-Disaster Recovery*, Chicago, IL: The University of Chicago Press ［石田祐・藤澤由和訳『災害復興におけるソーシャル・キャピタルの役割とは何か——地域再建とレジリエンスの構築』ミネルヴァ書房、2015年］などがある。

18) Richard Florida（2008）, *Who's Your City? How the Creative Economy Is Making Where to Live the Most Important Decision of Your Life*, New York: Basic Books, p. 212 ［井口典夫訳『クリエイティブ都市論』ダイヤモンド社、2009年、251頁］。

19) 「サライ・インタビュー　畠山重篤」『サライ』2012年9月号、16頁。畠山重篤（2005）『カキじいさんとしげぼう』講談社も参照。

20) 「大槌復興まちづくり住民会議」の赤崎友洋の次の一節などに、希望に向けての関係性の再構築の営みが見て取れよう。赤坂はいう。「今回、震災後の色々な活動を通して

特に感じたのは、次の2つのことだ。1つは各機関（国・県・町・町議会・商工会・漁協・農協など）はお互いの出方をうかがってまったく機能していないということである。もう1つは、人が繋がることで色々な可能性が生まれるということだ。私たち住民と支援してくれる人々。他方面の専門家たち。時にはマスコミなど。住民を中心として繋がった輪は必ず各機関・組織を動かせるはず。そして、ともにまちづくりをしていくために私たち住民は、被災しても自ら立ち上がるべきと感じる。批判するだけでは駄目。その先を考えながら皆で一致団結して大槌を復興させたい、と思う」（赤崎友洋（2011）「立ち上がる被災者たち──『大槌復興まちづくり住民会議』の挑戦」『世界』2011年8月号、90頁）。社会福祉協議会などが雇用する「生活支援員」、被災地以外の自治体から派遣される「応援職員」などの役割が今後ますます重要となってこよう。

21) 「カツオは、より自然の側に、ひいてはカミに近い魚と思われていたからこそ、逆に人間の側で、他の魚類に飛びぬけて、多くのカツオに関する文化が生まれてきたのではないだろうか。資源問題や環境問題が顕在化している現代において、再度『漁業』という人間の営みを、経済効率や機械技術だけでなく、『文化』として組なおすことで、根源から問い直していかなければならないものと思われる。……〈中略〉……海の資源について、開発か保護かという、いずれも人間を中心とした議論がめぐっている。このようなときに、再度、漁業の原点である（カミからの贈り物）『寄り物』の思想に戻り、人間ではなく神が所有する海から、人間が漁を通して授かるのだという捉えかたをしていくならば、漁労文化について新たな世界を開いてくれるだろうと思われる」（川島秀一、前掲書、197頁）。

22) スティーブン・ジョンソンは、ジェイン・ジェイコブズが観察した「歩道の生活における情報ネットワークは充分に肌理の細かいもので、高次学習が創発することを可能にする」(Steve Johnson (2001), *Emergence: The Connected Lives of Ants, Brains, Cities, and Software*, New York: Scribner, pp. 96-97 [山形浩生訳『創発』ソフトバンク・パブリッシング、2004年、100頁]) と論じている。こうした創発性による自己組織システムをジョンソンは、エヴリン・F・ケラーとリー・シーゲルの粘菌の集結に、マーヴィン・ミンスキーの人間の脳の分散ネットワークにも見て取っている (*ibid.*, p. 18 [前掲訳書、15頁])。ジョンソンによれば、これらに共通するのは以下の特徴である。「それらは単一の賢い『トップ会談』ではなく、比較的バカな要素を大量に使うことで問題を解決する。それはボトムアップシステムであり、トップダウンではない。賢さは下からくる。もっと技術的に言えば、これらは複雑な適応システムで創発行動を示している、こうしたシステムでは、1つのスケールに宿るエージェントが、1つ上のスケールで見られるふるまいを創り出す。アリは巣を作る。都市住民は近隣を作る。簡単なパターン認識ソフトは、新しいおすすめ本の紹介ができるようになる。低次のルールから高次の洗練へと向かう動きこそが、創発と呼ばれるものだ」(*ibid.*, p. 18 [前掲訳書、15頁]) と。ジョンソンは、また次のようにもいっている。「アリの言語の単純さ──そしてアリ個体の相対的なバカさ加減──は、コンピュータープログラムの表現を借りれば、バグではなく機能だ。創発システムは構成部品が過剰に複雑になると、手に負えなくなる。単純な要素を使って密に相互接続されたシステムを作り、高度なふるまいは自然発生させたほうがいい」(*Ibid.*, p.

第7章　震災復興・減災の政治社会学

78［前掲訳書、78頁］）。創発的な現場力にとっては、①ランダムな出会いの奨励、②記号のなかのパターンの探索、③ご近所に注意を払え、が重要となる、というわけだ。

23） Philippe C. Schmitter（1996），"Some alternative futures for the European polity and their implications for European public policy," in Yves Mény, Pierre Muller and Jean-Louis Quermonne eds., *Adjusting to Europe: The impact of the European Union on national institutions and policies*, London: Routledge, pp. 28-31（本書第8章の注22の図8-1を参照）。「condominio」「consortio」への欧州統合研究者の反応については、公表の時期が東日本大震災と重なった、Junichi Kawata and Philippe C. Schmitter（2011），"Interview with Philippe C. Schmitter: A Titan of Comparative Politics,"『甲南法学』第51巻3号、342-343頁を参照されたい。達増拓也岩手県知事の発想は、次の文章にもあるように、いわばシュミッターがいう「condominio」と「consortio」の有機的結合のなかに復興の道筋を描こうとしている点で、傾聴に値する。達増知事は次のようにいう。「答えは現場にある、と思うのです。復興計画を話し合う『岩手県東日本大震災津波復興委員会』は、農業・林業・水産業・商工業、そして医療・福祉・教育など、県内の諸分野を代表する方々に参画してもらい、県民の意見を集約できる『オール岩手』の布陣としました。科学的・技術的にしっかりと根拠のある計画にしていくために、防災や都市計画など専門的内容については県内外の専門家の方々にアドバイスしていただきながら、原則に沿った復興計画をつくっていきたいと思っています。現場にはさまざまな知恵と技術、アイデアがあります。そうした知恵や被災者のマンパワー、そして地域の資源・資材を活用していくことが地域循環的な復興につながっていきます。そうした復興のためには、市町村の主体性が発揮されることが大事です」（達増拓也（2011）「答えは現場にある――岩手のめざす人間と故郷の復興」『世界』2011年9月号、43頁）。「人間の復興が第一」を掲げる達増は衆議院議員のころ、小泉純一郎政権の構造改革路線に疑問を抱いていた。彼は、次のように言っていた。「農水産、建設、小売り。効率が悪いとされる産業を、雇用の受け皿もなく壊せば、地方経済は廃れる。大災害の時はショックドクトリンの手法は採らず、すでにある組織を生かすのが早道なんです」（加藤裕則「海を取り戻す⑬共同体」朝日新聞、2016年6月30日）。

24） 岡本厚（2011）「編集後記」『世界』2011年8月号、336頁。学区については、宮台真司の次の指摘は興味深い。「廃藩置県の際、『県』を人びとに定着させるのに何がいちばん有効だったかというと、学校の『学区』だったそうです。『何丁目何番地までがこの学校の学区です』という区切りが『番地』という意識を産んだ。それが『市』や『県』と結びつき、この『県』の人はこの学校に行きなさいという感じで、『県』意識、つまりいまで言う都道府県意識が定着したと言われています」（宮台真司・鈴木弘輝・堀内進之介（2007）『幸福論』日本放送出版協会、112頁）。

25） Johnson, *Emergence, op.cit.*, pp. 106-107［前掲訳書、111頁］。

26） ウォルター・リップマンは、市民的媒介制度の重要性を考えるときにきわめて示唆的な次のような文章を残している。彼はいう。「マシーンがあるのは、人間性が邪悪だからではない。どんな集団であれ、その一人一人がどれだけ私的見解をもっていようとも、そこからひとりでに一つの共通観念があらわれるわけはないからだ。……〈中略〉……大衆行動によっては、何も建設できず、計画できず、考え出せず、協定できず、処理も

153

できない。自分たちが寄りつどえる、中心とすべき組織的階層制をもたないこうした大衆は、もし値段が高すぎれば買うことを拒み、もし賃金が低すぎれば働くことを拒むだろう」(Walter Lippmann ([1922] 1997), *Public Opinion*, New York: Free Press, p. 156 [掛川トミ子訳『世論〈下〉』岩波書店、1987年、58-59頁])。

27) Michael Woolcock and Deepa Narayan (2006), "Social Capital: Implications for Development Theory, Research, and Policy Revisitied," in Anthony J. Bebbington, Michael Woolcock, Scott Guggenheim and Elizabeth A. Olson eds., *The Search for Empowerment: Social Capital as Idea and Practice at the World Bank*, Bloomfield, CT: Kumarian Press, p. 46. 「共同作業」型社会資本の見方は、理論家、研究者、政策形成者にとって、3つの中心的な作業があることをマイケル・ウルコックとディーパ・ナヤランは示唆している。「その第1は、ある特定のコミュニティ、そこの公式の制度、それらの間の相互作用を特徴づける社会関係の性質と程度を確認すること。第2は、それらの社会関係、特に社会あるいはコミュニティにおける『結束』型社会資本と『架橋』型社会資本の程度を理解し、それに基づいた制度的な戦略を開発すること。第3は、社会資本のポジティブな現れ方(幅広い協力、信頼、制度の効率性)がネガティブな現れ方(分派主義、孤立主義、情実主義)を帳消し、そして/あるいはネガティブな現れ方から生み出すことができる方法と手段を確認すること。換言すれば、難題は、脆弱、敵対的、あるいは取り柄のない公式の制度の『代わり』をコミュニティの社会資本が果たす状況を2つの領域がお互いに「補う」状況へと変容させることである」(*ibid.*, pp. 46-47)。

28) Michael Edwards, "Enthusiasts, Tacticians, and Skeptics: Social Capital and the Structures of Power," in Bebbington et al. eds., *The Search for Empowerment, ibid.*, p. 101.

29) Lippmann, *Public Opinion, op.cit.*, p. 151 [前掲訳書、49-50頁]。

30) 政府が東日本大震災の長期的な復興拠点に、被災地の大学を核とした「地域復興センター」を検討していることは、きわめて理に適っている(読売新聞、2011年7月19日)。ハリケーン・カトリーナ後の地元大学の多くの取り組みが、Ken Reardon and John Forester eds. (2016), *Rebuilding Community after Katrina: Transformative Education in the New Orleans Planning Initiative*, Philadelphia, Penn: Temple Universiyt Press に紹介されている。

31) ロバート・ダールの次の指摘を参照。「地方紙の統制の外にある、きわめて重要で、最後の情報源として、専門家の意見と知識がある。専門家はいつでも使えるわけではない。また、使えるときでも、いつでも役にたつわけではない。しかし、政策の多くの領域で、専門家の見解は、大きな正当性と説得力をもっている。市長、CAC、再開発局は、再開発と復興について、その代替案や費用の明確化や実際性の評価などについての情報として、マスメディア――そのなかでも、とくに新聞――には頼らなかった。たしかに、大多数の市民は専門的知識や意見に接する機会がないか、またはそれを利用する術を知らない。しかし、政策立案者はいつもそうしているのである。判断をする専門家は、市役所のものに限らない。エール大学は熟達した知識と専門的情報の重要な源泉である。婦人有権者同盟やニューヘブン納税者調査協議会などの市民組織もまた、専門的知識を体系的に利用している」(Robert A. Dahl (1961), *Who Governs?: Democracy and Power in an American City*, New Haven, CT: Yale University Press, pp. 263-264 [河村望・高橋和宏訳『統治す

るのはだれか』行人社、1988年、332-333頁])。こうした視点から、広渡清吾（2012）『学者にできることは何か──日本学術会議のとりくみを通して』「(特集) 日本の復興・再生に向けた産官学連携の新しいありかた」（日本学術会議（2013）『学術の動向』2013年9月号、67-101頁）は重要である。

第8章　民主主義の賦活にむけて

■1 グローバリゼーションと政治経済システムの変容

　第二次世界大戦後の日米欧などの先進資本主義諸国は、1970年代初頭、ニクソン・ショックとオイル・ショックという2つの危機を経験し、低成長、スタグフレーション、深刻な財政赤字を余儀なくされるようになった。
　そうしたなか進行する全般的な製造業の空洞化を前に、各国は経済再編に取り組もうとしたが、熾烈さを極める国際経済競争のなかでなかなか奏功するものではなかった。企業は安い労働力を求めて海外に進出し、国内産業を守ろうとする保護主義も台頭した。従来のリベラルな国際経済秩序は根底から揺らぎ、フォーディズムを生産体制としたケインズ主義的一国福祉国家は機能不全に陥った。
　こうしたなか、これらの混乱の元凶を介入主義的国家に求める新自由主義が、多くの経済学者や政治家の間に受け入れられるようになった。1970年代後半には、「小さな政府」「民営化」「規制緩和」が、国家と市場の関係を律するあるべき処方箋として広く受け入れられるようになり、企業の間では「柔軟なグローバル生産プロセス」が標準化していく。
　同時期に並行して加速した通信自由化の世界的な波によって規制緩和・撤廃の波にさらされた通信サービス産業、特に国際通信市場における競争激化は、商業ネットワークにリンクしたインターネットを取り込む形で企業戦略に変化への対応を促し、1990年代にはグローバル・アライアンスの台頭として現れた。
　新たな情報環境は、企業の「柔軟なグローバル生産プロセス」を飛躍的に高度化させた。たとえば、ボーイング社は1964年に81か月の開発期間の後に旅客

第 8 章　民主主義の賦活にむけて

機ボーイング727を運行させたが、新たに採用したダッソール社（仏）開発のコンピューター支援システム（CAD）は、製品開発期間を飛躍的に短縮することができた。同社は、1994年には新しいジェット旅客機777を運行させたが、新製品の開発には52か月しか要しなかった。¹⁾そして、それは、主要な構成部分を10数か国の外国に依存しており、もはやアメリカ製の航空機でないことはいうまでもない。「ボーイング社は現在では、生産の付加価値の約60％を海外の部品メーカーから調達しているのだ」。²⁾

産業構造の高度化、市場のグローバル化、市場の「グローバル・ウェッブ」化は、高付加価値型諸活動を特定の地域に集中させるネットワーク効果を呼び、規模による収穫逓増を引き起こし、高所得者地域と低所得者地域の格差を拡大させたのである。「柔軟なグローバル生産プロセス」をベースに低賃金、非正規雇用、特別の職業訓練を必要としない職を企業は求め、企業はグローバル化（「go global」）のスピードを速める。

1980年代に入ると、1985年のプラザ合意に伴う円高不況がもたらした日本の産業再配置（海外現地生産化、海外からの部品調達）は、アジア諸国の工業化を推進し、日本が得意としてきた「柔軟な専門化」体制も併せて現地に輸出することとなった。グローバル経済の圧力にさらされたアジア諸国は、80年代を通して、程度の差こそあれ軍あるいは官僚主導の権威主義的体制の下で外資を導入することによる輸出志向の工業化の道を成功させ、経済成長を推し進め、その結果、政治体制の民主化を余儀なくされた。[3]

企業の「Go Global」戦略は、それら企業の本拠地である欧米先進諸国にも同じような影響を及ぼした。そこそこの給料がもらえる、大したスキルが必要なわけではない職の重要性は極端に低下し、メーカーなどで働く中産階級の大半が貧困層への道をたどった。[4] 米国内のコンピューター関連の仕事は、グローバル経済の影響を受けてあっという間に台湾、インド等に奪われた。[5] 新しい情報技術を駆使する「シンボリック・アナリスト」（コンサルタント、大学教授、技術者等）、プロフェッショナル階級でさえも、その地位は不安定であることが露わになったのである。[6]

昂進する全球的な市場経済化、金融・生産の一体化、情報化は、政治、文化

の相互影響と同一化を推し進めるとともに、社会の「脱包埋」化を高め、非市場活動の領域で、環境を含めた人権、貧困、移民などの問題をグローバル争点化している。市場グローバリゼーション、コミュニケーション・グローバリゼーション以外に、ロバート・カドルは、こうした「直接的グローバリゼーション」を指摘している。非市場活動の領域で広がる地球環境問題などがグローバル争点として認識される側面が追加されたのである。[7]

2 民主主義を賦活する

　グローバリゼーションが引き起こす急速な市場経済の導入と民主化は、人やモノの移動や経済活動の自由を高め、また政府の権限が分散化するなかで、山積する諸問題の解決に市民の幅広い参加を不可欠とした。国境を今やまたぐ諸問題を前に、「個々人が政治的・経済的権威の中心とのあいだで進行中の社会契約や一連の契約について討論し、影響力を行使し、交渉を行うグローバルな過程を描写するために」、メアリー・カルドアは「グローバル市民社会」という言葉を用い、グローバル社会運動、国際NGO、トランスナショナル・アドボカシーネットワーク、市民社会組織、グローバル公共政策ネットワーク等、非国家的アクターの重要性を指摘している。[8]

　これら国内外を含めたNGOを中心とした非国家的アクターの台頭は、ジュード・フェルナンドとアラン・ヘストンによれば、国際的・国内的に多くの矛盾に満ちた次の5つの急激な政治経済的変化に起因している。それらは、①社会的な諸集団による社会的・経済的・政治的平等を獲得しようとする試みへの応答、②持続可能な環境の追求、③平和的なエスニック関係・宗教関係・国家関係の構築の必要性、④あらゆる形態の搾取と支配への抵抗、⑤国家と市場の拡大である。[9]

　ただ、非国家的アクターをNGOに代表させて説明するとしても、NGOという言葉の使われ方は一様ではない。西欧では一般に国際的に活動している非営利団体（Nonprofit Organization）をいうが、民主化移行期の東欧・旧ソ連圏では慈善団体（Charity Organization）、非営利団体全体を指す傾向にある。また、第

第8章　民主主義の賦活にむけて

三世界では普通、開発に関わる団体を指し、慈善団体や病院あるいは大学は、民間任意団体（Private Voluntary Organization）や非営利団体と呼ばれる。

東南アジアでは、しばしば NGO と民衆団体（People's Organization、Grass-root Organization）は使い分けられる。西川潤と平野健一郎によれば、NGO は都市中間層、知識人層によって創られ、都市スラム地域や農村地域での社会開発のために仕事をする団体を指す。こうした人々は、「社会生活の最下層と直接接触しているために、社会的発言を積極的に行う傾向がある」。これに対して PO や GRO は、「地元の草の根民衆組織であり、自分たちの利害を訴えて行政や社会に働きかける」[10]と指摘されている。また、アメリカでは、NGO は、非政府、非ビジネスの宗教、労働、あるいは住民ベースの PVO（民間任意団体）、市民社会組織（Civil Society Organization, CSO）とほぼ同義で使われる。[11]

「比較的最近になって民主化の過程に乗り出したアジア諸国の一部」においては、NGO は、「市民社会の発展が政府によって社会の安定や国の安全保障をさえ損なうとみなされる可能性」[12]があった。

1980年代に活発になるインドネシアとフィリピンの NGO の諸活動の観察を通してシーマス・クリアリーは、①権威主義的体制で最も有効な NGO 活動のスタイルは、調停的・協働的なものであり、②権威主義体制ほど NGO 活動に国家の戦略的制約・外枠をはめやすいことを見出した。[13]

クリアリーの分析では、フィリピンの NGO はその自由度の点でインドネシアより高いとしても、依然として NGO の行政との協働が一種の「抱込み政治」に陥る可能性に注意を喚起している。そうしたなかで NGO が今後、①民衆の新たな能力開発と新たな分野への参入、さらには②「直接民主主義」的な民衆参加の開発に取り組むことの重要性が指摘されている。

その点で、クリアリーが注目する実験的な NGO が、1991年地方自治法公布の年に設立されたフィリピンの生活教育事業団（Education for Life Foundation）である。フィリピンでは、マルコス独裁体制（1965-86年）へのいわば反動のような形で NGO が市民社会にあふれ出た。アキノ政権初期の1987年憲法2条および13条は、NGO を奨励し、NGO が国家の政策決定過程に参加する権利を法的に保障した。続いて1987-92年の中期開発計画の策定・実施を支援するため

に「『民衆の2000年』という民間非営利セクターの連合組織が設けられ」、また1991年地方自治法では、「地方開発評議会がNGOに特別代表権を与え、NGOをすべてのレベルの意思決定に加えること」を求めた。こうしてフィリピン政府は、農業・環境・天然資源の各省内にNGO担当部局を設置し、NGOとの緊密な協力をはかるようになっていた。

ELFの目的は、PO（民衆団体）とNGOのリーダーシップ技術の開発・訓練を通じて、①連合構築能力の強化による、軍主導・エリート民主主義への対抗、②エンパワーメント能力の開発による民衆の無力感とバラバラ状況の克服であった。ELFは、いわゆる民衆学校をめざし、その活動は、6週間滞在研修、教員訓練活動、POとNGOとの協力・コミュニケーションの促進、仲間集団との相互交流、住民同士によるELF評価を中心に展開された。

クリアリーはこうしたELFの活動の特徴を、①媒介組織でプロジェクトの起源が草の根レベルにはないこと、②しかし、プラクシスは民衆の幅広い参加を獲得でき、プロジェクトもPOのニーズに応答的である点にあるとし、積極的に評価する。また、組織の成功の要因として、①プロジェクト・スタッフが参加方法論、民衆の組織化論にコミットした点、②プロジェクトが民衆のニーズの明確な政治的分析の上になされた点、③プロジェクト・スタッフが「人民民主主義」「エンパワーメント」など明確な哲学的概念にコミットした点、④アエタ族、マンギャン族の文化への柔軟な敏感さをもった点、⑤プロジェクト・スタッフの多くがパートナーとして重要なNGOや教会グループなどから補充され、教会グループが「解放の神学」への理解を促進させた点を挙げている。

先に指摘したように、アメリカにおいては、NGOはCSO（市民社会組織）とほぼ同義で使われてきた。シーダ・スコッチポルは、**第5章**で紹介してきたように、現代のアメリカはいまだに組織者の国であるが、CSOを市民生活の一部とする「結社好きの国」から遠く離れ、今や専門家が運営する市民組織の「マネージメント」手法が際立つようになり、民主主義は「失われた（diminished）」と診断した。

「失われた民主主義」を取り戻すには、トクヴィル以来、アメリカ民主主義

第 8 章　民主主義の賦活にむけて

の培養基と捉えられてきた自発的結社の芸術を斬新な形で再定式化し、力強く活性化することが急務であると彼女は主張する。民主的ガバナンスと多数の市民の関与を可能とする代表制システムを介して自己統治する草の根結社の間のつながりを強化する方途を見出そうとするスコッチポルは、その有効な成功例として IAF に注目したことも**第 5 章**で紹介しておいたが、その IAF に、フィリピンの ELF は、組織構造や活動スタイルで同じ志向性を認めることができる。

　TIAF（テキサス産業地域事業団）を注意深く観察したマーク・ウォレンは、その関係的パワーが連邦構造型に組織化されている点に関心を寄せる。IAF のオーガナイザーは、ボランティアのコミュニティ・リーダーを訓練し、次の段階では、彼らが IAF のキャンペーンの目標を明確化できるように彼らから距離を置く。コミュニティ・リーダーは教会委員会での議論や近所の人々との会話、ハウス・ミーティング、ブロック・ミーティングの組織化などさまざまな局面に参加する。ベテランのプロのオーガナイザーは専門的意見をリーダーの民主的な関与に結合し、地域を全国レベルへと関係づけようとする。

　ウォレンによれば、こうして十分に組織化されたコミュニティが、従来は政党が政治システムに対して行ってきた媒介組織の役割を果たす。[16] 会員→地元リーダー→（争点キャンペーンの方法についてリーダーを訓練するオーガナイザー）→ネットワーク・リーダー→地域 IAF →全国執行チーム・理事会といった権威階梯は、その「階統的構成」自体が問題なのではなく、「権威がより幅広いコミュニティにとって正当で、包摂的で、アカウンタブルであるかどうか」[17] が問題の核心であるとする。

　ウォレンは、「TIAF は、民主的政治への１つのダイナミックな介入の形態を生み出す参加と権威の結合体である。ネットワークは、時と場所によってどちらかにぶれることもある。しかし、その作用の鍵となる重要な相互学習は、より幅広い参加的組織に十分根づいた権威的リーダーシップから出てくることに強みがある」と指摘している。こうして「IAF のダイナミズムは、敵対を交渉に、パワー・ポリティックスをコミュニタリアン（共同体主義）的な政治的言説に、人種的に同質的な宗教団体を多人種的な地元系列組織内に、広い民衆

161

参加を中央の権威に結合するのである」[18]。

　ケタリング財団のプログラム・オフィサーであったジュリー・フィッシャーは、NGOは、国家と市民社会の相互作用領域としての「政治的コモンズ」を押し広げると主張し、具体的に次の6つの効用を指摘している。①組織的な多元主義の促進、②持続可能な発展と活力ある市民社会の培養、③政治的諸権利と市民的諸自由の促進、④下からの民主化、⑤他の任意団体への影響、⑥小規模企業事業の支援による資本所有制の拡大[19]。

　長年、利益媒介構造の比較政治学的研究に取り組んできたフィリップ・シュミッターも、近年、NGOが人権促進やマイノリティの保護、選挙監視活動、経済助言などの活動を通じて「トランスナショナルな市民社会」の拡充に寄与していると指摘している[20]。

　そのシュミッターが指摘するように、現代の民主主義は、「代表のチャネルと権威的な決定作成のサイトを多次元的に具備する諸制度の複雑なセット」、すなわち「部分体制（partial regime）」であるほかないであろう。そこでは、「政党や結社、運動や地域（localities）、さらには多様な顧客集団が、異なるチャネルを通じて公職地位を獲得したり、政策に影響を与える努力で競争したり、連合したりし、種々の機能を有し領土的集約の種々のレベルでの公的権威がこれらの諸利益の代表と相互関係を取り結び、種々の利益と情熱に対するアカウンタビリティを主張するのだ」[21]。

　であるとするならば、IAFやELFのようなNGO、CSO、シュミッターの巧みな表現を借りれば、政治体よりも事業体によって遂行される集合行為の1つの形態とされる「consortio（事業体）」[22]、あるいはスコッチポル、ウォレン流にいえば関係的組織化をプラクシスのなかに「埋め込み」、多様で多層なメンバーをベースとしたリーダーシップ構造を備えた連邦的代表型組織構成こそが、グローバル化した国家と市場との揺らぎのなかで、たとえば社会資本をエンパワーしつつ、対立を協調へ、社会的パワーを政治的パワーへたぐり上げる市民社会の拡充に大きな役割を果たすものと思われる。

第8章　民主主義の賦活にむけて

注
1) Frank Levy and Richard J. Murnace (2004), *The New Division of Labor*, New York: Russell Sage Foundation, pp. 31-32.
2) Jeffrey A. Hart, "Globalization's Impact on High-Tech Industries in the United States," in Beverly Crawford and Edward A. Fogarty eds. (2008), *The Impact of Globalization on the United States, Volume 3: Business and Economics*, Westport, CT: Praeger, p. 177.
3) この点については、Kristian Skrede Gleditsch and Michael D. Ward (2008), "Diffusion and the spread of democratic institutions," in Beth A. Simmons, Frank Dobbin and Geoffrey Garrett eds., *The Global Diffusion of Markets and Democracy*, Cambridge: Cambridge University Press, pp. 261-302 などが有益。
4) 他の先進工業国では、「business *is* international」が当たり前なのに対して、「international business is still a concept」とされるアメリカ (Beverly Crawford and Edward A. Fogarty (2008), "Globalization's Impact on American Business and Economics: An Overview," in Crawford and Fogarty eds., *The Impact of Globalization on the United States, op.cit.*, p. xi. また同書所収のBarbara Parker (2008), "External Pressures, Internal Tensions: Global Business, Social Contracts, and the Reshaping of U. S. Work," pp. 241-263 もみよ) におけるグローバリゼーションの〈middle〉に与えた経済的・社会的打撃について、地域としての Middle に関しては、Richard C. Longworth (2008), *Caught in the Middle: America's Heartland in the Age of Globalism*, New York: Bloomsbury が、また階級としての middle については、Theda Skocpol (2002), *The Missing Middle: Working Families and the Future of American Social Policy*, New York: W. W. Norton が優れている。後者の「消えた中産階級 (missing middle)」現象については、Katherine S. Newman and Victor Tan Chen (2007), *The Missing Class: Portraits of the Near Poor in America*, Boston: Beacon Press も有益。さらには、アメリカ屈指の社会評論家であるバーバラ・エーレンライクの *Bait and Switch: The (Futile) Pursuit of the American Dream*, New York: Metropolitan Books (2005)［曽田和子訳『捨てられるホワイトカラー』東洋経済新報社、2007年］は、突然に仕事を失うビジネス・エリートの苦悩をえぐり出す貴重な体験ルポである。
5) たとえば、AnnaLee Saxenian (2007), *The New Argonauts: Regional Advantage in a Global Economy*, Cambridge, MA: Harvard University Press［酒井泰介訳『最新・経済地理学──グローバル経済と地域の優位性』日経BP社、2008年、第7章］を参照。
6) Robert B. Reich (1991), *The Work of Nations: Preparing Ourselves for 21st-Century Capitalism*, New York: Alfred A. Knopf［中谷巌訳『The Work of Nations──21世紀資本主義のイメージ』ダイヤモンド社、1991年］。
7) Robert T. Kudrle (1999), "Three Types of Globalization: Communication, Market, and Direct," in Raimo Vayrynen ed., *Globalization and Global Governance*, Lanham, MD: Rowman & Littlefield, pp. 3-23.
8) Mary Kaldor (2003), *Global Civil Society: An Answer to War*, Cambridge: Polity Press, p. 79［山本武彦・宮脇昇・木村真紀・大西崇介訳『グローバル市民社会──戦争へのひとつの回答』法政大学出版局、2007年、115頁］。
9) Jude L. Fernando and Alan W. Heston (1997), "NGOs Between States, Markets, and Civil So-

163

ciety," in Fernando and Heston eds., *The Role of NGOs: Charity and Empowerment* (*The Annals of the American Academy of Political and Social Science*), Vol. 554, November, p. 9.

10) 西川潤・平野健一郎（2007）「東アジアの地域化を推進するもの」西川潤・平野健一郎編『国際移動と社会変容』岩波書店、9頁。

11) Seamus Cleary (1997), *The Role of NGOs under Authoritarian Political Systems*, London: Macmillan Press, p. 4; Parker, "External Pressures, Internal Tensions," *op.cit.*, p. 253. 政府と企業の間の第3セクター、PVO、CSO 空間については、以下参照。Peter Dobkin Hall (1992), *Inventing the Nonprofit Sector and Other Essays on Philanthropy, Voluntarism, and Nonprofit Organizations*, Baltimore: The Johns Hopkins University Press; Robert Wuthnow ed. (1991), *Between States and Markets: The Voluntary Sector in Comparative Perspective*, Princeton, NJ: Princeton University Press; Alan Ware (1989), *Between Profit and State: Intermediate Organizations in Britain and the United States*, Cambridge: Polity Press.

12) 山本正（1998）「台頭する民間非営利セクターの全貌」日本国際交流センター監修『アジア太平洋の NGO』アルク、33頁。

13) Cleary, *The Role of NGOs, op.cit.*, pp. 56-57.

14) 山本、前掲論文、21頁。

15) Cleary, *The Role of NGOs, op.cit.*, pp. 193-226.

16) Mark R. Warren (2001), *Dry Bones Rattling: Community Building to Revitalize American Democracy*, Princeton, NJ: Princeton University Press, p. 28.

17) *Ibid.*, p. 35.

18) *Ibid.*, p. 36.

19) Julie Fisher (1998), *Nongovernments: NGOs and the Political Development of the Third World*, Eest Hartford, CT: Kumarian Press, pp. 13-17.

20) Philipee C. Schmitter (1977), "Civil Society East and West," in Larry Diamond, Marc F. Plattner, Yun-han Chu and Hung-mao Tien eds., *Consolidating the Third Wave Democracies*, Baltimore: The Johns Hopkins University Press, pp. 250-251. シュミッターによれば、「市民社会」とは、「資本主義、都市化、識字率の向上、あるいは社会的流動化の自動的あるいは非反省的な産物ではない（それらに刺激を受けるとしても）。むしろ、市民社会は、公的権威による明示的な政策と民間（再）生産者による暗黙的なプラクティスを要求する、次の４つの特徴を有する自己組織化された媒介集団のセット／システムである」とされる。その４つの要素とは、①二重の自律性（公的権威と民間の生産・再生産単位（企業、家族）の両方から相対的に独立していること）、②集合行為（メンバーの利益と熱意を守り、促進するために集合行為を慎重に考え、行動する点）、③地位、権力などの非強奪性（国家諸制度、あるいは民間（再）生産者に代替したり、政治体を治める責任を引き受けようとしたりしない点）、④市民性（「市民的」性格（相互尊敬の伝達）を有する予め確立されたルールのなかで行動することに同意する点）である（Schmitter, "Civil Society East and West," *ibid.*, p. 240）。

21) *Ibid.*, pp. 243-244.

22) シュミッターは、「ヨーロッパ市民社会」の強化を念頭に置き、ヨーロッパの経済統合、

図8-1　政治体形成の領土的・機能的要素

　　　　　　　　　　　　領土的単位

	可変的 付随的 平等主義的 分化的 可逆的	固定的 隣接的 階統主義的 同一的 非可逆的
可変的 分散的 分担的 重複的	condominio （共同統治）	consortio （共同事業体）
固定的 累積的 分離的 同時的	confederatio （連合）	stato/federato （国家／連邦）

（左側：機能的単位）

出典：Schmitter (1996), "Some alternative futures," p. 29.

政治統合のいっそうの進展を展望している。すでに本書の**第7章**で紹介したように、彼はマーストリヒト条約以後の EU に立ち現れる主権国家を超える新しい秩序を、「condominio（共同統治）」「consortio（共同事業体）」とネーミングをしている。**図8-1**が示すように、領土的単位も機能的単位も可変的な秩序である「condominio」が、共通の問題を解決したり、種々の公共財を生み出すために自動的に作動している多次元的な地域的諸制度を指すのに対して、「consortio」とは、固定した数とアイデンティティの中央権威が、可変的で分散的な機能的課題の達成に協力し合うことに同意する諸事業体が遂行する集合行為の一形態とされる（Philippe C. Schmitter (1996), "Some alternative futures for the European polity and their implications for European public policy," in Yves Mény, Pierre Muller and Jean-Louis Quermonne eds., *Adjusting to Europe: The impact of the European Union on national institutions and policies*, London: Routledge, pp. 28-31）。

参考文献一覧

第Ⅰ部　市民教育論

第1章　アメリカにおける学校改革

Anyon, Jean (1997), *Ghetto Schooling: A Political Economy of Urban Educational Reform*, New York: Teachers College Press.

Bickford, Susan (2000), "Constructing Ineqaulity: City Spaces and the Architecture of Citizenship," *Political Theory*, Vol. 28, No. 3, pp. 355-376. ［池田和央訳「不平等の建設――都市空間と市民の構築」『思想』931号、2001年11月、4-31頁］

Blase, Joseph and Gary Anderson (1995), *The Micropolitics of Educational Leadership: From Control to Empowerment*, New York: Teachers College Press.

Coleman, James S. and Thomas Hoffer (1987), *Public and Private High Schools: The Impact of Communities*, New York: Basic Books.

Comer, James P. (1975), *Black Child Care: How to Bring Up a Healthy Black Child in America*, New York: Simon and Schuster.

Comer, James P. (1977), *Waiting for a Miracle: Why Schools Can't Solve Our Problems and How We Can*, New York: Plume.

Comer, James P. (1980), *School Power: Implications of an Intervention Project*, New York: The Free Press.

Dentler, Robert A. (1991), "School Desegregation since Gunnar Myrdal's *American Dilemma*," in Charles V. Willie, Antoine M. Garibaldi and Wornie L. Reed eds., *The Education of African-Americans*, New York: Auburn House, pp. 27-50.

Ferman, Barbara (1996), *Challenging the Growth Machine: Neighborhood Politics in Chicago and Pittsburgh*, Lawrence, KS: University Press of Kansas.

Fuller, Buruce and Emily Hannum eds. (2002), *Schooling and Social Capital in Diverse Cultures*, Oxford: Elsevier Science Ltd.

Gans, Herbert J. (1995), *The War against the Poor: The Underclass and Antipoverty Policy*, New York: Basic Books.

Henig, Jeffrey R., Richard C. Hula, Marion Orr and Desiree S. Pedescleaux (1999), *The Color of School Reform: Race, Politics, and the Challenge of Urban Education*, Princeton, NJ: Princeton University Press.

Jaynes, Gerald David and Robin M. Williams Jr. eds. (1989), *A Common Destiny: Blacks and American Society*, Washington, DC: National Academy Press.

Jennings, James (1992), *The Politics of Black Empowerment: The Transformation of Black Activism in Urban America*, Detroit, MI: Wayne State University Press. ［河田潤一訳『ブラック・エンパワーメントの政治――アメリカ都市部における黒人行動主義の変容』ミネルヴァ書房、1998年］

Katz, Michael B. (2001), *The Price of Citizenship: Redefining the American Welfare State*, New York: Henry

Holt and Company.

Levine, Marsha and Roberta Trachtman eds. (1988), *American Business and the Public School: Case Studies of Corporate Involvement in Public Education*, New York: Teachers College.

Male, Betty (1995), "The Micropolitics of Education: Mapping the Multiple Dimensions of Power Relations in School Politics," in Jay D. Scribner and Donald H. Layton eds., *The Study of Educational Politics*, London: The Falmer Press, pp. 147-167.

Massey, Douglas S. and Nancy A. Denton (1993), *American Apartheid: Segregation and the Making of the Underclass*, Cambridge, MA: Harvard University Press.

Myrdal, Gunnar (1944), *An American Dilemma: The Negro Problem and American Democracy*, New York: Harper and Brothers.

Orr, Marion (1999), *Black Social Capital: The Politics of School Reform in Baltimore, 1987-1998*, Lawrence, KS: University Press of Kansas.

Peterson, Paul E. (1981), *City Limits*, Chicago: The University of Chicago Press.

Pinkney, Alphonso (1984), *The Myth of Black Progress*, New York: Cambridge University Press.

Portz, John, Lana Stein and Robin R. Jones (1999), *City Schools and City Politics: Institutions and Leadership in Pittsburgh, Boston, and St. Louis*, Lawrence, KS: University Press of Kansas.

Putnam, Robert D. (1993), "The Prosperous Community: Social Capital and Public Life," *The American Prospect*, No. 13, Spring 1993, pp. 35-42.［河田潤一訳「社会資本と公的生活」河田潤一・荒木義修編『ハンドブック政治心理学』北樹出版、2003年、187-202頁］

Ray, Carol Axtell and Rosalyn Arlin Mickelson (1990), "Business Leaders and the Politics of School Reform," in Douglas E. Mitchell and Margaret E. Goertz eds., *Education Politics for the New Century*, Basingstoke, Hampshire: The Falmer Press, pp. 119-135.

Reed, Adolph Jr. (1988), "The Black Urban Regime: Structural Origins and Constraints," in Michael Peter Smith ed., *Power, Community and the City*, New Brunswick, NJ: Transaction Books, pp. 138-189.

Rich, Wilbur C. (1996), *Black Mayors and School Politics: The Failure of Reform in Detroit, Gary, and Newark*, New York: Garland Publishing, Inc.

Schneider, Mark et al. (1997), "Shopping for School in the Land of the Blind: The One-Eyed Parent May be Enough," paper presented at the annual meeting of the Midwest Political Science Association, Chicago, April 10-12.

Sterner, Richard (1943), *The Negro's Share: A Study of Income, Consumption, Housing and Public Assistance*, New York: Harper & Brothers.

Stone, Clarence N. (1989), *Regime Politics: Governing Atlanta, 1946-1988*, Lawrence, KS: University Press of Kansas.

Stone, Clarence N. ed. (1998), *Changing Urban Education*, Lawrence, KS: University Press of Kansas.

Stone, Clarence N., Jeffrey R. Henig, Bryan D. Jones and Carol Pierannunzi (2001), *Building Civic Capacity: The Politics of Reforming Urban Schools*, Lawrence, KS: University Press of Kansas.

Sugrue, Thomas J. (1996), *The Origins of the Urban Crisis: Race and Inequality in Postwar Detroit*, Princeton, NJ: Princeton University Press.［川島正樹訳『アメリカの都市危機と「アンダークラス」

参考文献一覧

――自動車都市デトロイトの戦後史』明石書店、2002年]

Watts, Jerry Gafio (1996), "Blacks and Coalition Politics: A Theoretical Reconceptualization," in Wilbur C. Rich ed., *The Politics of Minority Coalitions: Race, Ethnicity, and Shared Uncertainties*, Westport, CT: Praeger, pp. 41-45.

Wilson, William Julius (1987), *The Truly Disadvantaged: The Inner City, the Underclass, and Public Policy*, Chicago: The University of Chicago Press. [青木秀男監訳『アメリカのアンダークラス――本当に不利な立場に置かれた人々』明石書店、1999年]

Wilson, William Julius (1996), *When Work Disappears: The World of the New Urban Poor*, New York: Alfred A. Knopf. [川島正樹・竹本友子訳『アメリカ大都市の貧困と差別――仕事がなくなるとき』明石書店、1999年]

第2章 アメリカにおけるコミュニティ関与と学校改革

河田潤一（1999）「『公的争点分析アプローチ』と市民教育――ハーバード社会科プロジェクトをめぐって」『姫路法学』第25・26合併号、29-48頁。

坪井由美（1998）『アメリカ都市教育委員会制度の改革――分権化政策と教育自治』勁草書房。

Abrams, Roger I. (1975), "Not One Judge's Opinion: Morgan v. Hennigan and the Boston Schools," *Harvard Educational Review*, Vol. 45, pp. 5-16.

Allen, Henry L. (1979), "Segregation and Desegregation in Boston's Schools, 1961-1974," in James W. Fraser, Henry L. Allen and Nancy Barnes eds., *From Common School to Magnet School: Selected Essays in the History of Boston's Schools*, Boston, MA: Boston Public Library, pp. 108-124.

Allen, Irving M., Janet L. Brown, Joyce Jackson and Ray Lewis (1977), "Psychological Stress of Young Black Children as a Result of School Desegregation," *Journal of the American Academy of Child Psychiatry*, Vol. 16, pp. 739-747.

Altbach, Philip G., Gail P. Kelly and Lois Weis eds. (1985), *Excellence in Education: Perspectives on Policy and Practice*, Buffalo, NY: Prometheus Books.

Archbald, Doug A. and Fred M. Newmann (1988), *Assessing Authentic Academic Achievement in the Secondary School*, Reston, VA: National Association of Secondary School Principals.

Bentley, Judith (1982), *Busing: The Continuing Controversy*, New York: Franklin Watts.

Bickford, Susan (2000), "Constructing Inequality: City Spaces and the Architecture of Citizenship," *Political Theory*, Vol. 28, pp. 355-376. [池田和央訳「不平等の建設――都市空間の市民の構築」『思想』2001年11月号、4-31頁]

Boston Community Action Committee (1974), *The Boston Decision*, Boston: Community Action Committee of Paperback Booksmith.

Brookover, W. B., C. Beady, P. Flood, J. Schweitzer and J. Wisenbaker (1979), *School Social Systems and Student Achievement: Schools Can Make a Difference*, New York: Praeger.

Bruner, Jerome S. (1960), *The Process of Education*, Cambridge, MA: Harvard University Press. [鈴木祥蔵・佐藤三郎訳『教育の過程』岩波書店、1963年]

Bruner, Jerome S. (1963), "Needed: A Theory of Instruction," *Educational Leadership*, Vol. 20, pp.

523-532.

Bruner, Jerome S.（1965）, *Toward a Theory of Instruction*, Cambridge, MA: Harvard University Press.

Cerney, Philip G.（2000）, "Political Agency in a Globalizing World: Toward a Structurational Approach," *European Journal of International Relations*, Vol. 6, pp. 435-463.［遠藤誠治訳「グローバル化する世界における政治的な主体行為――構造化のアプローチに向けて」『思想』2002年6月号、117-144頁］

Coleman, James S. and Others（1966）, *Equality of Educational Opportunities*, Washington DC: Superintendent of Documents, U.S. Government Printing Office.

Coleman, James S.（1990）, *Foundations of Social Theory*, Cambridge, MA: Harvard University Press.［久慈利武訳『社会理論の基礎』青木書店、2004年］

Coles, Robert（1967）, *Children of Crisis*, Vol. 1, Boston: Little, Brown.

Cortes, Ernesto Jr.（1993）, "Reweaving the Fabric: The Iron Rule and the IAF Strategy for Power and Politics," in Henry G. Cisneros ed., *Interwoven Destinies: Cities and the Nation*, New York: W. W. Norton, pp. 294-319.

Cottle, Thomas J.（1976）, *Busing*, Boston: Beacon Press.

Cronin, Joseph M. and Richard M. Hailer（1973）, *Organizing an Urban School System for Diversity: A Study of the Boston School Department*, Lexington, MA: Lexington Books.

Dentler, Robert A. and Marvin B. Scott（1981）, *Schools on Trial: An Inside Account of the Boston Desegregation Case*, Cambridge, MA: Abt Books.

Dentler, Robert A.（1986）, "Boston School Desegregation: The Followness of Common Ground," *New England Journal of Public Policy*, Vol. 2, pp. 81-102.

Fantini, Mario and Gerald Weinstein（1968）, *Making Urban Schools Work: Social Realities and the Urban School*, New York: Holt, Rinehart and Winston.

Featherston, Joseph（1971）, *Schools Where Children Learn*, New York: Liveright.

Fraser, James et al. eds.（1979）, *From Common School to Magnet School: Selected Essays in the History of Boston's Schools*, Boston: Trustees of the Public Library of the City of Boston.

Henig, Jeffrey R.（1994）, *Rethinking School Choice: Limits of the Market Metaphor*, Princeton, NJ: Princeton University Press.

Hillson, Jon（1977）, *The Battle of Boston: Busing and the Struggle for School Desegregation*, New York: Pathfinder Press.

Howe, Leland W. and Mary Martha Howe（1975）, *Personalizing Education: Value Clarification and Beyond*, New York: A & W Publishers.

Howe, Peter J.（1990）, "Lincoln, Boston residents discuss future of Metco: Costs, purposes, benefits are at issue," *The Boston Sunday Globe*, June 10.

Irving, Jacqueline Jordan（1990）, *Black Students and School Failure: Policies, Practices, and Prescriptions*, New York: Praeger Publishers.

Jennings, James（2004）, "Social Capital, Race, and the Future," paper presented at the meeting of the 2004-2006 Social Research Fund of Japan Society for the Promotion of Science in Kobe, Japan, October 9.

Keller, Charles R. (1961), "Needed: Revolution in the Social Studies," *Saturday Review*, September 16, pp. 60-62.

Kohlberg, Lawrence (1973), "Moral Development and the New Social Studies," *Social Education*, Vol. 37, pp. 369-375.

Kohlberg, Lawrence (1978), "Revisions in the Theory and Practice of Moral Development," in W. Damon ed., *New Directions for Child Development: Moral Development*, San Francisco: Jossey-Bass, pp. 83-87.

Kozol, Jonathan (1967), *Death at an Early Age: The Destruction of the Hearts and Minds of Negro Children in the Boston Public Schools*, Boston: Houghton Mifflin.［斎藤数衛訳『死を急ぐ幼き魂──黒人差別教育の証言』早川書房、1968年］

Levin, Henry M. ed. (1970), *Community Control of Schools*, Washington, DC: The Brookings Institution.

Levy, Frank (1971), *Northern Schools and Civil Rights: The Racial Imbalance Act of Massachusetts*, Chicago: Markham Publishing Company.

Lightfoot, Sara Lawrence (1983), *The Good High School: Portraits of Character and Culture*, New York: Basic Books.

Lin, Nan (2001), *Social Capital: A Theory of Social Structure and Action,* Cambridge: Cambridge University Press.［筒井淳也ほか訳『ソーシャル・キャピタル──社会構造と行為の理論』ミネルヴァ書房、2008年］

Long, John W. (2009), "Race Matters: Devaluation and the Achievement Gap Between African American and White Students," in M. Christopher Brown II and RoSusan D. Bartee eds., *The Broken Cisterns of African American Education: Academic Performance and Achievement in the Post-Brown Era*, Charlotte, NC: Information Age Publishing, pp. 109-136.

McClure, Phyllis (1991), "The School Choice Issue," *Trotter Institute Review*, Vol. 5, No. 1, Winter/Spring, pp. 11-12.

McClure, Robert M. (1971), "The Reforms of the Fifties and Sixties: A Historical Look at the Near Past," in R. M. McClure ed., *The Curriculum: Retrospect and Prospect*, Chicago: National Society for the Study of Education, pp. 45-75.

METCO (1987), *METCO Parent Handbook 1987-1988*, Needham, MA: METCO, INC.

METCO (no date), *Host Family Guideline*, Roxbury, MA: Metropolitan Council for Educational Opportunity.

Morrissett, Irving and John D. Haas (1982), "Rationales, Goals, and Objectives," in Irving Morrissett ed., *Social Studies in the 1980s: A Report of Project SPAN*, Alexandria, VA: ASCD.

National Commission on Excellence in Education (1983), *A Nation at Risk: The Imperative for Educational Reform*, Washington, DC: GPO.［橋爪貞雄訳「危機に立つ国家」橋爪貞雄『危機に立つ国家──日本教育への挑戦』黎明書房、1984年、21-183頁］

National Commission on Excellence in Education (1984), *Meeting the Challenge of A Nation at Risk*, Cambridge, MA: USA Research.

Newmann, Fred and Donald W. Oliver (1967), "Education and Community," *Harvard Educational Review*, Vol. 37, pp. 61-106.

Newmann, Fred M. (1975), *Education for Citizen Action: Challenge for Secondary Schools*, Berkeley, CA: McCutchan Publishing Corp.

Newmann, Fred M. et al. (1977), *Skills in Citizen Action: An English-Social Studies Program for Secondary Schools*, Madison, WI: Citizen Participation Curriculum Project, University of Wisconsin.

Newmann, Fred M. (1977), "Alternative Approaches to Citizenship Education: A Search for Authenticity," in Frank Brown(director), *Education for Responsible Citizenship*, McGraw-Hill, pp. 175-187.

Newmann, Fred M. (1981), "Political Participation: An Analytic Review and Proposal," in Derek Heater and Judith A. Gillespie eds., *Political Education in Flux*, London: Sage Publications, pp. 149-180.

Newmann, Fred M. (1981), "Reducing Student Alienation," *Harvard Educational Review*, Vol. 51, pp. 546-564.

Newmann, Fred M. (1986), "Priorities for the Future: Toward a Common Agenda," *Social Education*, Vol. 50, pp. 240-250.

Newmann, Fred M. (1991), "Linking Restructuring to Authentic Student Achievement," *Phi Delta Kappan*, Vol. 72, pp. 458-463.

Newmann, Fred M. (1992), "Introduction," in Fred M. Newmann ed., *Student Engagement and Achievement in American Secondary Schools*, New York: Teachers College Press, pp. 1-10.

Newmann, Fred M. (1992), "The Assessment of Discourse in Social Studies," in Harold Berlak et al. eds., *Toward a New Science of Educational Testing and Assessment*, Albany, NY: State University of New York Press, pp. 53-69.

Newmann, Fred M. and Doug A. Archbald (1992), "The Nature of Authentic Academic Achievement," in Harold Berlak et al. eds., *Toward a New Science of Educational Testing and Assessment*, Albany, NY: State University of New York Press, pp. 71-83.

Newmann Fred M. and Associates (1996), *Authentic Achievement: Restructuring Schools for Intellectual Quality*, San Francisco: Jossey-Bass Publishers.

Oliver, Donald W. and James P. Shaver (1966), *Teaching Public Issues in the High School*, Boston: Houghton Mifflin.

Portz, John, Lana Stein and Robin R. Jones (1999), *City Schools and City Politics: Institutions and Leadership in Pittsburgh, Boston, and St. Louis*, Lawrence, KS: University Press of Kansas.

Poussaint, Alvin F. and Toye Brown Lewis (1976), "School Desegregation: A Synonym for Racial Equality," *The School Review*, Vol. 84, pp. 326-336.

Raths, Louis E., Merrill Harmin and Sidney B. Simon (1966), *Values and Teaching: Working with Values in the Classroom*, Columbus: Charles E. Merrill (second edition, 1978). ［遠藤昭彦監訳『道徳教育の革新』ぎょうせい、1991年］

Remy, Richard C. (no date), *Handbook of Basic Citizenship Competences*, Alexandria, VA: Association for Supervision and Curriculum Development.

Rich, Wilbur (1996), *Black Mayors and School Politics: The Failure of Reform in Detroit, Gary, and Newark*, New York: Garland Publishing, Inc.

Richmond, George (1973), *The Micro-Society School: A Real World in Miniature*, New York, Harper &

Row.

Rosenthal, Robert et al. (1976), *Different Strokes: Pathways to Maturity in the Boston Ghetto*, Boulder, CO: Westview Press.

Sarason, Seymour B. (1995), *Parental Involvement and the Political Principle: Why the Existing Governance Structure of Schools Should Be Abolished*, San Francisco: Jossey-Bass Publishers.

Schneider, Mark et al. (1997), "Shopping for School in the Land of the Blind: The One-Eyed Parent May be Enough," paper presented at the annual meeting of the Midwest Political Science Association, Chicago, April 10-12.

Schrag, Peter (1967), *Village School Downtown: Boston Schools, Boston Politics*, Boston: Beacon Press.

Shaver, James P. and A. Guy Larkins (1973), *Decision-Making in a Democracy*, Boston: Houghton Mifflin.

Shaver, James P. and William Strong ([1976] 1982), *Facing Value Decisions: Rationale-Building for Teachers*, New York: Teachers College, Colombia University.

Shirely, Dennis (1997), *Community Organizing for Urban School Reform*, Austin, TX: University of Texas Press.

Shirley, Dennis (2002), *Valley Interfaith and School Reform: Organizing for Powerin South Texas*, Austin, TX: University of Texas Press.

Smith, Ronald O. (1970), "Though Time Be Fleet," *Social Education*, Vol. 34, pp. 191-194, 234.

Stone, Clarence N., Jeffrey R. Henig, Bryan D. Jones and Carol Pierannunzi (2001), *Building Civic Capacity: The Politics of Reforming Urban Schools*, Lawrence, KS: University Press of Kansas.

Taylor, D. Garth (1986), *Public Opinion & Collective Action: The Boston School Desegregation Conflict*, Chicago: The University of Chicago Press.

Turner, Mary Jane (1981), "Civic Education in the United States," in Derek Heater and Judith A. Gillespie eds., *Political Education in Flux*, London: Sage Publications, pp. 49-80.

Tyack, David, Robert Lowe and Elisabeth Hansot (1984), *Public Schools in Hard Times: The Great Depression and Recent Years*, Cambridge, MA: Harvard University Press.

Wade, Rahima C. and David Warren Saxe (1966), "Community Service-Learning in the Social Studies: Historical Roots, Empirical Evidence, Critical Issues," *Theory and Research in Social Education*, Vol. 24, pp. 331-359.

Weiss, Abby R. and Helen Westmoreland (2007), "Family and Community Engagement in the Boston Public Schools: 1995-2006," in S. Paul Reville with Celine Coggins ed., *A Decade of Urban School Reform: Persistence and Progress in the Boston Public Schools*, Cambridge, MA: Harvard Education Press.

Weiss, Lois (1990), *Working Class Without Work: High School Students in a De-industrializing Economy*, New York: Routlegde.

Wilkinson, J. Harvie III (1979), *From Brown to Bakke: The Supreme Court and School Integration: 1945-1978*, New York: Oxford University Press.

第Ⅱ部 政治的エンパワーメント論

第3章 アメリカにおける黒人行動主義の変容

加藤賢治（2015）「カトリーナ10年 広がる格差」読売新聞、2015年8月29日。
Alexander, Michelle (2010), *The New Jim Crow: Mass Incarceration in the Age of Colorblindness*, New York: The New Press.
Bositis, David A. (2001), *Black Elected Officials*, Washington, DC: University Press of America.
Colburn, David R. and Jeffrey S. Adler eds. (2001), *African-American Mayors: Race, Politics, and the American City*, Urbana, IL: University of Illinois Press.
Dyson, Michael Eric (2005), *Come Hell or High Water: Hurricane Katrina and the Color of Disaster*, New York: Basic Civitas.
Fung, Archon and Erik Olin Wright eds. (2003), *Deepening Democracy: Institutional Innovations in Empowered Participatory Governance*, London: Verso.
Fung, Archon (2004), *Empowered Participation: Reinventing Urban Democracy, Reinventing Urban Democracy*, Princeton: Princeton University Press.
Giroux, Henry A. (2006), *Stormy Weather: Katrina and the Politics of Disposability*, Boulder, CO.: Paradign Publishers.
Hanks, Lawrence J. (1987), *The Struggle for Black Political Empowerment in Three Georgia Counties*, Knoxville: University of Tennessee Press.
Henry, Charles P. (1990), *Culture and African American Politics*, Bloomington: Indiana University Press.［河田潤一訳『アメリカ黒人の文化と政治』明石書店、1993年］
Henry, Charles P. (1991), *Jesse Jackson: The Search for Common Ground*, Oakland: The Black Scholar Press.
Hutchinson, Earl Ofari (2000), *The Disapearance of Black Leadership*, Los Angels, CA: Middle Passage Press.
Jackson, Jesse (1987), *Straight from the Heart*, Philadelphia: Fortress.
Jennings, James (1984), "Boston: Blacks and Progressive Politics," in Rod Bush ed., *The New Black Vote: Politics and Power in Four American Cities*, San Francisco, CA: Synthesis Publications, pp. 199-313.
Jennings, James and Monte Rivera eds. (1984), *Puerto Rican Politics in Urban America*, Westport: Greenwood Press.
Jennings, James and Melvin King (1986), *From Access to Power: Black Politics in Boston*, Rochester, VT: Schenkman Books.
Jennings, James (1992), *The Politics of Black Empowerment: The Transformation of Black Activism in Urban America*, Detroit: Wayne State University Press.［河田潤一訳『ブラック・エンパワーメントの政治——アメリカ都市部における黒人行動主義の変容』ミネルヴァ書房、1998年］
Jennings, James eds. (1992), *Race, Politics, and Economic Development: Community Perspectives*, London: Verso Press.

Jennings, James ed. (1994), *Blacks, Latinos, and Asians in Urban America: Status and Prospects for Politics and Activism*, Westport: Praeger.

Jenning, James (2003), *Welfare Reform and the Revitalization of Inner City Neighborhoods*, East Lansing: Michigan State University Press.

Jones, Mack H. (1978), "Black Political Empowerment in Atlanta: Myth and Reality," *The Annals of the American Academy of Political and Social Science*, No. 439, pp. 90-117.

Keiser, Richard A. (1997), *Subordination or Empowerment?: African-American Leadership and the Struggle for Urban Political Power*, New York: Oxford University Press.

King, Melvin (1981), *Chain of Change: Struggles for Black Community Development*, Boston: South End Press.

Kloppenberg, James T. (2011), *Reading Obama: Dreams, Hope, and the American Political Traditon*, Princeton, NJ: Princeton University Press.［古矢旬・中野勝郎訳『オバマを読む――アメリカ政治思想の文脈』岩波書店、2012年］

Kunjufu, Jawanza (1991), *Black Economics: Solution for Economics and Community Empowerment*, Chicago: African-American Images.

Narayan, Deepa ed. (2005), *Measuring Empowerment: Cross-Disciplinary Perspectives*, Washington, DC: The World Bank.

Nelson, William E. and Philip J. Meranto (1977), *Electing Black Mayors: Poltical Action in the Black Community*, Columbus, OH: Ohio State University Press.

Obama, Barack (1988), "Why organize? Problems and promise in the inner city," *Illinois Issues*, August & September, pp. 40-42.

Obama, Barack ([1995] 2004), *Dreams from My Father: A Story of Race and Inherence*, New York: Broadway Books.［白倉三紀子・木内裕也訳『マイ・ドリーム――バラク・オバマ自伝』ダイヤモンド社、2007年］

Obama, Barack (2006), *The Audacity of Hope: Thoughts on Reclaiming the American Dream*, New York: Crown Publishers.［棚橋志行訳『合衆国再生――大いなる希望を抱いて』ダイヤモンド社、2007年］

Orfield, Gary and Carole Ashkinaze (1991), *The Closing Door: Conservative Policy and Black Opportunity*, Chicago: The University of Chicago Press.

Reed, Adolph Jr. (1986), *The Jesse Jackson Phenomenon: The Crisis of Purpose in Afro-American Politics*, New Haven: Yale University Press.

Remnick, David (2010), *The Bridge: The Life and Rise of Barack Obama*, New York: Alfred A. Knopf.［石井栄治訳『架け橋――オバマとブラック・ポリティックス』白水社、2014年］

Rustin, Bayard (1965), "From Protest to Politics: The Future of the Civil Rights Movement," *Commentary*, Vol. 32, pp. 25-31.

Schmidt, Ronald Sr., Yvette M. Alex-Assensoh, Andrew L. Aoki and Rodney E. Hero (2009), *Newcomers, Outsiders, and Insiders: Immigrants and American Racial Politics in the Early Twenty-first Century*, Ann Arbor, MI: The University of Michigan Press.

Schram, Sanford F., Joe Soss and Richard C. Fording eds. (2003), *Race and the Politics of Welfare Reform*,

Ann Arbor: The University of Michigan Press.

Surgue, Thomas J.（2010）, *Not Even Past: Barack Obama and the Burden of Race*, Princeton, NJ: Princeton University Press.

Thomas, Douglas E.（1998）, *The Rise of Black-Empoerment Theology in America: Remembering an Era*, Philadelphia, PA: Guidinglight Books International.

Travis, Toni-Michelle C.（1994）, "Symbolic Politics: The Mayoral Candidate in Boston," in Hanes Walton Jr. ed., *Black Politics and Black Political Behavior: A Linkage Analysis*, Westport: Praeger, pp. 97-113.

Troutt, David Dante ed.（2006）, *After the Storm: Black Intellectuals Explore the Meaning of Hurricane Katrina*, New York: The New Press.

Villareal, Roberto E., N. G. Hernandez and H. O. Neighbor（1988）, *Latino Empowerment*, Westport: Greenwood Press.

West, Cornell（[1993] 2001）, *Race Matters with a New Preface*, Boston, MA: Beacon Press.［山下慶親訳『人種の問題――アメリカ民主主義の危機と再生』新教出版社、2008年］

West, Cornell and Christa Buschendorf（2014）, *Black Prophetic Fire*, Boston, MA: Beacon Press.［秋元由紀訳『コーネル・ウェストが語るブラック・アメリカ』白水社、2016年］

Wright, Beverly H. and Robert D. Bullard（2007）, "Black New Orleans: Before and After Hurricaine Katrina," in Robert D. Bullard ed., *The Black Metropolis in the Twentieth Century: Race, Power, and Politics of Place*, Lanham, MD: Rowman & Littlefield Publishers, pp. 173-197.

第4章　アメリカにおけるアドボカシー

Berry, Jeffrey M.（1984）, *The Interest Group Society*, Boston: Little, Brown & Company.

Carson, Racel（1962）, *Silent Spring*, Boston: Houghton Mifflin.［青樹簗一訳『沈黙の春』新潮社、1974年］

Duberman, Martin（2002）, *Left Out: The Politics of Exclusion/Essay/1964-2002*, Cambridge, MA: South End Press.

Edsall, Thomas Byrne and Mary D. Edsall（1991）, *Chain Reaction: The Impact of Race, Rights, and Taxes on American Politics*, New York: W. W. Norton & Company.［飛田茂雄訳『争うアメリカ――人権・権利・税金』みすず書房、1995年］

Friedan, Betty（1963）, *The Femine Mystique*, New York: W. W. Norton.［三浦冨美子訳『新しい女性の創造』大和書房、1970年］

Grossmann, Matt（2012）, *The Not-So-Special Interests: Interest Groups, Public Representation, and American Governance*, Stanford, CA: Stanford University Press.

Johnson, Robert Matthews（1984）, *The First Charity: How Philanthropy Can Contribute to Democracyin America*, Cabin John, MD: Seven Locks Press.

Judis, John（2000）, "The Pressure Elite: Inside the Narrow World of Advocacy Group Politics," December 4, http://prospect.org/article.

Key, V. O. Jr.（1942）, *Politics, Parties, and Pressure Groups*, New York: Thomas Y. Crowell.

Loomis, Burdett A.（2003）, "Interest Groups," in Robert Singh ed., *Governing America: The Politicsof a*

Divided Democracy, Oxford: Oxford University Press.

Lowi, Theodore (1969), *The End of Liberalism: Ideology, Policy, and the Crisis of Public Authority*, New York: W. W. Norton & Company. ［村松岐夫監訳『自由主義の終焉――現代政府の問題性』木鐸社、1981年］

Maguire, Stephen and Bonni Wren eds. (1994), *Torn by the Issues: An Unbiased Review of the Watershed Issues in American Life*, Santa Barbara: Fithian Press.

Paden, Catherine M. (2011), *Civil Rights Advocacy on Behalf of the Poor*, Philadelphia: University of Pennsylvania Press.

Russell, Jesse and Ronald Cohn (2012), *Advocacy Group*, Edingurgh: Lennex Corp.

Schattschneider, E. E. (1960), *The Semisovereign People: A Realist's View of Democracy in America*, New York: Holt, Rinehart and Winston. ［内山秀夫訳『半主権人民』而立書房、1972年］

Skocpol, Theda (2003), *Diminished Democracy: From Membership to Management in American Civic Life*, Norman: University of Oklahoma Press. ［河田潤一訳『失われた民主主義――メンバーシップからマネージメントへ』慶應義塾大学出版会、2007年］

Strolovitch, Dara Z. (2007), *Affirmative Advocacy: Race, Class, and Gender in Interest Groups Politics*, Chicago: The University of Chicago Press.

Waldman, Tom (2000), *The Best Guide to American Politics*, Los Angels: Renaissance Books.

第5章 アメリカにおける草の根民主主義の実践

村田勝幸『〈アメリカ人〉の境界とラティーノ・エスニシティ――「非合法移民問題」の社会文化史』東京大学出版会、2007年。

Alinsky, Saul D. ([1946] 1969), *Reveille for Radicals: A Practical Primer for Realistic Radicals*, New York: Random House. ［長沼秀世訳『市民運動の組織論』未來社、1972年］

Berry, Jeffrey M. (1999), *The New Liberalism: The Rising Power of Citizen Groups*, New York: The Brookings Institute. ［松野弘監訳『新しいリベラリズム――台頭する市民活動パワー』ミネルヴァ書房、2009年］

Booth, John A. (1983), "Political Change in San Antonio, 1970-82: Toward Decay or Democracy?" in David R. Johnson, John A. Booth and Richard J. Harris eds., *The Politics of San Antonio: Community, Progress, and Power*, Lincoln & London: University of Nebraska Press, pp. 193-211.

Booth, John A. and David R. Johnson (1983), "Power and Progress in San Antonio Politics, 1836-1970," in David R. Johnson, John A. Booth and Richard J. Harris eds., *The Politics of San Antonio: Community, Progress, and Power,* Lincoln & London: University of Nebraska Press, pp. 3-27.

Boyte, Harry (1980), *The Backyard Revolution: Understanding the New Citizen Movement*, Philadelphia: Temple University Press.

Boyte, Harry C., Heather Booth and Steve Max (1986), *Citizen Action and the New American Populism*, Philadelphia: Temple University Press. ［野村かつ子・水口哲監訳『アメリカン・ポピュリズム』亜紀書房、1993年］

Boyte, Harry (1989), *Commonwealth: A Return to Citizen Politics*, New York: The Free Press.

Boyte, Harry (1989), *Community Is Possible: Repairing America's Roots*, New York: Harper & Row.

Bridges, Amy (1997), *Morning Glories: Municipal Reform in the Southwest*, Princeton, NJ: Princeton University Press.

Cortes, Ernesto Jr. (1993), "Reweaving the Fabric: The Iron Rule and the IAF Strategy for Power and Politics," in Henry G. Cisneros ed., *Interwoven Destinies: Cities and the Nation*, New York: W. W. Norton, pp. 294-319.

Eisner, Jane R. (1998), "No Paintbrushes, No Paint," in E. J. Dionne Jr. ed., *Community Works: The Revival of Civil Society in American*, Washington, DC: The Brookings Institution, pp. 75-80.

Fisher, Robert (1997), *Let the People Decide: Neighborhood Organizing in America*, Updated edition, Boston, MA: Twayne Publishers.

Gegan, Michael, Grant Lindsay and Lucill Clark (no date), "East Brooklyn Congregations," Unpublished leaflet.

Gibson, Tucker (1983), "Mayoralty Politics in San Antonio, 1955-79," in David R. Johnson, John A. Booth and Richard J. Harris eds., *The Politics of San Antonio: Community, Progress, and Power*, Lincoln & London: University of Nebraska Press, pp. 114-129.

Grebler, Leo, Joan W. Moore and Ralph C. Guzman (1970), *The Mexican American People: The Nation's Second Largest Minority*, New York: The Free Press.

Hart, Stephen (2001), *Cultural Dilemmas of Progressive Politics: Study of Engagement among Grassroots Activists*, Chicago: The University of Chicago Press.

Herbers, John (1983), "Grass-Roots Groups Go National," *The New York Times Magazine*, September 4. ［鈴木健次訳「広まる草の根グループの活動」『TRENDS』1984年4月号、39-41頁］

Márquez, Benjamin (2003), *Constructing Idenitities in Mexican-American Political Organizations: Choosing Issues, Taking Sides*, Austin, TX: University of Texas Press.

Mitchell, Peter R. and John Schoeffel eds. (2002), *Understanding Power: The Indispensable Chomsky*, New York: The New Press. ［田中美佳子訳『現代世界で起こったこと——ノーム・チョムスキーとの対話、1989-1999年』日経BP社、2008年］

Moore, Joan W. (1970), *Mexican Americans*, Englewood Cliffs, NJ: Prentice-Hall.

Osterman, Paul (2002), *Gathering Power: The Future of Progressive Politics in American*, Boston, MA: Beacon Press.

Rips, Geoffrey (1983), "New Democratic Models," *Texas Observer*, December 9.

Rodham, Hillary D. (1969), *"THERE IS ONLY THE FIGHT...": An Analysis of the Alinsky Model*, Wellesley, MA; Wellesley College.

Rogers, Mary Beth (1990), *Cold Anger: A Story of Faith and Power Politics*, Denton, TX: University of North Texas Press.

Shirely, Dennis (1997), *Community Organizing for Urban School Reform*, Austin, TX: University of Texas Press.

Shirley, Dennis (2002), *Valley Interfaith and School Reform: Organizing for Power in South Texas*, Austin, TX: University of Texas Press.

Sirianni, Carmen and Lewis Friedland (2001), *Civic Innovation in American: Community Empowerment, Public Policy, and the Movement for Civic Renewal*, Berkeley, CA: University of California Press.

Skocpol, Theda (2003), *Diminished Democracy: From Membership to Management in American Civic Life*, Norman: University of Oklahoma Press. [河田潤一訳『失われた民主主義――メンバーシップからマネージメントへ』慶應義塾大学出版会、2007年]

Warren, Mark R. (2001), *Dry Bones Rattling: Community Building to Revitalize American Democracy*, Princeton, NJ: Princeton University Press.

第Ⅲ部　市民社会論

第6章　社会資本と信頼の比較政治学

金井壽宏（1994）『企業者ネットワーキングの世界――MITとボストン近辺の企業者コミュニティの探求』白桃書房。

興梠一郎（2002）『現代中国』岩波書店。

田原音和（[1980] 1984）「解説」in Pierre Bourdieu, *Questions de sociologie*, Paris: Éditions de Minuit. [田原音和監訳『社会学の社会学』藤原書店、1991年、344-365頁]

山岸俊男（1988）『信頼の構造――こころと社会の進化ゲーム』東京大学出版会。

若林直樹（2002）「企業間取引と信頼――脱系列化の『新しい経済社会学』からの分析」佐伯啓思・松原隆一郎編〈新しい市場社会〉の構想』新世社、220-223頁。

汪暉（2000）「1989年の社会運動と中国の『新自由主義』の歴史的起源」村田雄二郎・砂山幸雄・小野寺史郎訳『思想空間としての現代中国』岩波書店、2006年、65-113頁。

Algappa, Muthiah ed. (2004), *Civil Society and Political Change in Asia: Expanding and Contracting Democratic Space*, Stanford, CA: Stanford University Press.

Almond, Gabriel A. and Sidney Verba (1963), *The Civic Culture: Political Attitudes and Democracy in Five Nations*, Princeton, NJ: Princeton University Press. [石川一雄・片岡寛光・木村修三・深谷満雄訳『現代市民の政治文化』勁草書房、1974年]

Aoki, Masahiko (2008), *Understanding Douglass North in Game-Theoretical Language*, Social Science Electronic Publishing.

Augé, Marc (1995), *Non-Places: Introduction to an Anthropology of Supermodernity*, London: Verso.

Bagnasco, Arnoldo (1977), *Tre Italie: La problematica territoriel dello sviluppo*, Bologna: Il Mulino.

Banfield, Edward C. (1958), *The Moral Basis of a Backward Society*, New York: The Free Press.

Banfield, Edward C. (1961), "The Political Implications of Metropolitan Growth," *Daedalus*, Vol. 90, pp. 1-35.

Barnes, Samuel H. and Giacomo Sani (1974), "Mediterranean Political Culture and Italian Politics: An Interpretation," *British Journal of Political Science*, Vol. 4, pp. 289-313.

Beck, Ulrich, Anthony Giddens and Scott Lash (1994), *Reflexive Modernization: Politics, Tradition and Aesthetics in the Modern Social Order*, Cambridge: Polity Press. [松尾精文・小幡正敏・叶堂隆三訳『再帰的近代化』而立書房、1997年]

Blau, Peter M. (1964), *Exchange and Power in Social Life*, New York: John Wiley & Sons. [間場寿一・居安正・塩原勉訳『交換と権力』新曜社、1974年]

Bourdieu, Pierre et Jean-Claude Passeron (1964), *Les, héritiers, les étudians et la culture*, Paris: Édition de Minuit. [石井洋二郎監訳『遺産相続者たち』藤原書店、1997年]

Bourdieu, Pierre et Jean-Claude Passeron (1970), *La reproduction: éléments pour une théorie du système d'enseignement*, Paris: Éditions de Minuit. [宮島喬訳『再生産』藤原書店、1991年]

Bourdieu, Pierre (1980), "Le capital social: notes provisoires," *Actes de la recherche on sciences sociales*, No. 31, pp. 2-3. [福井憲彦訳「『社会資本』とは何か――暫定的ノート」『アクト』No. 1、1986年、30-36頁]

Bourdieu, Pierre (2000), *Les Structures sociales de économie,* Paris: Éditions de Seuil. [山田鋭夫・渡辺純子訳『住宅市場の社会経済学』藤原書店、2006年]

Bourdieu, Pierre (2000), *Propos sur le champ politique*, Lyon: Presses universitaires de Lyon. [藤本一勇・加藤晴久訳『政治』藤原書店、2003年]

Burt, Ronald S. (1992), *Structural Holes: The Social Structure of Competition*, Cambridge, MA: Harvard University Press. [安田雪訳『競争の社会的構造』新曜社、2006年]

Burt, Ronald S. (2001), "Structural Holes versus Network Closure as Social Capital," in Nan Lin, Karen Cook and Ronald Burt eds., *Social Capital: Theory and Research*, New York: Aldine de Gruyter, pp. 31-56. [金光淳訳「社会関係資本をもたらすのは構造的隙間かネットワーク閉鎖性か」野沢慎司編・監訳『リーディングス ネットワーク論――家族・コミュニティ・社会関係資本』勁草書房、2006年、243-281頁]

Carpiano, Richard M. (2008), "Actual or Potential Neighborhood Resources for Health: What Can Bourdie Offer for Understanding Mechanism Linking Social Capital to Health?" in Ichiro Kawachi, S. V. Bubramanian and Daniel Kim eds., *Social Capital and Health*, New York: Springer, pp. 83-93. [小松裕和訳「健康に影響を及ぼす近隣の実体的・潜在的なリソース――ソーシャル・キャピタルと健康を結ぶメカニズム理解にブルデューは何をもたらすか」藤澤由和・高尾総司・濱野強監訳『ソーシャル・キャピタルと健康』日本評論社、2008年、134-149頁]

Center for Educational Research and Innovation (2007), *Understanding the Social Outcomes of Learning*, Paris: OECD. [教育テスト研究センター監訳『学習の社会的成果――健康、市民、社会的関与と社会関係資本』明石書店、2008年]

Champagne, Patrick (1990), *Faire l'opinion: Le nouveaux jeu politique*, Paris: Éditions de Minuit. [宮島喬訳『世論をつくる』藤原書店、2004年]

Chartier, Roger (2002), "Pierre Bourdieu ou L'exercice dela *Libido Sciendi*," *iichiko*, No. 75, pp. 27-29. [松本雅弘訳「ピエール・ブルデューあるいは〈学知欲〉の実践」*iichiko*, No. 75, 2002年、24-26頁]

Clapham, Christopher (1982), "Clientelism and the State," in Christopher Clapham ed., *Private Patronage and Public Power: Political Clientelism in the Modern State*, London: Frances Pinter, pp. 1-35.

Coleman, James S. (1956), "Social Cleavage and Religious Conflict," *Journal of Social Issues,* Vol. 12, pp. 44-56.

Coleman, James S. (1957), *Community Conflict*, New York: The Free Press.

Coleman, James S. and Others (1966), *Equality of Educational Opportunities*, Washington DC: U. S. Government Printing Office.

Coleman, James S. (1981), *Longitudinal Data Analysis*, New York: Basic Books.

Coleman, James S., Thomas Hoffer and Sally Kilgore (1982), *High School Achievement: Public, Catholic, and Private Schools Compared*, New York: Basic Books.

Coleman, James S. (1988), "Social Capital in the Creation of Human Capital," *American Journal of Sociology*, Vol. 94, pp. 95-120.［金光淳訳「人的資本の形成における社会関係資本」野沢慎司編・監訳『リーディングス ネットワーク論――家族・コミュニティ・社会関係資本』勁草書房、2006年、201-241頁］

Coleman, James S. (1990), *Foundations of Social Theory*, Cambridge, MA: Harvard University Press.［久慈利武訳『社会理論の基礎』青木書店、2004年］

Cornelius, Wayne (1975), *Politics and the Migrant Poor in Mexico City*, Stanford, CA: Stanford University Press.

Crick, Bernard (2002), *Democracy: A Very Short Introduction*, Oxford: Oxford University Press.［添谷育志・金田耕一訳『デモクラシー』岩波書店、2004年］

Dahl, Robert A. (1956), *A Preface to Democratic Theory*, Chicago: University of Chicago Press.［内山秀夫訳『民主主義の基礎理論』未來社、1970年］

Dasgupta, Partha (2007), *Economics: A Very Short Introduction*, Oxford: Oxford University Press.［植田和弘・山口臨太郎・中村裕子訳『経済学』岩波書店、2008年］

Della Porta, Donatella (2000), "Social Capital, Beliefs in Government, and Political Corruption," in Susan Pharr and Robert D. Putnam eds., *Disaffected Democracies: What's Troubling the Trilateral Countries?*, Princeton, NJ: Princeton University Press, pp. 202-228.

Diaz-Albertini, Javier (1993), "Nonprofit Advocacy in Weakly Institutionalized Political Systems: The Case of NGDOs in Lima, Peru," *Nonprofit and Voluntary Sector Quarterly*, Vol. 22, pp. 317-337.

Ehrenreich, Barbara and John Ehrenreich (1977), "The New Left: A Case Study in Professional-Managerial Class Radicalism," *Radical America*, Vol. 11, pp. 7-24.

Fisher, Julie (1993), *The Road from Rio: Sustainable Development and the Nongovernmental Movement in the Third World*, West Port, CT: Praeger.

Fukuyama, Francis (1995), *Trust: The Social Virtues and the Creation of Prosperity*, New York: The Free Press.［加藤寛訳『「信」無くば立たず』三笠書房、1996年］

Granovetter, Mark (1985), "Economic Action and Social Structure: The Problem of Embeddedness," *American Journal of Sociology*, Vol. 91, pp. 481-510.

Granovetter, Mark ([1974] 1995), *Getting a Job: A Study of Contacts and Career*, Chicago: The University of Chicago Press.［渡辺深訳『転職』ミネルヴァ書房、1998年］

Graziano, Luigi (1975), *A Conceptual Framework for the Study of Clientelism*, Cornell University Western Societies Program Occasional Paper, No. 2, Ithaca, NY: Center for International Studies, Cornell University.［河田潤一訳「『恩顧主義（Clientelism）』研究の概念枠組」『甲南法学』第18巻3・4合併号、1978年、217-284頁］

Katz, M. B. (1971), *Class, Bureaucracy, and Schools: The Illusion of Educational Change in America*, New York: Praeger Publishers.［藤田英典・早川操・伊藤彰浩訳『階級・官僚制と学校――アメリカ

教育史入門』有信堂、1989年]

Kawata, Junichi (1986), "The Child's Discovery and Development of 'Political World': A Note on the United States," 『甲南法学』第26巻 2・3 合併号、439-471頁。

LaPalombara, Joseph (1965), "Italy: Fragmentation, Isolation, and Alienation," in Lucian W. Pye and Sidney Verba eds., *Political Culture and Political Development*, Princeton, NJ: Princeton University Press, pp. 282-329.

Lin, Nan (2001), *Social Capital: A Theory of Social Structure and Action*, Cambridge: Cambridge University Press. [筒井淳也ほか訳『ソーシャル・キャピタル——社会構造と行為の理論』ミネルヴァ書房、2008年]

Lipnack, Jessica and Jeffrey Stamps (1982), *Networking: The Field and Directory*, New York: Doubleday Books. [社会開発統計研究所訳『ネットワーキング』プレジデント社、1984年]

Meyer, John W. and Brian Rowan (1977), "Institutionalized Organizations: Formal Structure as Myth and Ceremony," *American Journal of Sociology*, Vol. 83, pp. 340-363.

Meyer, John W. and Brian Rowan (1978), "The Structure of Educational Organization," in Marshall W. Meyer and Associates, *Environments and Organization*, San Francisco: Jossey Bass Publishers, pp. 78-109.

Meyer, J. W., J. Boli, G. M. Thomas and F. O. Ramirez (1997), "World Society and the Nation-State," *American Journal of Sociology*, Vol. 103, pp. 144-181.

Petras, James (2007), *Rulers and Ruled in the US Empire*, Cardena, CA: Clarity Press. [高尾菜つこ訳『「帝国アメリカ」の真の支配者は』三交社、2008年]

Piattoni, Simona (2005), *Il Clientelismo: L'Italia in prospettiva comparata*, Roma: Carocci editore.

Putnam, Robert D. (1966), "Political Attitudes and the Local Community," *American Poltical Science Review*, Vol. 60, pp. 340-363.

Putnam, Robert D. (1973), *The Beliefs of Politicians: Ideology, Conflict, and Democracy in Britain and Italy*, New Haven: Yale University Press.

Putnam, Robert D. (1987), "Institutional Performance and Political Culture in Italy: Some Puzzles about the Power of the Past," paper prepared for delivery at the 1987 Annual Meetng of the American Political Science Association, Chicago, IL, September 3-6.

Putnam, Robert D. (1993), *Making Democracy Work: Civic Traditions in Modern Italy*, Princeton, N.J.: Princeton University Press. [河田潤一訳『哲学する民主主義——伝統と改革の市民的構造』NTT 出版、2001年]

Putnam, Robert D. (1993), *Making Democracy Work: Civic Traditions in Modern Italy*, Princeton, N.J.: Princeton University Press. [王列・赖海榕訳『使民主运转起来』江西人民出版社、2001年]

Putnam, Robert D. (2000), *Bowling Alone: The Collapse and Revival of American Communiy*, New York: Simon & Schuster. [柴内康文訳『孤独なボウリング——米国コミュニティの崩壊と再生』柏書房、2006年]

Rae, Douglas W. and Michael J. Taylor (1970), *The Analysis of Political Cleavages*, New Haven: Yale University Press.

Reich, Robert B. (1991), *The Work of Nations: Preparing Ourselves for 21st-Century Capitalism*, New York:

Alfred A. Knopf. ［中谷巌訳『The Work of Nations』ダイヤモンド社、1991年］
Reich, Robert B.（2007）, *Supercapitalism: The Transformation of Business, Democracy, and Everyday Life*, New York: Vintage. ［雨宮寛・今井章子訳『暴走する資本主義』東洋経済新報社、2008年］
Rothstein, Bo（2005）, "How is social capital produced," in Rothstein, *Social Traps and the Problem of Trust*, Cambridge: Cambridge University Press, pp. 92-128.
Sassen, Saskia（2001）, *Global Cities: New York, London, Tokyo*, 2nd edition, Princeton, NJ: Princeton University Press. ［伊豫谷登士翁監訳『グローバル・シティ――ニューヨーク・ロンドン・東京から世界を読む』筑摩書房、2008年］
Sciarrone, R.（1998）, *Mafia vecchie, Mafia nuove: Radicamento ed espansione*, Roma: Donzelle.
Scott, James C.（1969）, "Corruption, Machine Politics, and Political Change," *American Political Science Review*, Vol. 63, pp. 1142-1159.
Scott, James C.（1972）, "Patron-Client Politics and Political Change in Southeast Asia," *American Political Science Review*, Vol. 66, pp. 91-113.
Scott, James C.（1977）, "Patronage or Exploitation?" in Ernest Gellner and John Waterbury eds., *Patrons and Clients in Mediterranean Societies*, London: Gerald Duckworth, pp. 21-40.
Senghaas, Dieter（1998）, *Zivilisierung wider Willen: Der Konflikt der Kulturen mit sich selbst*, Frankfurt am Main: Suhrkamp Verlag. ［宮田光雄・星野修・本田逸夫訳『諸文明の内なる衝突』岩波書店、2006年］
Skocpol, Theda（2003）, *Diminished Democracy: From Membership to Management in American Civic Life*, Norman: University of Oklahoma Press. ［河田潤一訳『失われた民主主義――メンバーシップからマネージメントへ』慶應義塾大学出版会、2007年］
Warren, Mark E.（1999）, "Democratic theory and trust," in Mark E. Warren ed., *Democracy and Trust*, Cambridge: Cambridge University Press, pp. 310-345.
Waterbury, John（1977）, "An Attempt to Put Patrons and Clients in Their Place," in Ernest Gellner and John Waterbury eds., *Patrons and Clients in Mediterranean Societies*, London: Gerald Duckworth, pp. 329-342.
Weick, Karl（1982）, "Administering Education in Loosely Coupled Schools," *Phi Delta Kappan*, Vol. 63, pp. 673-676.
Weingrod, Alex（1977）, "Patronage and Power," in Ernest Gellner and John Waterbury eds., *Patrons and Clients in Mediterranean Societies*, London: Gerald Duckworth, pp. 41-52.

第7章　震災復興・減災の政治社会学

赤崎友洋（2011）「立ち上がる被災者たち――『大槌復興まちづくり住民会議』の挑戦」『世界』2011年8月号、88-90頁。
阿部力（2012）「斜陽ではなく、やりよう」『耕論　漁師を元気に』朝日新聞、2012年4月19日。
岡崎哲二（2012）「『産業集積』着目の政策を」読売新聞、2012年4月16日。
岡本厚（2011）「編集後記」『世界』2011年8月号、336頁。
加藤裕則（2016）「海を取り戻す⑬共同体」朝日新聞、2016年6月30日。
川島秀一（2012）『津波のまちに生きて』冨山房インターナショナル。

後藤建夫（2012）「サラリーマンで海に戻る」『耕論 漁師を元気に』朝日新聞、2012年4月19日。
達増拓也（2011）「答えは現場にある──岩手のめざす人間と故郷の復興」『世界』2011年9月号、41-50頁。
田中邦彦（2012）「新しい漁業、一緒にやろう」『耕論 漁師を元気に』朝日新聞、2012年4月19日。
西村佳哲（2011）『いま、地方で生きるということ』ミシマ社。
日本学術会議（2013）「（特集）日本の復興・再生に向けた産官学連携の新しいありかた」日本学術会議『学術の動向』2013年9月号、67-101頁。
日本学術会議（2015）「（特集）災害に対するレジリエンスの向上に向けて」日本学術会議『学術の動向』2015年7月号、8-86頁。
畠山重篤（2005）『カキじいさんとしげぼう』講談社。
畠山重篤（2012）「サライ・インタビュー 畠山重篤」『サライ』9月号。
広渡清吾（2012）『学者にできることは何か──日本学術会議のとりくみを通して』岩波書店。
水田広道（2011）「心の復興を見守ろう」読売新聞、2011年8月21日。
宮台真司・鈴木弘輝・堀内進之介（2007）『幸福論』日本放送出版協会。
村井嘉浩（2012）「農漁業：選択と集中で新モデル作る」『インタビュー：未来を見つめて──東日本大震災1年オピニオン』朝日新聞、2012年3月8日。

Aldrich, Daniel P. (2012), *Building Resilience: Social Capital in Post-Disaster Recovery*, Chicago, IL: The University of Chicago Press.［石田祐・藤澤由和訳『災害復興におけるソーシャル・キャピタルの役割とは何か──地域再建とレジリエンスの構築』ミネルヴァ書房、2015年］

Chandra, Anita, Sally Sleeper and Benjamin Springgate (2011), *The Nongovernmental Sector in Disaster Resilience: Conference Recommendations for a Policy Agenda*, Santa Monica, CA: RAND Gulf States Policy Institute.

Dahl, Robert A. (1961), *Who Governs? Democracy and Power in an American City*, New Haven, CT: Yale University Press.［河村望・高橋和宏訳『統治するのはだれか』行人社、1988年］

Edwards, Michael (2006), "Enthusiasts, Tacticians, and Skeptics: Social Capital and the Structures of Power," in Anthony J. Bebbington, Michael Woolcock, Scott Guggenheim and Elizabeth A. Olson eds., *The Search for Empowerment: Social Capital as Idea and Practice at the World Bank*, Bloomfield, CT: Kumarian Press, pp. 91-109.

Florida, Richard (2008), *Who's Your City? How the Creative Economy Is Making Where to Live the Most Important Decision of Your Life,* New York: Basic Books.［井口典夫訳『クリエイティブ都市論』ダイヤモンド社、2009年］

Jacobs, Jane (1961), *The Death and Life of Great American Cities*, New York: Random House.［山形浩生訳『アメリカ大都市の死と生』鹿島出版会、2010年］

Johnson, Steve (2001), *Emergence: The Connected Lives of Ants, Brains, Cities, and Software*, New York: Scribner.［山形浩生訳『創発』ソフトバンク・パブリッシング、2004年］

Kawata, Junichi and Philippe C. Schmitter (2011), "Interview with Philippe C. Schmitter: A Titan of

Comparative Politics,"『甲南法学』第51巻3号、295-347頁。
Lippmann, Walter ([1922] 1997), *Public Opinion*, New York: Free Press. [掛川トミ子訳『世論』岩波書店、1987年]
Piore, Michael J. and Charles F. Sabel (1984), *The Second Industrial Devide: Possibilities for Prosperity*, New York: Basic Books. [山之内靖・永易浩一・石田あつみ訳『第二の産業分水嶺』筑摩書房、1993年]
Putnam, Robert D. (1993), *Making Democracy Work: Civic Traditions in Modern Italy*, Princeton, NJ: Princeton University Press. [河田潤一訳『哲学する民主主義――伝統と改革の市民的構造』NTT出版、2001年]
Reardon, Ken and John Forester eds. (2016), *Rebuilding Community after Katrina: Transformative Education in the New Orleans Planning Initiative*, Philadelphia, Penn: Temple Universiyt Press.
Schmitter, Philippe C. (1996), "Some alternative futures for the European polity and their implications for European public policy," in Yves Mény, Pierre Muller and Jean-Louis Quermonne eds., *Adjusting to Europe: The impact of the European Union on national institutions and policies*, London: Routledge, pp. 25-40.
Woolcock, Michael and Deepa Narayan (2006), "Social Capital: Implications for Development Theory, Research, and Policy Revisitied," in Anthony J. Bebbington, Michael Woolcock, Scott Guggenheim and Elizabeth A. Olson eds., *The Search for Empowerment: Social Capital as Idea and Practice at the World Bank*, Bloomfield, CT: Kumarian Press, pp. 31-62.

第8章 民主主義の賦活にむけて

河田潤一(2015)『政治学基本講義』法律文化社。
西川潤・平野健一郎(2007)「東アジアの地域化を推進するもの」西川潤・平野健一郎編『国際移動と社会変容』岩波書店。
山本正(1998)「台頭する民間非営利セクターの全貌」日本国際交流センター監修『アジア太平洋のNGO』アルク。
Cleary, Seamus (1997), *The Role of NGOs under Authoritarian Political Systems*, London: Macmillan Press.
Crawford, Beverly and Edward A. Fogarty (2008), "Globalization's Impact on American Business and Economics: An Overview," in Beverly Crawford and Edward A. Fogarty eds., *The Impact of Globalization on the United States, Volume 3: Business and Economics*, Westport, CT: Praeger, pp. xi-xxxiv.
Ehrenreich, Barabara (2005), *Bait and Switch: The (Futile) Pursuit of the American Dream*, New York: Metropolitan Books. [曽田和子訳『捨てられるホワイトカラー』東洋経済新報社、2007年]
Fernando, Jude L. and Alan W. Heston (1997), "NGOs Between States, Markets, and Civil Society," in Judo L. Fernando and Alan W. Heston eds., *The Role of NGOs: Charity and Empowerment* (*The Annals of the American Academy of Political and Social Science*), Vol. 554, pp. 8-20.
Fisher, Julie (1998), *Nongovernments: NGOs and the Political Development of the Third World*, East Hartford, CT: Kumarian Press.
Gleditsch, Kristian Skrede and Michael D. Ward (2008), "Diffusion and the spread of democratic institutions," in Beth A. Simmons, Frank Dobbin and Geoffrey Garrett eds., *The Global Diffusion of*

Markets and Democracy, Cambridge: Cambridge University Press, pp. 261-302.

Hall, Peter Dobkin (1992), *Inventing the Nonprofit Sector and Other Essays on Philanthropy, Voluntarism, and Nonprofit Organizations*, Baltimore: The Johns Hopkins University Press.

Hart, Jeffrey A. (2008), "Globalization's Impact on High-Tech Industries in the United States," in Beverly Crawford and Edward A. Fogarty eds., *The Impact of Globalization on the United States, Volume 3: Business and Economics*, Westport, CT: Praeger, pp. 167-184.

Kaldor, Mary (2003), *Global Civil Society: An Answer to War*, Cambridge: Polity Press.［山本武彦・宮脇昇・木村真紀・大西崇介訳『グローバル市民社会――戦争へのひとつの回答』法政大学出版局、2007年］

Kurdrle, Robert T. (1999), "Three Types of Globalization: Communication, Market, and Direct," in Raimo Vayrynen ed., *Globalization and Global Governance*, Lanham, MD: Rowman & Littlefield, pp. 3-23.

Levy, Frank and Richard J. Murnace (2004), *The New Division of Labor*, New York: Russell Sage Foundation.

Longworth, Richard C. (2008), *Caught in the Middle: America's Heartland in the Age of Globalism*, New York: Bloomsbury.

Newman, Katherine S. and Victor Tan Chen (2007), *The Missing Class: Portraits of the Near Poor in America*, Boston: Beacon Press.

Parker, Barbara (2008), "External Pressures, Internal Tensions: Global Business, Social Contracts, and the Reshaping of U. S. Work," in Beverly Crawford and Edward A. Fogarty eds., *The Impact of Globalization on the United States, Volume 3: Business and Economics*, Westport, CT: Praeger, pp. 214-263.

Reich, Robert B. (1991), *The Work of Nations: Preparing Ourselves for 21st-Century Capitalism*, New York: Alfred A. Knopf.［中谷巌訳『The Work of Nations――21世紀資本主義のイメージ』ダイヤモンド社、1991年］

Saxenian, AnnaLee (2007), *The New Argonauts: Regional Advantage in a Global Economy*, Cambridge, MA: Harvard University Press.［酒井泰介訳『最新・経済地理学――グローバル経済と地域の優位性』日経 BP 社、2008年］

Schmitter, Philippe C. (1996), "Some alternative futures for the European polity and their implications for European public policy," in Yves Mény, Pierre Muller and Jean-Louis Quermonne eds., *Adjusting to Europe: The impact of the European Union on national institutions and policies*, London: Routledge, pp. 25-40.

Schmitter, Philipec C. (1997), "Civil Society East and West," in Larry Diamond, Marc F. Plattner, Yun-han Chu and Hung-mao Tien eds., *Consolidating the Third Wave Democracies*, Baltimore: The Johns Hopkins University Press, pp. 239-262.

Skocpol, Theda (2000), *The Missing Middle: Working Families and the Future of American Social Policy*, New York: W. W. Norton.

Ware, Alan (1989), *Between Profit and State: Intermediate Organizations in Britain and the United States*, Cambridge: Polity Press.

Warren, Mark R. (2001), *Dry Bones Rattling: Community Building to Revitalize American Democracy*, Princeton, NJ: Princeton University Press.

Wuthnow, Robert ed. (1991), *Between States and Markets: The Voluntary Sector in Comparative Perspective*, Princeton, NJ: Princeton University Press.

索　引

あ

- IAF（産業地域事業団）……33, 35, 37, 40, 49, 85, 86, 87, 88, 89, 92, 93, 94, 95, 96, 97, 98, 99, 100, 161
- 青木昌彦……135
- アカウンタビリティの夕べ……100
- 新しいリベラリズム……84
- アドボカシー……75, 76, 79, 80
- アファーマティブ・アクション（積極的差別是正措置）……3, 64
- アリンスキー、ソール……33, 35, 36, 37, 49, 85, 86, 87, 88, 93, 94, 96, 98, 99
- アンダークラス……4, 13, 66
- EU（欧州連合）……143
- インサイド・ロビー……79
- ウェスト、コーネル……66, 70, 72, 73
- ウォレン、マーク……94, 99, 100, 161
- ウッズホール会議……44, 45
- ウッドランド・オーガニゼーション……87
- エーレンライク、バーバラ……163
- SDS（民主社会学生同盟）……75
- エドワーズ、マイケル……145
- NOW（全米女性組織）……75, 76
- METCO（教育機会のための大都市圏協議会）……25, 27, 28, 29, 30, 31, 32, 41, 42, 48
- MOVE 爆弾事件……70
- LWV（婦人有権者同盟）……75
- エンパワーメント……11, 13, 37, 73, 74, 145, 160
- オージェ、マルク……119
- オバマ、バラク……66, 67, 73, 74, 75, 80, 81, 83
- オペレーション・エクソダス（Operation EXODUS）……26, 27
- オリヴァー、ドナルド……20, 22, 23, 24, 41
- 恩顧＝庇護主義（クライエンテリズム）……106, 111, 127

か

- カーソン、レイチェル……75
- ガーンツ、マーシャル……83
- カイザー、リチャード……58, 59, 67, 68, 69
- 解放の神学……160
- 価値の明確化（value clarification）……45
- 学校死亡率……116
- 学校のコミュニティ統制……4, 26, 27, 28, 47
- カッツ、マイケル……131
- カラー・ブラインド……74
- カルドア、メアリー……158
- キー、V. O.……81
- 『危機に立つ国家』……10, 17, 42
- ギデンズ、アンソニー……105
- ギャリティ（W. Arthur Garrity）判決……47
- キング、メル……57, 68
- キング牧師……72, 73, 75
- グッド、ウィルソン……13, 57, 70
- グラツィアーノ、ルイジ……106, 107, 110, 120, 126, 128
- グラノヴェッター、マーク……117, 119
- クリック、バーナード……104
- クリントン、ヒラリー……96
- クリントン大統領……82
- 結社好きの国……84, 160
- ケラー、エヴリン……152
- 『現代市民の政治文化』……109
- 権利アドボカシー……77, 80, 84
- 権利革命……77
- 公共アドボカシー戦略……77
- 公共サービス推進コミュニティ協会（Communities Organized for Public Service）……88
- 公的争点分析アプローチ……21, 41, 45
- コーネリウス、ウェイン……117
- コールバーグ、ローレンス……45, 46

コールマン、ジェームズ……12, 16, 20, 32, 33, 44, 105, 113, 114, 115, 116, 119, 120, 121, 131
黒人経済（black economics）……58, 65
黒人社会資本（black social capital）……11, 12
黒人性（blackness）……7, 57, 74
コゾル、ジョナサン……18
『孤独なボウリング』……112
コマー、ジェームズ……12, 16
コミュニティ参加カリキュラム……21, 23, 24, 41
コルテス、エルネスト……32, 33, 34, 35, 40, 42, 88, 89, 90, 91, 100

さ

作用的諸理想（operative ideas）……121, 122, 128
サンアントニオ……33, 34, 36, 39, 49, 88, 89, 90, 91, 92, 94, 98
参加デモクラシー……75
CIO（産業別労働組合）……85
CAP（市民行動プログラム）……87
CSO（コミュニティ・サービス団体）……34, 86, 89
COPS（公共サービス推進コミュニティ協会）……34, 90, 91, 94, 98, 99, 100
CCUEP（市民能力と都市教育プロジェクト）……5, 7, 8, 12, 13, 14, 15, 43
CPS（地域権力構造）論争……7
シェイヴァー、ジェームズ……21, 24, 44
ジェイコブズ、ジェイン……139, 142, 152
ジェッソプ、ボブ……134
ジェニングズ、ジェイムズ……56, 57, 58, 63, 67, 68, 71, 136
シカゴ……19, 33, 35, 36, 37, 57, 59, 60, 66, 68, 71, 72, 80, 85, 86, 87, 89, 92
シスネロス、ヘンリー……98
市民アドボカシー……77, 80
市民的協同（civic cooperation）……109, 113
市民能力（civic capacity）……8, 9, 11, 12, 13, 67
市民文化……109, 113, 130
シャーリー、デニス……35, 36, 38, 39, 40, 49, 91
社会資本……12, 16, 20, 32, 33, 40, 44, 95, 105, 106, 111, 112, 113, 115, 116, 126, 128, 130, 138,
142, 145, 154
社会的交換……106, 107, 128
ジャクソン、ジェシー……57, 66, 67, 69, 72, 73
ジャクソン、メイナード……13, 57, 71
シャットシュナイダー、E. E.……76
『ジャングル』……86
シャンパーニュ、パトリック……127
自由主義の終焉……76
シュミッター、フィリップ……143, 150, 153, 162, 164
ジョンソン、スティーブン……147, 152
シンクレア、アプトン……86
新社会科運動……21, 22, 23
新自由主義……54, 55, 95, 104, 156
新都市同盟……27
新保守主義……56, 58, 65, 96
シンボリック・アナリスト……117, 118, 157
信　頼……105, 106, 115, 119, 120, 126, 127, 128, 133, 138
スコッチポル、シーダ……84, 85, 97, 125, 160, 161
ストーン、クラレンス……5, 6, 8
生活教育事業団（Education for Life Foundation）……159
政治的エンパワーメント……41, 64, 71, 89, 95
政治的社会化……128
政治文化……109, 112
成長マシーン……7, 11
世界銀行……145
ゼンクハース、ディーター……123, 125
全国黒人独立党……57
専門的プロボノアドボカシー……81
創発性……142

た

ダール、ロバート……125, 154
第三のイタリア……133
第二の産業分水嶺……133, 141
多極共存型民主主義……126
チェンバース、エドワード……88, 89, 90, 98
チャータースクール……18

チャベス、セザール……………………86, 89, 97
チョムスキー、ノーム………………………84, 85
強い紐帯の弱さ（weakness of strong ties）138, 145
TIAF（テキサス産業地域事業団）……32, 33, 34,
　　36, 37, 38, 39, 40, 41, 42, 50, 90, 91, 92, 93, 161
TWO（ウッドランド・オーガニゼーション）
　　………………………………………………37, 49
テイラー、マイケル………………123, 124, 125
デイリー、リチャード………………68, 69, 70, 87
デッラ・ポルタ、ドナテッラ…………………130
胴体のない頭……………………………………80
道徳以前の家族主義（amoral familism）………108
同盟学校（Alliance Schools）……………39, 41, 49
トクヴィル、アレクシス・ド…………84, 112, 113
特定非営利活動促進法（NPO法）……………137
都市管理主義…………………………………57, 58
トロッター、ウィリアム・モンロー………27, 28

な

長い1960年代…………………………………75, 80
虹の連合………………………………………57, 73
ニューオリンズ……………………………63, 64, 92
ニューマン、フレッド……18, 19, 20, 21, 23, 24, 41
ニューレフト…………………………………75, 76
人間発達キャンペーン…………………………93
ネットワーキング……………………………118, 141

は

パーク、ロバート………………………………86
ハーバード社会科プロジェクト………20, 22, 23, 45
ハウス・ミーティング…………39, 40, 89, 94, 98, 161
バウチャー制度………………………………18, 43
バス通学………………………………4, 26, 27, 29, 48
畠山重篤………………………………………142, 151
バックオブザヤーズ近隣地区会議（Back of the
　　Yards Neighborhood Council）……85, 86, 87, 93
パットナム、ロバート……105, 106, 110, 111, 112,
　　113, 116, 119, 121, 126, 130, 131, 141, 142
バニャスコ、アルナルド………………………133
ハビトゥス（habitus）…………………………116

『ハリーとルイーズ』…………………………82
ハリケーン・カトリーナ…………61, 63, 71, 72, 154
バンフィールド、エドワード………108, 109, 110,
　　111, 123
ピアットーニ、シモーナ………………………110, 111
ピーターソン、ポール…………………………7
PTM（専門職、技術者、管理職）………117, 118
ヒックス、ルイーズ……………………26, 28, 29, 48
ビックフォード、スーザン……………………32
非-場所（non-place）…………………………118, 119
「百年未来機構」……………………145, 146, 147
ファラカン、ルイス……………………………59
ファン、アーチョン……………………………73
フォーディズム………………………………156
ブラウ、ピーター………………………………107
ブラウン判決……………………………………3, 17, 26
ブラック・エンパワーメント……55, 56, 57, 58, 60,
　　64, 66, 67, 68, 69, 71, 81, 136
ブラック・パワー……………………………53, 76
ブラッドレー、トム……………………13, 57, 70
フリーダン、ベティ……………………………75
フリーライダー………………………………113, 133
ブルーナー、ジェローム………………………22, 45
ブルデュー、ピエール…………105, 113, 115, 116
フロリダ、リチャード…………………………142
ベック、ウルリッヒ……………………………105
ペトラス、ジェームズ…………………………105
ヘニグ、ジェフリー……………………………6, 7, 11
ベリー、ジェフリー……………………………97
ペロー、ロス……………………………………37
ヘンリー、チャールズ…………………………73
ボイト、ハリー…………………………………100
ポーツ、ジョン…………………………………8, 9
ポート・ヒューロン宣言………………………75
ボストン……9, 14, 18, 21, 25, 26, 27, 28, 29, 30, 31,
　　46, 57, 68, 117, 118
ボストン新都市連盟……………………………27

ま

マーシャル、アルフレッド……………………150

マグネット・スクール……………28, 41
マサチューセッツ州人種不均衡法（RIA）
　……………………………26, 27, 28, 47
マックレーカーズ文学………………86
マルコムX……………………………72
ミュルダール、グンナー…………3, 11
ミンスキー、マーヴィン……………152
メレルマン、リチャード……………134
モーガン対ヘニガン事件……………26
モーセ世代……………………………73

や

山岸俊男………………………………135
有徳なクライエンテリズム（clientelismo virtuoso）
　………………………………………111
ヨシュア世代…………………………73

ら

ライシュ、ロバート…………………117

ライトフット、サラ・ローレンス…31
ラス、ルイス…………………………45
ラスティン、ベイヤード……………53
リード、アドルフ………………15, 72
リップマン、ウォルター………146, 153
リン、ナン………………………33, 116
ルイス、ジョン………………………73
レイ、ダグラス…………123, 124, 125
ロウィ、セオドア……………………76
ロス、フレッド…………………89, 98
ロスタイン、ボー……………………135

わ

ワイス、ロイス………………………50
ワシントン、ハロルド…13, 57, 60, 66, 68, 69
汪　暉……………………………………104

【著者紹介】

河田 潤一（かわた　じゅんいち）

〔略　歴〕
1948年　神戸市に生まれる。
1976年　神戸大学大学院法学研究科博士課程単位取得満期退学。
　　　　甲南大学法学部教授、大阪大学法学部・同大学院法学研究科教授を経て、
現　在　神戸学院大学法学部教授。大阪大学名誉教授。

〔主　著〕
『政治学基本講義』法律文化社、2015年
『汚職・腐敗・クライエンテリズムの政治学』（編著）ミネルヴァ書房、2008年
『失われた民主主義』（訳書／Th. スコッチポル著）慶應義塾大学出版会、2007年
Comparing Political Corruption and Clientelism（ed.）, Ashgate, 2006
『ヨーロッパの統合とアメリカの戦略』（訳書／G. ルンデスタッド著）NTT出版、2005年
『ハンドブック政治心理学』（共編著）北樹出版、2003年
『哲学する民主主義』（訳書／R.D. パットナム著）NTT出版、2001年
『ブラック・エンパワーメントの政治』（訳書／J. ジェニングズ著）ミネルヴァ書房、1998年
『政党派閥』（共編著）ミネルヴァ書房、1996年
『アメリカ黒人の文化と政治』（訳書／Ch.P. ヘンリー著）明石書店、1993年
『現代政治学入門』（編著）ミネルヴァ書房、1992年
『比較政治と政治文化』ミネルヴァ書房、1989年

Horitsu Bunka Sha

社会資本の政治学
——民主主義を編む

2017年4月5日　初版第1刷発行

著　者　河田　潤一

発行者　田靡　純子

発行所　株式会社　法律文化社

〒603-8053
京都市北区上賀茂岩ヶ垣内町71
電話 075(791)7131　FAX 075(721)8400
http://www.hou-bun.com/

＊乱丁など不良本がありましたら、ご連絡ください。
　お取り替えいたします。

印刷：㈱冨山房インターナショナル／製本：㈱藤沢製本
装幀：白沢　正

ISBN 978-4-589-03843-2
©2017 Junichi Kawata Printed in Japan

JCOPY　〈㈳出版者著作権管理機構　委託出版物〉

本書の無断複写は著作権法上での例外を除き禁じられています。複写される場合は、そのつど事前に、㈳出版者著作権管理機構（電話 03-3513-6969、FAX 03-3513-6979、e-mail: info@jcopy.or.jp）の許諾を得てください。

河田潤一著
政治学基本講義
Ａ５判・224頁・2500円

欧米の主要な理論家たちを取り上げ、民主主義論・政治権力論・政治文化論・政治参加論の観点から現代政治学の生成と発展過程を解説。基礎知識や主要な理論、概念、学説に加え、アクチュアルな論点も扱うコンパクトな基本書。

坂本治也編
市民社会論
―理論と実証の最前線―
Ａ５判・350頁・3200円

市民社会の実態と機能を体系的に学ぶ概説入門書。第一線の研究者たちが各章で①分析視角の重要性、②理論・学説の展開、③日本の現状、④今後の課題の４点をふまえて執筆。３部16章構成で理論と実証の最前線を解説。

原田 久著
行政学
Ａ５判・200頁・2200円

制度・管理・政策の次元から行政現象をとらえたコンパクトな入門書。「どうなっているか？」と「なぜそうなのか？」という２つの問いを中心に各章を構成し、身近な事例と豊富な図表を通して現代日本の行政をつかむ。

小田切康彦著
行政－市民間協働の効用
―実証的接近―
Ａ５判・222頁・4600円

協働によって公共サービスの質・水準は変化するのか？ NPOと行政相互の協働の影響を客観的に評価して効用を論証。制度設計や運営方法、評価方法等の確立にむけて指針と根拠を提示する。〔第13回日本NPO学会優秀賞受賞〕

高橋 進・石田 徹編
「再国民化」に揺らぐヨーロッパ
―新たなナショナリズムの隆盛と移民排斥のゆくえ―
Ａ５判・240頁・3800円

ナショナリズムの隆盛をふまえ、国家や国民の再編・再定義が進む西欧各国における「再国民化」の諸相を分析。西欧デモクラシーの問題点と課題を提示し、現代デモクラシーとナショナリズムを考えるうえで新たな視座を提供する。

南川文里著
アメリカ多文化社会論
―「多からなる一」の系譜と現在―
Ａ５判・228頁・2800円

「多からなる一」というアメリカを支える理念が、様々な困難や葛藤を抱えつつ市民的編入の実現や人々の実践、制度構築などの歴史的展開の中で、どのように具現化されてきたのか包括的に考察。日本の多文化共生社会の構想への示唆に富む。

―法律文化社―

表示価格は本体（税別）価格です